일본 근대미술의 조선표상

저자소개

김정선(金正善)

동아대학교 역사문화학부(고고미술사학 전공) 조교수

동아대학교에서 석사를 마치고 일본 규슈(九州)대학에서 한일근대미술로 박사학위를 받았다. 표상연구를 비롯해 미술의 公的 역할에 대한 논의를 지속하고 있다.

주요 논저로는 『모던경성의 시각문화와 창작』(한국미술연구소, 공저, 2018), 「아시아 여성화가의 '여성상'-천경자와 女子美術學校 졸업생을 축으로」(『미술사학보』, 미술사학연구회, 2016), 「근대 羽衣 天女 圖像의 변용 : '일본'에서 '아시아'적 천녀로」(『석당논총』76, 석당학술원, 2020), 「조선미술전람회 書部의 제도사적 고찰」(『한국근현대미술사학회』41, 2021) 등이 있다.

일본 근대미술의 조선표상

2022년 8월 19일 초판 인쇄
2022년 8월 29일 초판 발행

지 은 이 김정선
발 행 인 한정희
발 행 처 경인문화사
편 집 부 이다빈 김지선 유지혜 한주연 김윤진
마 케 팅 전병관 하재일 유인순
출판신고 제406-1973-000003호
주　　소 (10881) 경기도 파주시 회동길 445-1 경인빌딩 B동 4층
대표전화 031-955-9300　팩　스 031-955-9310
홈페이지 http://www.kyunginp.co.kr
이 메 일 kyungin@kyunginp.co.kr

ISBN 978-89-499-6656-4 93910
값 23,000원

일본 근대미술의 조선표상

김정선 지음

경인문화사

| 책을 펴내면서 |

일본 화가들이 그린 식민지 조선의 모습을 처음 접한 것은 20년 전이다. 치마, 저고리를 입은 채 꽃바구니를 머리에 얹고 있는 〈花籠〉을 미술관에서 본 기억은 지금도 생생하다. 기존의 수동적이며 열등한 식민지 여성상과는 확연히 구분되는 엄숙한 정면향에 어딘가 서양적인 얼굴, 이 뜻하지 않은 조우가 조선 표상 연구의 출발이었다.

원래 인간이 경험을 통해 만들어 낸 개념이나 도상을 포함한 이미지 전반을 지칭하던 '표상(representation)'은 20세기 후반 미셸 푸코, 에드워드 사이드의 이론을 계기로 정치, 문화의 배후에 있는 권력관계를 분석하기 위한 조작개념으로 널리 사용되게 된다. 이후 이들 이론이 제국과 식민지, 서양과 비서양의 문화적 지배 구조를 언급하는데 유효한 관점을 제공해 온 것이 사실하다.

그러나 이러한 표상 대표제의 이면에는 수 없이 많은 예외가 존재한다. 이 책은 일본 화가들에 의한 조선 표상의 전형을 밝힘과 동시에 그러한 예외에 대한 접근이자 양의성, 표리성과 같은 식민지 미술에 대한 새로운 관점을 포함하고자 했다. 타자 이미지를 넘어 조선 표상의 담론들이 어떻게 화가들의 조형적 실천으로 이어져 새로운 근대미술로 변용되었는가에 주목하고자 한 것이다. 작품 분석에 있어 당대의 정치적 맥락뿐 아니라 제작 과정이나 당대 화단의 변화에 초점을 둔 것은 이러한 이유 때문이었다.

그럼에도 이 책이 종래 표상 연구의 틀을 뛰어넘어 한일근대미술 생성의 복잡한 양상을 제시했는가라는 점에는 여전히 한계와 미진함을 느낀다. 무엇보다 필자의 기존 연구 성과를 책으로 엮는 과정에서 극히 일부의 화가와 공공미술의 영역만을 다루게 된 점이 가장 큰 아쉬움으로 남는다. 부록으로 실은 일본 화가들의 조선 방문에 관한 기록과 기행문의 일부는 스스로에 대한 반성과 남은 연구에 대한 책임감이기도 하다. 우선은 한일근대미술 연구에 작은 디딤돌을 더한 것으로 부족하지만 출간의 의미를 가늠하고 싶다.

책머리를 빌려 그간의 감사의 마음을 전하고자 한다. 천둥벌거숭이 여고생이 진리를 탐구하는 연구자의 길로 들어서게 된 데에는 심봉근 교수님을 비롯해 학부시절부터 지금까지도 아낌없는 조언과 격려를 보내주시는 박은경 교수님, 그리고 지켜봐주시고 배려해 주시는 학과 교수님들이 계셨다. 먼저 마음 깊이 감사드리고 싶다.

사실 이 책은 6년간 일본 유학에서 시작된다. 아시아라는 넓은 시야에서 한일 근대미술 생성 과정을 연구할 수 있었던 것은 우시로쇼지 마사히로(後小路雅弘) 교수님과 규슈(九州)대학 동기들과의 오랜 토론과 고민이 있었기 때문이다. 졸업 이후 많은 시간이 흘렀지만, 지면을 통해 감사의 뜻을 전하고 싶다.

이 외에도 책이 나오기까지 여러분들의 노력이 있었다. 부족한 원고를 경인 한일관계총서로 발간할 수 있도록 애써 주신 손승철 교수님과 경인문화사 한정희 대표님을 비롯한 관계자분들께 감사드린다.

그리고 무엇보다 가족들의 헌신이 없었다면 이러한 결과물은 나오지 못했을 것이다. 늘 부족한 딸이자 아내, 며느리, 부모임에도 부족함 없는 사랑과 지지를 보내 주는 가족들에게 감사드린다. 마지막으로 성실과 끈기라는 최고의 자산을 물려주신 아버지 김승 존함에 이 책의 공을 돌리고자 한다.

2022년 8월 김정선

| 차 례 |

제2부 표상의 공공성: 일본 근대벽화의 전개와 조선

부록

서론

1910년 대한제국이 일본에 강제 병합된 이래로 다수의 일본인 화가들이 새로운 식민지를 화폭에 담았다. 근세 이전까지 일반인들이 쉽게 접할 수도, 갈 수도 없는 장소였던 조선이 처음으로 그림의 대상이 되기 시작한 것이다. 그들은 이 새로운 외지를 어떻게 보고 무엇을 그려내고자 했을까? 근대기 일본의 조선에 대한 접근이 제국주의의 영토 확장을 배경으로 하고 있다는 점에서 이들 일본인 화가들의 작품에는 개인의 미적 관심을 넘어 점령지에 대한 제국의 욕망이 투영되어 있다고 할 수 있다. 본서가 주목하는 것은 이처럼 20세기에 들어 일본의 식민지로 전락하고 말았던 조선이 지배국 화가들에 의해 어떻게 재현되었는가라는 표상(representation)[1]의 문제이다.

종래, 이러한 표상의 논의는 대체로 에드워드 사이드의 오리엔탈리즘 비판을 근거로 해석되어 왔다. 1978년에 저서 『오리엔탈리즘』이 간행되어 원래 19세기 낭만주의에 의한 이국취미적인 미술과 문학, 동양학을 지칭하던

---

1 '표상'(representation)은 원래 감각에 의하여 획득한 현상이 마음속에서 재생된 것을 뜻하는 철학, 심리학 용어로, 인간이 경험을 통해 만들어 낸 개념이나 도상을 포함한 이미지 전반을 말한다. 플라톤 이후 가장 많은 논의를 거쳐 온 개념 중 하나로, 이들 논의에 따르면 표상은 이른바 인간이 일상적으로 가지는 심리적 이미지이며, 여기에는 인간이 세계를 경험할 때의 인식 방식이 관여된다. 다른 한편으로 표상은 인간의 심리적 이미지뿐만 아니라 우리 주변에 존재하는 구체적인 이미지를 의미하는 말이기도 하다. 예를 들어 회화, 조각 이외에 언어 기호, 지시 기호와 같이 다른 무엇을 직·간접적으로 지칭할 수 있는 모든 것이 표상에 포함된다. 특히 20세기 후반에는 미셸 푸코, 에드워드 사이드의 이론을 계기로 실제 정치 문화의 배후에 있는 권력 관계를 분석하기 위한 조작 개념으로 널리 사용되게 된다. 「表象」, 『美術史を語る言葉』, ブリュッケ, 2002. 본고에서는 표상이 '표상 대표제'라는 정치적 함의를 지니는 점에 근거하여, 당시 일본인 화가들에 의해 그려진 조선의 이미지(像)가 각 시대상황, 이데올로기와 연동하여 어떻게 변화하는지 그 과정을 추적하고자 한다.

'오리엔탈리즘'이 오리엔트를 지배하고 재구성하여 억압하기 위한 서양의 양식인 것이 밝혀진 이래로, 그 이론적인 한계가 지적되고 있음에도 불구하고 오랫동안 제국과 식민지, 서양과 비서양의 문화적 지배 구조를 언급하는데 유효한 관점을 제공해 왔다.[2] 식민지(또는 비서구권)에 대해 이국적인 시선을 보내며, 동시에 타자로서 차별적으로 표상하는 오리엔탈리즘의 구조는 20세기 초두 脫亞入口를 지향하며, 아시아의 제국으로 부상했던 일본의 조선 표상에도 대입된다.

실제로 1910년대 후반부터 증가하는 일본인 화가들의 조선 기행문에는 서양이 오리엔트를 강렬한 색채와 고대성으로 연결한 것과 동일한 문맥을 쉽게 찾을 수 있다. 여기서 조선은 종종 일본에서는 보기 힘든 밝은 색채가 넘쳐나고 동시에 일본의 과거를 연상시키는 장소로 묘사된다. 일본과 거리적으로 그다지 멀지 않은 조선이 일본 내지와 전혀 다른 기후와 날씨였을 리가 없고, 또한 당대 조선이 일본의 에마키(繪卷: 두루마리 그림)에 보이는 것과 같은 "천 년 전의 일본의 오랜 생활 상태"[3]였을 리도 만무하다. 그럼에도 불구하고 조선을 방문한 대부분의 화가가 "에마키의 일종, 천 년 전의 일본의 오랜 생활상태"[4], "현대 생활에서 몇 세기 전의 悠長한 세계"[5], "映發하는 색채"[6], "자고 있는 듯한 인상"[7]과 같은 표현으로 조선을 서술하는데 주저하지 않았다. 근대의 선례를 받은 제국의 화가들에 있어 조선은 문화적 규범이 아니라 이미 일본에서는 진귀한 것이 되어 버린 畵題를 얻을 수 있는 미지의 공간, 식민지의 공간이었던 것이다. 그곳에 사는 사람들조차 그림의 소재로서 인식되었다.

---

2 Edward Said, 『Orientalism』, New York: Pantheon Books, 1978.

3 藤島武二, 「朝鮮觀光所感」, 『美術新報』제13권 5호, 1914. 3, p.11.

4 「入選後の感想：東京美術學校 岡田三朗助」, 『朝鮮』제88호, 1922. 7, pp.5-14.

5 大野隆德, 「新綠と白衣の朝鮮を旅して」, 『みづえ』제366호, 1935. 8, p.23.

6 川島理一郎, 「朝鮮金剛山」, 『旅人の眼』, 龍星閣, 1937, p.62.

7 田邊至, 「朝鮮」, 『美術新論』제6권 7호, 1931. 7, p.120.

이처럼 조선을 현실에서 떼어내 밝은 색채와 발전 가능성이 결여된 고대성, 그림과 같은 공간으로 서술하는 태도가 사이드의 오리엔탈리즘과 유연성을 가지는 것은 부정하기 힘들다. 서양이 오리엔트를 문명화로부터 남겨진 무기력하며 후진적인, 열등한 오리엔트로 차별적으로 표상했던 것과 동일한 문맥이 엿보이는 것이다.

그런데 본서가 주목하는 것은 이러한 조선에 대한 오리엔탈리즘적인 언설이 한편으로 일본 화단에 새로운 자극과 가능성을 부여한 점이다. 실제 일본 근대미술의 조선에 대한 접근은 당대 화단의 흐름과 무관하지 않았다고 할 수 있다. 예를 들어 조선병합 후 얼마 되지 않은 1913년 8월 서양화가 유아사 이치로(湯淺一郎)는 「오리엔탈리스트」라는 글에서 일본 화가들을 프랑스 오리엔탈리즘 화가에 빗대어 조선과 대만, 만주와 같은 일본의 식민지를 방문해 그림을 그릴 것을 장려하는 한편, 그러한 동양 연구야말로 "오늘날 미술계 침체를 타파하기 위해 서두르지 않으면 안 되는 방법"이라며 독자들을 설득했다.[8] 즉, 식민지가 침체된 일본 미술에 새로운 가능성을 부여할 것으로 기대한 것이다. 그리고 비단 유아사 뿐만이 아니라 후지시마 다케지(藤島武二), 우메하라 류자부로(梅原龍三郎) 등 다수의 화가들이 아시아를 통해 새로운 전환점을 맞이했다. 서구의 미술 사조를 벗어나 일본적 서양화라는 새로운 기축을 창출해야 하는 사명 아래, 이들이 주목한 것은 자신들의 문화적 연원이기도 했던 아시아, 동양이었다. 그런 점에서 아시아라는 토포스는 일본 근대의 숨겨진 모체라 할 수 있다.[9] 단순한 취재지, 여행지, 종군지가 아니라 아시아는 일본의 근대미술 생성에 중요한 장소로 기능했던 것이다.

이러한 사례는 종래 타자 지배의 수단으로 언급되었던 오리엔탈리즘의

---

8 湯淺一郎, 「オリエンタリスト」, 『美術新報』제12권 10호, 1913. 8, p.41.

9 天野一夫, 「日本近代美術の無意識としての東アジア」, 『近代の東アジアイメージ』, 豊田市美術館, 2009, p.7.

이분법적인 구조만으로는 조선 표상의 실체를 추적할 수 없음을 보여준다. 노만 브라이슨(Norman Bryson)이 사이드 오리엔탈리즘의 한계성을 지적하며[10] 언급했던 "兩義的, 可變的, 表裏的 구조"[11]와 같은 다양성에 대한 검증이 요구되는 이유이기도 하다. 표면적으로는 서구가 오리엔트를 반복적으로 부정하며 야만화 시키거나 부인하지만 동시에 거부할 수 없는 매력을 지닌 자양으로서 선망의 대상이자 욕망의 장소였던 것과 같이, 조선은 일본인 화가들에게 차별해야 할 타자이며 동시에 역사, 문화, 민족적 유산을 공유한 자신들이기도 한 혼성의 공간이었던 것이다.

따라서 본 연구는 종래 페미니즘적 시점을 포함해 포스트 콜로니얼적 표상 비판이 개별 작품 분석을 방치한 채 오리엔탈리즘의 이분법적, 표층적인 해석에 머물러 왔던 한계에서 벗어나, 최근 대두되고 있는 오리엔탈리즘 이후의 새로운 견지를 기반으로 지배-피지배의 단선적 구조에 매몰되었던 조선 표상의 언설과 작품들을 당대 화단의 흐름 속에서 再考하고자 한다. 이를 통해 조선이라는 시공간을 둘러싼 표상의 담론들이 일본 근대미술 전개에 어떠한 자극과 가능성을 부여했는가를 밝힘으로써 근대미술 형성의 다층성에 접근하는 계기를 마련하는데 목적이 있다. 결과적으로 이러한 논의

---

10 오리엔탈리즘의 문제점 및 한계에 대해서는 사이드의 저서가 간행된 이래로 다수의 서평을 통해 지적되어 왔으나, 특히 미술사와 관련해 노만 브라이슨은 사이드의 연구가 서양 및 오리엔트를 단일적인 실체로 제시하고, 문화 간 상호의 표상을 간과한 경향이 있음을 지적했다. Norman Bryson, 「オリエンタリズム以後」, 『近代畵設』2호, 明治美術學會, 1993, pp.7-9.

11 문화표상의 양의성과 관련해서는 노만 브라이슨의 논고를 참고했다. 노만 브라이슨은 19세기 서구의 오리엔탈리즘 회화를 예로 들어 이들 작품이 야만, 폭력, 잔인함 등의 동양에 대한 부정적인 이미지를 표방함과 동시에 한편에서는 당시 서구사회에서 금지되었던 욕망, 성애 등에 대한 표현의 자유를 획득했음을 지적하고 있다. 이처럼 서구 오리엔탈리즘 회화에는 타자에 대한 부정적인 요소와 더불어 긍정적인 요소(그려진 내용이 결국 부정하고 싶은 대상이라 하더라도)가 혼성적으로 등장하고 있으며, 이를 양의성 내지는 표리구조라 한다. Norman Bryson, 「フランスオリエンタリズム繪畵における「他者」」, 『美術史と他者』, 晃洋書房, 2000, pp.71-85.

는 1920년대 제국주의 시선으로 고착된 '조선 향토성'이 조선 화가들의 자기 정체성 탐구로 이어져 해방 이후 대한민국의 국민미술을 대표하는 정서로 환골탈태했다는 점에서, 한국 근대미술의 형성 과정을 추적하는 작업이기도 하다.

한편, 일본 근대미술을 아시아와의 관계 속에 살펴보려는 시도는 1990년대 후반부터 제도론, 젠더론 등 새로운 미술사 방법론들이 모색되는 가운데 등장하기 시작했다. 대표적인 연구자 중 한 사람인 야마나시 에미코(山梨繪美子)는 「일본 근대 서양화에 있어서 오리엔탈리즘」에서 중국과 조선에서 취재한 일본 서양화를 통해 19세기 후반 일본과 아시아 지역을 둘러싼 중심과 주변의 문제를 사이드의 오리엔탈리즘을 접목하여 고찰했다.[12] 또한 일본에서 개최된 官展을 대상으로 일본인 화가들이 그린 조선 관련 작품을 선별하여 주제별, 시기별 변화를 식민지 정책의 변화와 조선 사회 변동과 연결하여 검증한 박미정의 논고에 있어서도 '식민지에 대한 차별적 편견'이라는 넓은 의미에서의 오리엔탈리즘 비판은 그대로 적용되었다. 특히 박미정은 식민지 조선과 관련된 정치 상황을 무단통치, 문화통치, 황민화시기로 구분하여 조선이 각각의 시기에 일본이 추구하고자 했던 미개하며 비문명적인 위험하고 두려운 존재로서 표상되었음을 지적하고 있다.[13]

이러한 논점은 문화표상을 논하는 주요한 저서의 하나인 김혜신의 『한국근대미술연구』에서도 확인된다. 이 책은 식민지 조선의 문화통치와 미술의 문제를 1922년부터 45년까지 개최된 조선미술전람회의 입상작을 중심으로 검증하고 그 이면에 숨겨진 정치성을 명확히 함과 동시에 일본 식민지화와 함께 추진된 한국 근대미술의 형성 과정을 탐구한 성과물이다. 저자는 조선미전 입선작의 이미지를 검증하고, 조선이 사이드의 오리엔탈리즘에 중첩

---

12 山梨繪美子, 「日本近代美術におけるオリエンタリズム」, 『語る現在､語られる過去』, 平凡社, 1999, pp.81-94.

13 박미정, 「植民地朝鮮はどのように表象されたか」, 『美學』213호, 2003. 6, pp.42-55.

되는 '무기력'하며 '후진적인' '열등한' 제국 일본의 오리엔트=타자로서 표상했음을 밝히고 있다.[14]

이에 반해 니시하라 다이스케(西原大輔)는 「근대 일본회화의 아시아표상」이라는 논고에서 동일한 문화권에 속하는 일본과 아시아는 서구 오리엔탈리즘의 이항대립의 구조만으로는 해석될 수 없음을 지적하고, '유사성'을 강조하는 일본의 독자적인 표상 방식을 방대한 자료를 분석하여 명확히 했다.[15] 특히 이러한 동질성의 강조가 후일 '내선일체', '대동아공영권'으로 이어져 식민지배의 정당성을 보강하는 논리로 기능한 점은 주지의 사실이다. 조선에 대한 '우리 동양'과 '그들 식민지'라는 이중의 문맥이야말로 동양 문명의 서열을 재구축하고 동양의 맹주다운 제국을 건설하기 위한 일본의 전략이었다고 할 수 있다.

그러나 이러한 견해가 여전히 식민지와 피식민지를 전제로 하고 있다는 점에서 오리엔탈리즘을 기반으로 한 종래 표상 연구의 틀을 크게 벗어났다고는 보기 힘들다. 아시아와의 관계 속에 근대미술의 형성 과정을 이해하기 위해서는 식민지-제국의 관계를 벗어나 보다 다층적이고 입체적인 모습에 접근할 필요가 있다.

이와 관련해 2009년 주목할 만한 전시가 도요타시미술관 주최로 개최되었다. "일본 근대미술은 어떻게 아시아를 그려왔는가"라는 부제로 기획된

14 김혜신, 『韓國近代美術研究-植民地期朝鮮美術展覽會にみる異文化支配と文化表象』, ブリュッケ, 2005 이 외에 조선미전을 대상으로 표상의 문제를 다룬 논고로는 박계리, 「일제시대 조선 향토색」, 『한국근대미술사학』4, 1996; 정호진, 「조선미전의 심사위원 및 그 영향」, 『미술사학연구』223, 1999; 정연경, 「조선미술전람회 동양화부의 실내 여인상」, 『한국근대미술사학』9, 2001; 김현숙, 「일제시대 동아시아 관전에서의 지방색: 조선미술전람회를 중심으로」, 『한국근대미술사학』12, 2004; 안현정, 『근대의 시선, 조선미술전람회』, 이학사, 2012; 졸고, 「식민지 관전의 실현, 조선미술전람회 일본인 심사위원을 중심으로」, 『석당논총』58, 2014 등이 있다.

15 西原大輔, 「近代日本繪畵のアジア表象」, 『日本研究』26집, 國際日本研究センター紀要, 2002. 12, pp.185-220.

〈근대의 동아시아 이미지〉 展은 조선, 중국, 만주 등을 그린 107명의 작가, 207점의 작품을 대상으로, 기존의 표상 논의에서 벗어나 아시아가 일본인 화가들에게 정신적인 제3의 장소(토포스)로서 기능했던 점에 주목했다.[16] 이러한 관점은 2015년 한국 연구자들이 참여한 〈한일 근대미술가들의 눈-'조선'에서 그리다〉 전시로 이어졌다. 근대기 한국과 일본 미술가들의 사적, 공적인 교류를 비롯해 在朝鮮 일본인 화가들의 존재를 조망하고, 이들을 포함한 內地 화가들의 작품 및 자료를 망라한 본 전시는 사람과 사물, 생각이 광범위하게 오고가는 유동성 가운데 한일근대미술 생성의 복잡한 양상을 제시하고자 했다.[17]

이 책은 종래 표상 연구에 대한 반성과 이러한 최근의 성과를 바탕으로 한일 근대미술 형성에 있어 조선 표상의 의미를 새롭게 고찰한 결과물이다. 책은 개인의 경험을 다룬 1부와 공적 영역을 대상으로 한 2부로 구성되었다. 먼저 제1부에서는 1910년의 조선 병합을 계기로 현실의 조선을 마주하게 된 일본인 화가들의 눈에 비친 조선의 모습을 살펴보고, 그러한 타자 이미지를 넘어 조선 표상의 담론들이 어떻게 화가들의 조형적 실천으로 이어져 새로운 근대미술로 변용되었는가에 주목했다.

근세까지 조선은 '바다 건너 異國'이라는 막연한 경외심과 더불어 일본이 동경할만한 전통과 문화를 지닌 한자문화권의 요충지이자 대륙의 선진 문화를 가장 먼저 흡수한 선망의 대상이었다.[18] 그런데 이러한 조선에 대한 인

---

16 『近代の東アジアイメージ』, 豊田市美術館, 2009.

17 『한일 근대미술가들의 눈-'조선'에서 그리다』, 福岡アジア美術館, 岐阜縣美術館, 北海道立近代美術館, 神奈川縣立近代美術館, 都城市立美術館, 新潟縣立萬代島美術館, 讀賣新聞, 美術館連絡協儀會, 2015.

18 이는 조선 통신사의 사례를 통해서도 충분히 짐작 가능하다. 통신사가 비교적 오래 체류했던 오사카, 교토, 에도에는 그들과 접촉하기를 바라는 문인들이 일본 전역에서 모여들었으며, 조선 화가들이 가져온 회화나 휘호회에는 인파가 몰렸다. 마루야마 오쿄(円山應擧), 이토 자쿠추(伊藤若沖) 등 당대 일본 최고의 화가들이 통신사가 가지고 온 조선의 그림을 학습하기도 했다. 福士雄也, 「朝鮮繪畫と近世の日本繪畫」,

식은 청일, 러일전쟁 이후부터 급변하는 동아시아 정세 속에서 제국으로 발돋움한 일본과는 다른, 전근대적이며 불결하고 게으른, 그리고 자신들의 과거를 연상케 하는 정체된 타자로 규정되기 시작했다. 1장에서는 조선을 방문한 화가들의 여행 감상문, 신문, 잡지 기사 등을 통해 조선 표상의 담론들을 확인하고 식민지 조선에 대한 오리엔탈리즘적 시선들을 규명하고자 했다. 이러한 조선에 대한 왜곡된 편견과 우월감은 한편으로 식민 지배를 정당화하는 근거로 활용되었으며, 다수의 미술가들이 의식 혹은 무의식 속에서 부정적인 조선인상을 일반화하는데 공조한 것은 사실이다.

그러나 한편으로 이러한 담론은 새로운 조형 표현의 가능성과 자극을 부여하기도 했다. 2, 3장에서는 그러한 대표적인 사례로 이른 시기 조선을 방문한 서양화가 유아사 이치로(湯淺一郎)와 1930년대 조선을 화폭에 담은 일본화가 츠치다 바쿠센(土田麥僊)의 조선 관련 작품을 검토함으로써 조선 표상의 의미를 재조명하는데 목적을 두었다. 4, 5장은 일본 근대 서양화단의 거장이라 불리는 후지시마 다케지를 중심으로 그의 1913년 조선 방문을 개인적인 화력의 전개 과정 가운데 면밀히 검증했다. 이를 통해 그의 조선 관련 작품들이 평생 동안 추구했던 장식화의 실천이었다는 점을 밝히고, 전근대적인 조선 표상의 대표 이미지로 언급되었던 〈꽃바구니〉의 사례를 통해 사이드적인 오리엔탈리즘의 한계를 지적했다. "서양의 추종적인 상황에서 벗어나 일본의 독자적인 예술"을 추구했던 그에게 조선은 정체된 자기양식 생성의 계기를 제공한 중요한 장소였다고 할 수 있다.

이어서 제2부에서는 '공적' 전시라 할 수 있는 벽화를 중심으로 조선 표상의 양상을 살펴보았다. 메이지시대 이래 지속적으로 건설되었던 서양풍 건축 내부에는 단순히 벽면을 장식하는 기능을 넘어 역사적, 신화적 주제를 통해 대중 계몽의 사회적 기능을 부여받은 벽화가 다수 제작되었다. 제2부는 이러한 대표적인 사례로 1910~20년대 조선을 주제로 제작한 다수의 벽

『朝鮮王朝の繪畫と日本』, 靜岡縣立美術館 등, 2008.

화를 검증했다. 조선호텔 벽화, 성덕기념회화관 벽화 그리고 조선총독부 중앙홀을 장식한 벽화들은 그림의 주제뿐 아니라 설치 장소 등을 통해 '조선'이 '식민지 조선'으로 변용되는 과정을 여실히 보여준다.

특히 책에서는 이러한 벽화의 공적 기능에 주목하여 조선 표상의 정치성을 밝히고, 일본의 아시아 진출과 더불어 새롭게 출현하는 '융합된 동양 이미지'의 창출에 주목했다. 이러한 이미지의 출현이 일본 제국주의 팽창과 궤를 일치하는 것은 분명하나, 한편으로는 1920년대 이후 역사화가 점차 쇠퇴되고 급속히 모더니즘에 경도되고 있었던 화단의 상황과도 무관하지 않았다. 대표적인 사례로 와다 산조(和田三造)의 기념비적인 작품인 조선총독부 벽화(1926년 완성)를 중심으로 내선일체의 정치적 상징성을 넘어 식민지 공간의 표리적, 혼성적 특징을 추출하고자 했다.

끝으로 결론은 이른바 토착화된 오리엔탈리즘이라고 부를 수 있는 자기표상의 문제를 검토하는 것으로 가늠했다. 특히 1922년부터 44년까지 개최된 조선미술전람회를 중심으로 제국주의의 시선에 의해 고착된 조선 향토색의 실체를 규명하고, 해방이후 이러한 향토적 주제가 국민 미술로 변모되는 과정을 살펴보았다. 이러한 자기표상의 문제는 오리엔탈리즘의 양의적 성격을 상징적으로 보여줄 뿐 아니라, 한국 근대미술 형성을 살펴보는 또 다른 관점을 제공할 것으로 기대한다.

제1부

일본 근대미술 형성과 他者像

1장 '타자'로서 조선상의 출현

근대기 일본인 화가들의 한국 방문은 대부분 청일, 러일전쟁에 파견된 종군화가들로부터 시작된다. 도쿄미술학교 교수였던 야마모토 호스이(山本芳翠, 1850~1906)를 비롯해 아사이 츄(淺井忠, 1856~1907), 미야케 고키(三宅克已, 1874~1954), 사이고 고케츠(西鄕孤月, 1873~1912) 등 적지 않은 화가들이 전쟁터로 향하는 길목에서 한반도를 경유했다.[1] 1910년 병합 이후에는 일본의 대외 확장정책을 배경으로 조선 여행과 이주가 적극적으로 추진되는 가운데 화단 내에서도 직접 조선을 방문하거나, 새로운 식민지에 주목하는 글들이 비약적으로 증가하기 시작한다.(〈표 1〉)

그런데 주로 여행의 경험을 담고 있는 이들 글을 살펴보면 조선에 관한 몇 가지 공통된 이미지가 반복해서 나타나는 것을 알 수 있다. 즉 조선을 '화창한 날씨', '赤土' 등의 표현을 사용하여 밝고 강열한 색채와 연관시키는 한편, 일본의 헤이안(平安), 나라(奈良)시대의 풍습이 고스란히 잔존하는 그림과 같은 공간으로 묘사하고 있다는 점이다. 예컨대 1913년 겨울 생애 처음 조선을 방문한 서양화가 후지시마 다케지는 다음과 같이 조선에 대한 인상을 언급했다.

---

1 야마모토 호스이, 아사이 츄, 고야마 쇼타로(小山正太郞)는 1894년 9월, 인천을 거쳐 평양에 도착했다.(淺井忠, 「日淸戰爭從軍畵稿」, 千葉縣立美術館, 1987) 반면, 당시 도쿄미술학교 학생이었던 사이고 코게츠는 1895년 청일전쟁 기록화 제작을 위해 대륙으로 건너갔으나, 정전으로 인해 실제 전쟁을 목격하지는 못하고 다렌(大連), 진저우(金州), 조선을 취재하고 귀국했다. 『한일 근대미술가들의 눈-'조선'에서 그리다』, 2015, p.305. 이외에도 조선 왕실의 어진 제작, 御前 휘호 등의 공적 활동을 하거나 금강산 여행, 유럽으로 가는 경유지 등을 이유로 적지 않은 화가들이 한국을 방문했다. 강민기, 「근대 한일화가들의 交遊-淸水東雲을 중심으로」, 『한국근현대미술사학』 27집, 2014, pp.7-36.

> "지면의 색채가 경쾌하고 돌산이 많으며 여기저기 작은 소나무가 점철되어 있는 등 보다 더 풍경을 아름답게 보이게 합니다. 언제나 화창한 햇볕과 청명한 하늘의 푸른색이 돌산과 지면의 밝은 흙색과 서로 대조되어 일층 深碧하게 보입니다. 또한 朝暮의 햇볕이 높이 솟아 우뚝한 암산과 겹겹이 연결된 돌산에 비칠 때는 五彩絢爛이라고 할까요, 거의 형용할 수 없을 정도의 아름다운 색을 띱니다. (중략) 부인이 걸치고 있는 녹색의 被衣와 薄色의 치마가 바람에 나부끼는 모습은 형용할 수 없는 아름다운 멋이 있습니다. 마치 일본 왕조시대의 에마키모노(繪卷物: 두루마리 그림)를 눈앞에 보는 듯한 기분이 듭니다."[2]

여기서 후지시마는 조선의 화창한 날씨와 풍경이 만들어 내는 五彩絢爛한 색채의 향연을 찬미하며 풍속에서는 일본의 고대를 발견하고 있다. 그러나 지리적으로 가까운 일본과 조선의 경우 날씨, 기후가 크게 다르지 않고, 20세기의 조선이 8세기대 일본의 생활 상태를 그대로 영위하고 있었다고도 보기 힘들다. 그럼에도 불구하고 후지시마뿐 아니라 조선을 방문한 대부분 화가들의 기행문에서 조선은 "에마키모노의 일종, 천 년 전 일본의 오랜 생활 상태"[3]라든지 "현대 생활에서 몇 세기 전의 悠長한 세계"[4], "잠들어 있는 듯 한 인상"[5]을 언급하며 일본에서는 볼 수 없는 "暎發하는 색채"[6]와 같은 표현을 통해 언급되었다.[7]

더욱이 근대 문명의 세례를 받은 제국 화가들에게 조선은 이미 문화적 규범이 아닌 일본에서는 보기 드문 畵題를 얻을 수 있는 미개의 공간, 식민지 공간이었다. 아라키 짓포(荒木十畝, 1872~1944)는 "인물도 인간으로서는 가치가 없으나 畵中의 인물로 보면 일본보다 상당히 흥미가 있다. 흰 수염

---

2 藤島武二談, 「朝鮮觀光所感」, 『美術新報』, 1914. 3, p.11.
3 「入選後の感想:東京美術學校 岡田三郎助」, 『朝鮮』제88호, 1922. 7, pp.5-14.
4 大野隆德, 「新綠と白衣の朝鮮を旅して(上)」, 『みづゑ』제366호, 1935. 8, p.23.
5 川島理一郎, 「朝鮮金剛山」, 『旅人の眼』, 龍星閣, 1937, p.62.
6 田辺至, 「朝鮮」, 『美術新論』제6권 7호, 1931. 7, p.120.
7 谷崎潤一郎, 「朝鮮雜觀」, 『社會及國家』, 1919. 1.

을 기른 노인이 나귀를 타고 있는 장면은 셋슈(雪舟, 1420~1506)의 인물로, 悠長한 부분은 확실히 그림이 된다."[8]라며 그곳에 사는 사람들조차 대등한 인간이 아닌 그림의 화제로 바라보고 있음을 알 수 있다.

조선을 청명한 날씨나 고대와 연관시키는 이러한 경향은 화가들의 여행기뿐만 아니라 신문, 잡지, 소설 등에 빈번히 등장하는데, 예를 들어 소설가 다니자키 준이치로(谷崎潤一郎)는 「조선잡관」에서 맑게 갠 조선의 가을 날씨에 "일 년 내내 언제나 이런 경치와 날씨가 계속된다면 아마 조선은 세계에서 으뜸가는 낙원일 것이다"라고 감탄하며 경성의 광화문 거리를 본 느낌을 다음과 같이 전하기도 했다.

> "헤이안 시대를 주제로 이야기를 쓰거나 역사화를 그리려는 소설가와 화가는 에마키모노를 참고하기 보다는 오히려 조선에 있는 경성과 평양을 볼 것을 권하고 싶다."

이처럼 조선을 현실로부터 분리하여 밝은 색채나 발전 가능성이 결여된 고대성, 그림과 같은 공간으로 보는 시각은 이미 많은 연구들이 지적하고 있듯이 에드워드 사이드의 오리엔탈리즘과 유사성을 가진다.[9] 서양이 오리엔트를 문명화로부터 남겨진 전근대적이며 열등한 오리엔트로 차별적으로 표상했던 것과 동일한 문맥이 이들 글에서도 엿보이는 것이다.

그리고 조선을 자신들과 다른 타자로 바라보는 시선은 일본인 화가들이 그렸던 조선 주제의 작품에서도 어렵지 않게 찾을 수 있다. 특히 1920년대

---

8 荒木十畝, 「韓國見聞談」, 『美術新報』, 1905. 9, p.3.

9 근대기 일본인들의 조선에 대한 시각에는 폭력성, 잔인성, 관능성 등으로 점철된 서구 오리엔탈리즘의 특징은 보이지 않는다. 그러나 주로 게으름, 더러움, 정체라는 편견을 동반하는 문화적, 인종적 표상에는 피지배국에 대한 일본의 지배를 정당화하는 차별적 시선이 존재함은 부정하기 어렵다. 서구 오리엔탈리즘과 차별되는 이러한 특징을 '일본적 오리엔탈리즘'이라 부르기도 한다.

부터 일본의 중앙 관전에는 가와아이 교쿠도(川合玉堂)를 비롯해 가와자키 쇼코(川崎小虎), 미나미 군조(南薰造), 다나베 이타루(田邊至), 고바야시 만고(小林万吾) 등 다수의 화가들이 조선을 주제로 한 작품을 출품했다.[10] 전통 의상을 입은 여인을 주제로 한 미나미의 〈소녀〉나 고바야시의 〈승무〉, 〈輕羅〉, 조선의 일상 풍경을 그린 미나미의 〈野道〉 등 대부분이 이국적 정취로서 조선의 풍물과 풍경을 주제로 삼은 작품들이다. 그러나 버드나무 아래에서 두 명의 노인이 곰방대를 들고 한가롭게 담소를 나누는 가와아이의 〈柳蔭閑話〉나, 풀 한 포기 없는 황량한 벌판을 배경으로 나귀에 기대어 쉬는 조선의 소년을 주제로 한 가와자키의 〈황량〉(그림 1), 자욱한 안개 속에서 펼쳐지는 야마구치 호우슌(山口蓬春)의 〈시장〉은 특유의 활기를 잃은 채 고대의 모습 그대로 잠들어 있는 조선의 풍경이, 풍물이, 적막하고 한가롭게 그려져 있을 뿐이다.[11]

---

10 특히 조선미전 심사원으로 참여했던 일본인 화가들이 일본 관전에 출품한 조선 주제 작품은 다음과 같다.

일 시	동양화	서양화
제4회제전(1922)	川合玉堂 〈柳蔭閑話〉	
제6회제전(1925)		南羣造 〈野道〉
제8회제전(1927)		南羣造 〈少女〉 南羣造 〈川筋の家〉
제9회제전(1928)		田邊至 〈離落〉
제10회제전(1929)		田邊至 〈黑裳〉
제11회제전(1930)		小林萬吾 〈輕羅〉
제12회제전(1931)	川崎小虎 〈荒凉〉	小林萬吾 〈僧舞〉
제13회제전(1932)	山口蓬春 〈市場〉	
제5회신문전(1942)		南羣造 〈山懷精舍〉

11 이 같은 애상적 감성을 김현숙은 헤이안시대부터 이어져 온 모노노 아와레(物の哀れ)라는 일본적 정서로 해석하기도 하는데,(김현숙, 「일제시대 동아시아 관전에서의 지방색 조선미술전람회를 중심으로」, 『한국근현대미술사학』 제12집, 2004, pp.74-75) 일본인 심사원들의 조선 향토색 요구 속에서 일본적 감성은 수용, 재생산되었다고 할 수 있다.

그림 1
川崎小虎, 〈荒凉〉, 1931년, 도쿄예술대학
© Suzuhiko Kawasaki 2022/ JAA2200106

이러한 모습은 아시아 태평양전쟁 이전 일본에서 가장 저명한 조선인 작가였던 장혁주가 "민둥산의 나라, 적토의 나라, 조선을 보고 간 사람들의 기행문을 읽으면 대개 이런 식으로 쓰고 있다. 이것은 즉 가난을 의미하고 퇴폐를 표현한 것이다. 긴 담뱃대를 물고 여유롭게 움직이는 조선 백성을 보면 게으른 민족이라 말한다."[12]라고 언급했던, 조선의 전체상을 표상하는 이미지와 일치한다. 이 외에도 풍경화의 경우 대부분이 초가집, 기와지붕, 성곽, 고궁 등의 전근대적 건축물을, 인물화에서는 빨래하는 여인, 물동이를 인 여인, 젖을 주는 여인, 지게꾼, 담뱃대를 물고 있는 노인 등 전근대적이고 서민적인 생활 모습이 '조선적인 주제'로 다루어졌다.[13]

그리고 이러한 게으름, 더러움, 정체라는 편견을 동반한 문화적 인종적 표상을 토대로 한 조선상은 일반적으로 청일, 러일전쟁 이후 형성되기 시작해 한일합병 시기를 걸쳐 사회적으로 널리 유통되었다. 이는 메이지유신을 선포하고 일본이 성급하게 문명국을 향한 과정에서 야만, 半開로 규정되는 타자상을 필요로 했음을 의미하는 것이기도 하다.[14] 게다가 조선의 부정적 이미지는 병합 이후, 조선 통치의 정당성을 뒷받침하는 근거로도 활용되었다. 1921년 조선총독부가 발간한 다가하시 도오루(高橋亨)의 『조선인』에는 조선인의 10가지 특징으로 사상의 고착, 사상의 종속, 형식주의, 당파심, 문

12 「私の文學」, 『文藝首都』제1권 제1호, 1933. 1, pp.11-12.
13 김현숙, 앞의 논문, pp.67-68.
14 中根隆行, 건국대학교 대학원 일본문화언어학과 옮김, 『조선 표상의 문화지』, 소명출판, 2011, pp.26-27.

약, 심미 관념의 결핍, 공사의 혼동, 관용의 위엄, 순종, 낙천성 등이 열거되었으며[15], 도리고에 세이키(鳥越靜岐)의 『朝鮮漫畵』에서도 불결, 악취, 태만, 폭식, 저능, 무시태평, 온순함과 같은 부정적 이미지를 조선인의 성격으로 규정했다.[16] 이러한 조선에 대한 편견과 우월감은 일본인 미술가들의 언설에서도 반복적으로 등장하고 있으며, 일본=문명국, 조선=야만국이라는 이분법으로 조선을 재구성했던 당대 식민지 담론에서 크게 벗어나지 않았던 것을 알 수 있다. 그리고 이러한 타자로서 조선상을 재생산하는데 근대기 일본인 화가들의 작품이 일조한 것은 사실이다.

종래 이 같은 표상의 문제는 주로 오리엔탈리즘, 젠더론, 포스트 콜로니얼 등의 비판적 시각을 통해 해석되어 왔다. 지배국 일본의 식민지에 대한 차별과 편견을 전제로 하는 이들 연구는 조선이 무기력하며 열등한, 제국 일본의 '他者'로서 표상되고 있음을 밝히고 있다.[17] 이는 당시 일본에서 개최되었던 官設美術展覽會에 조선을 주제로 한 작품 대부분이 여성이었고, 특히 기생을 주제로 하거나 일본이 향수를 갖고 바라보는 근대화에 뒤처진 모습이었던 점을 통해서도 입증된다.[18]

---

15 高橋亨, 『朝鮮人』, 조선총독부, 1921.

16 鳥越靜岐, 『朝鮮漫畵』, 日韓書房, 1909.

17 대표적인 논의로는 山梨繪美子, 「日本近代洋畵におけるオリエンタリズム」, 『語る現在､語られる過去』, 平凡社, 1999, pp.81-94; 池田忍, 「「支那服の女」という誘惑—帝國主義とモダニズム」, 『歷史學硏究』765호, 歷史學硏究會, 2002, pp.1-14; 西原大輔, 「近代日本繪畵のアジア表象」, 『日本硏究』26집, 2002, pp.185-220; 朴美貞, 「植民地朝鮮はどのように表象されたか」, 『美學』13호, 2003, pp.42-55; 金惠信, 『韓國近代美術硏究—植民地期「朝鮮美術展覽會」にみる異文化支配と文化表象』, 2005, ブリュッケ 등이 있다. 국내 논고로는 김화영, 「나혜석의 『나부』와 후지시마 다케지(藤島武二)의 『花籠』의 비교분석」, 『日本學報』제76집, 2008, pp.183-184; 최유경, 「후지시마 다케지의 〈세상을 비추는 여명(旭日照六合)〉 속의 일출의 의미」, 『종교와 문화』19호, 서울대학교 종교문제연구소, 2010, pp.159-176 등이 있다.

18 식민지를 여성화된 섹슈얼리티에 비유하여 거론하는 것은 서양 오리엔탈리즘 시선의 특징 중 하나이다. 中根隆行는 이러한 구조에 식민지를 여성의 비유로 파악하고, 성적으로 상품화함으로써 지배한다는 헤테로섹슈얼리티(heterosexuality)에 의거한 식민지

그러나 한편으로 이 같은 타자에 대한 접근이 일본 근대 화단에 새로운 자극과 가능성을 부여해 온 점 또한 사실이다.[19] 대한제국이 일본의 식민지 '조선'이 되던 1910년대는 정치적으로는 일본의 아시아 지배가 본격화되는 가운데 차별을 기조로 하는 제국주의 구조가 형성되는 시기였다. 그러나 문화적인 영역에 있어서는 문학잡지 시라카바(白樺)(1910. 4 창간)[20]가 등장하고, 후기인상파나 야수파의 새로운 경향에 공감하는 젊은 화가들이 퓨잔회(fusain, 1912. 10)[21]를 결성하는 등 개인의 혁신적인 창조력이 요구되던 시기로 평가된다. 이는 이 책이 '타자'(여성, 식민지, 노동자 등)에 대한 접근을 기존의 정치적 문맥에서 벗어나 새로운 주제, 표현 방법을 찾고자 했던 당대 화가들의 일련의 노력 속에서 살펴보고자 하는 이유이기도 하다.

따라서 책에서는 조선표상의 문제를 종래의 오리엔탈리즘 논의에서 벗어나 개인의 화력 및 일본 근대화단의 형성과정 속에서 고찰하고자 한다. 제1부에서는 먼저 서양화가 유아사 이치로(湯淺一郎)와 일본화가 츠치다 바쿠센(土田麥僊), 후지시 다케지(藤島武二)의 조선 관련 작품을 검토함으로써

적 재생산의 논리가 숨겨져 있음을 지적하고 있다. 中根隆行, 건국대학교 대학원 일본문화언어학과 역, 『'조선'표상의 문화지』, 소명출판, 2011, pp.49-50.

19 최근 동아시아와 일본 근대미술과의 관계성을 기존의 이론적 전개에서 벗어나, 동아시아를 일본 근대 생성의 중요한 장소로 재고하려는 기획 전시가 있었다. 특히 본 전시는 아시아를 일본 근대 작가들의 정체된 자기양식 생성의 계기를 제공하고, 독자적인 표현을 가능케 했다는 점에서 일본 근대의 숨겨진 母體로 상정한다. 『近代の東アジアイメージ:日本近代美術はどうアジアを描いてきたか』, 豊田市美術館, 2009.

20 시라카바(白樺)는 1910년 4월에 창간하여 23년 8월에 폐간된 문예, 예술잡지이다. 무샤노코지 사네아츠(武者小路實篤), 시가 나오야(志賀直哉) 외에 미술사가인 고지마 키쿠오(兒島喜久雄), 화가 아리시마 다케오(有島武郎) 등이 참가하였다. 특히 세잔, 고흐, 마티스, 뭉크 등 서구의 신사조를 일본에 소개하고 미술전을 개최하는 등 화단에도 큰 영향을 미쳤다.

21 1912년에 결성된 미술가 집단으로, 사이도 요리(齋藤与里), 기시다 류세이(岸田劉生), 다카무로 고타로(高村光太郎) 등이 주도했다. 단체명인 휴잔(fusain)은 프랑스어로 목탄을 의미한다. 제2회 전시회 이후 해산하였으나, 일본에서 처음으로 이루어진 표현주의 미술운동으로서 선구적인 의의를 지닌다.

조선 체험이 가지는 의미를 재조명하는데 목적을 둔다.

〈표 1〉 근대 일본인 화가들의 조선관련 글 목록

연도	필자 제목	잡지 서명
1886	「朝鮮畵家」	『大日本美術新報』29号、3月
	「朝鮮國陶磁器沿革概況」	『大日本美術新報』32号、6月
1887	「朝鮮の韻士」	『繪畵業誌』9卷、12月
1894	「韓人ノ書畵」	『京都美術協會雜誌』27号、8月
	「塵埃ニ埋モル韓國の美術品」	
1896	「朝鮮ノ宝物遂ニ我有」	『京都美術協會雜誌』49号、6月
1903	關野貞、「新羅時代の遺物」	『美術新報』2-4、5月
	關野貞、「新羅時代の遺物(墳墓)」	『美術新報』2-5、5月
	關野貞、「新羅時代の遺物(三)」	『美術新報』2-6、6月
	關野貞、「新羅時代の遺物(四))」	『美術新報』2-8、7月
	關野貞、「新羅時代の遺物(瞻星台)」	『美術新報』2-12、9月
	關野貞、「新羅時代の遺物(仏國寺)」	『美術新報』2-16、10月
	關野貞、「新羅時代の遺物(七)」	『美術新報』2-18、11月
1905	八木奘三郎、「韓國の美術」	『日本美術』73、2月
	荒木十畝、「韓國見聞談」	『美術新報』4-12、9月
1908	大橋正尭、「朝鮮のはなし」	『みづゑ』41号、9月
1910	「朝鮮の古美術」	『日本美術』132、2月
	「韓國藝術の変遷に就て」	『日本美術』133、3月
	關野貞、「韓國藝術の変遷」	『日本美術』137、7月
	前田香雪、「朝鮮陶器ニ就テ」	『日本美術協會報告』211、7月
	山縣五十雄、「韓國の風景」	『みづゑ』64号、7月
	關野貞、「韓國藝術の変遷」	『日本美術』138、8月
	山縣五十雄、「韓國の風景」	
	關野貞、「韓國藝術の変遷(三、完)」	『日本美術』140、10月
	黒田太久馬、「朝鮮古美術」	
	前田健次郎、「朝鮮の陶器」	
	關野貞、「朝鮮と美術教育」	『美術新報』9-12、10月
	黒田太久馬、「朝鮮之美術」	『美術之日本』2-11、11月
1911	前田健次郎、「朝鮮陶器に就て」	『京都美術』21号、6月
1912	北山紫巒、「全羅南道の朝鮮」	『みづゑ』84号、2月
1913	太田天洋、「朝鮮古墳壁畫の發見に就て」	『美術新報』12-4、2月
	關野貞、「朝鮮の美術」	『研精美術』71号、3月

연도	필자 제목	잡지 서명
1914	「朝鮮美術界の大發見外數件及卷頭挿畵解說」	『京都美術』32号、8月
	藤島武二、「朝鮮觀光所感」	『美術新報』13-5、3月
	關野貞、「朝鮮古墳の壁畵に就て」	
	關野貞、「新羅時代の銅鐘」	『美術新報』13-7、5月
1915	前田靑邨、「朝鮮の感興」	『中央美術』1-3、12月
1916	山崎紫紅、「朝鮮の美術品(上)」	『みづゑ』131号、1月
	山崎紫紅、「朝鮮の美術品(下)」	『みづゑ』132号、2月
	天草神來、「朝鮮の美術」	『美術の日本』8-2、2月
	關野貞、「朝鮮の藝術」	『中央美術』2-5、5月
	岡野貞、「慶州芬皇寺の多層塔」	『美術之日本』8-6、6月
	小杉未醒、「朝鮮の母」	『美之國』2-8、8月
	平福百穗、「山水畵家の宝庫金剛山」	『美術之日本』8-8、8月
	平福百穗、「朝鮮紀行」	『中央美術』2-9、9月
	稻田春水、「朝鮮の古瓦」	『美術之日本』8-12、12月
1917	鳥居龍藏、「朝鮮に遺れる壁畵」	『美術新報』16-3、1月
	丸山晩霞、「金剛山」	『みづゑ』151号、9月
	中澤弘光、「朝鮮の夏」	『美術旬報』140号、10月
	丸山晩霞、「金剛山の山水(二)」	『みづゑ』152号、10月
	丸山晩霞、「金剛山の山水(三)」	『みづゑ』154号、12月
	丸山晩霞、「南畵と金剛山」	『中央美術』3-12、12月
1918	丸山晩霞、「金剛山の畵趣」	『美術の日本』10-1、1月
	丸山晩霞、「金剛山の山水(四)」	『みづゑ』155号、1月
	關野貞、「朝鮮高句麗時代の壁畵に就て」	『中央美術』4-1、1月
	關野貞、「朝鮮高句麗時代に於ける壁畵に就て」	『美術新報』17-3、1月(世界の壁畵)
	丸山晩霞、「金剛山の山水(五)」	『みづゑ』156号、2月
	丸山晩霞、「金剛山の山水(六)」	『みづゑ』157号、3月
	丸山晩霞、「金剛山の山水(七)」	『みづゑ』158号、4月
	石井柏亭「朝鮮雜觀」	『美術旬報』168号、8月
	小林萬吾「水原と開城との記」	『美術旬報』172号、9月
	小林萬吾「私は知らずゝ「金步搖」と默吟した」	
	石井柏亭、「「屋後」に就いて」	『みづゑ』164号、10月
	中澤弘光、「朝鮮の旅」	『新日本見物』、金尾文淵堂
1920	石井柏亭、「朝鮮の部」	『繪の旅-朝鮮支那の卷』、日本評論社出版部
	石井柏亭、「慶州にて」	『中央美術』6-7、7月
1921	石井柏亭、「朝鮮畵を論ず」	『中央美術』7-1、1月

연도	필자 제목	잡지 서명
	柳宗悅、「朝鮮民族美術館に就て」	『白樺』12-1、1月
		『白樺』12-2、2月
		『白樺』12-5、5月
	木下杢太郎、「京城の博物館」	『中央美術』7-3、3月
1922	「李朝陶磁器の紹介」	『白樺』13-9、9月
	田辺至、「朝鮮の古美術」	『美術之日本』14-11、11月
1923	中西伊之助、「朝鮮及び朝鮮婦人の美」	『中央美術』9-5、5月
1924	有賀衛門、「慶州石窟庵」	『中央美術』106号、9月
1925	太田喜二郎、「朝鮮の兒童」	『中央美術』114号、5月
1926	小杉芳庵、「慶州の古美術」	『アトリエ』3-8、8月
	溝口三郎、「朝鮮古美術巡り」	『東京美術學校校友會月報』25-4、9月
	溝口三郎、「朝鮮古美術巡り(其二)」	『東京美術學校校友會月報』25-5、10月
	溝口三郎、「朝鮮古美術巡り(三)」	『東京美術學校校友會月報』25-6、12月
1927	松島宗衛、「朝鮮畵考」	『中央美術』13-1、1月
		『中央美術』13-2、2月
	溝口三郎、「朝鮮古美術巡り(四)」	『東京美術學校校友會月報』25-7、2月
	松岡久子、「朝鮮を語る門と城壁」	『美術新論』2-10、10月
	中村亮平、「朝鮮に富んだ新羅の古塔」	『中央美術』144号、11月
	辻永、「朝鮮の木工品」	『アトリエ』4-11、12月
1928	石井柏亭、「朝鮮」	『アトリエ』5-7、7月
	田辺至、「滿鮮日記」	『美術新論』3-7、7月
	特集?「金剛山漫遊畵記」	『中央美術』153号(14-8)、8月
	池部鈞、前川千帆、「朝鮮金剛山行」	『美術新論』3-8、8月
	奥瀬英三、「慶州石窟庵に就て」	『美術新論』3-9、9月
	奥瀬英三、「鷄林の旅」	
	水島爾保布、「金剛山第一夜」	『美之國』4-9、9月
	奥瀬英三、「鷄林の旅(二)」	『美術新論』3-12、12月
	中村亮平、「慶州王陵の石造美術」	『中央美術』157号(14-12)、12月
1929	奥瀬英三、「鷄林の旅(四)」	『美術新論』4-3、3月
	岡田三郎助、「古代衣と朝鮮小刀」	『美之國』5-3、3月
	香取秀眞、「朝鮮の古藝術(一)」	『美之國』5-5、5月
	香取秀眞、「朝鮮の古藝術」	『美之國』5-6、6月
		『美之國』5-7、7月
	中野竹雪、「朝鮮咸北より」	『塔影』5-7、7月
	田辺至、「本年の鮮展」	『美術新論』4-12、12月
1930	川島理一郎、「朝鮮畵記(1)」	『アトリエ』7-5、5月

연도	필자 제목	잡지 서명
	川島理一郎、「朝鮮畫記(2)」	『アトリエ』7-6、6月
	村田丹下、「朝鮮紀行の斷片」	『美術新論』5-7、7月
	田中咄哉、「京城所見」	『塔影』6-7、7月
	田中咄哉、「朝鮮雜感」	『美之國』6-8、8月
	石井柏亭、「朝鮮一巡」	『日本寫生紀行』、アトリエ社
1931	本方昌、「朝鮮名畫展」	『美之國』7-5、5月
	田辺至、「日本風景案內-朝鮮」	『美術新論』6-7、7月
1932	池上秀畝、「金剛山スケッチ」	『美之國』8-7、7月
	池上秀畝、「朝鮮金剛山」	『塔影』8-8、8月
	高間惣七、「金剛山」	『美術新論』7-12、12月
	小杉放庵、「國立公園スケッチ—万瀑洞の一日」	
1933	滿谷國四郎、「朝鮮」	『美術新論』8-8、8月
1934	石川欽一郎、「朝鮮と台湾の風光」	『中央美術』復興13号、8月
	下店靜市、「朝鮮古美術史跡巡禮記」	『塔影』10-12、12月
	小杉放庵、「朝鮮の巻—南山半日」	『草畫隨筆』、文蘭社
1935	黑田忠重太郎、「朝鮮-旅の手帳から」	『中央美術』復興19号、2月
	下店靜市、「朝鮮古美術史跡巡禮」	『塔影』11-2、2月
		『塔影』11-3、3月
		『塔影』11-6、6月
	石井柏亭、「朝鮮雜感」(1930. 9)	『現代隨筆全集』第9巻、金星堂
	鶴田吾郎、「濟州島素描」	『みづゑ』364号、6月
	大野隆德、「新錄と白衣の朝鮮を旅して(上)」	『みづゑ』366号、8月
	大野隆德、「新錄と白衣の朝鮮を旅して(中)」	『みづゑ』367号、9月
	大野隆德、「朝鮮の印象(下)-新錄と白衣の朝鮮を旅して」	『みづゑ』368号、10月
	大河內夜江、「慶州の旅」	『美之國』11-10、10月
	石川宰三郎、「朝鮮の旅より」	『美之國』11-11、11月
1936	久保田米所、「朝鮮を巡りきて」	『中央美術』復興30号、1月
	兒玉希望、「朝鮮を旅して」	『美の國』12-7、7月
1937	落合朗風、「朝鮮の氣持」	『美之國』13-2、2月
	西澤笛畝、「朝鮮具郎味五趣」	『美之國』13-7、7月
	西澤笛畝、「朝鮮と八瀨大原」	『塔影』13-8、8月
	津田信夫、「鮮滿旅行の收穫」	『美之國』13-8、8月
	外山卯三郎、「仏國寺の石窟庵を觀る」	『美之國』13-12、12月
	川島理一郎、「朝鮮金剛山」	『旅人の眼』、龍星閣
	川島理一郎、「外金剛山の旅」	
	川島理一郎、「慶州の古美術」	

연도	필자 제목	잡지 서명
1938	山村耕花、「朝鮮遊記」	『塔影』14-1、1月
	平塚運一、「慶州追憶」	『美之國』14-5、5月
1939	永田春水、「古都平壤を想ふ」	『美之國』15-7、7月
	山川秀峰、「平壤の妓生」	
	永田春水、「朝鮮と寺院」	『塔影』15-9、9月
1940	三岸節子、「朝鮮を畵く」	『美之國』16-10、10月
1941	李禧燮、「朝鮮古美術に就いて」	『美之國』17-3、3月
	阿部芳文、「朝鮮の門」	『みづゑ』441号、7月
	直木友次郎編、「朝鮮時代」	『高木背水傳』、大肥前社
1942	中野草雲、「慶州斷想」	『日本美術』1-4、8月

2장 유아사 이치로(湯淺一郎)의 조선 연작

1913년 8월 서양화가 유아사 이치로는 『미술신보』에 「오리엔탈리스트」라는 글을 발표한다. 여기서 그는 "유럽 미술의 낡은 방식에서 벗어나 아시아취미 동양취미의 새로운 식민지를 개척하려고" 하는 오리엔탈리스 화가에게 주목할 것을 재촉하며, 그 이유를 다음과 같이 설명했다.

> "일본에서도 풍경화가로 알려져 있는 사람들이 있으나 천편일률적이다. 젊은 사람들 중에 좋은 작품이 조금씩 보이는 것 같기는 하나, 대체로 침체해 있으므로 어떻게든 現狀을 타파하는 방법을 강구하지 않으면 안 된다. 그러기 위해서는 일상적으로 너무 눈에 익은 일본 內地보다는 조선이라든지 대만이라든지, 또는 만주 근처로 떠나서 당장 새로운 자연을 포착하는 것이 가장 적절하다고 생각한다. 또한 매우 필요한 것이라고 생각한다."[22]

유아사의 위 글은 종래 "서양의 오리엔탈리즘 회화를 일본인이 수용하여 아시아를 바라보는 적절하며 구체적인 예"[23]로써 종종 인용되어 왔다. 근대 이전까지 서양 이국취미의 대상이자 오리엔트의 일부로 기능했던 일본은 메이지 이후 '脫亞入歐'를 목표로 삼고 서양의 동양관을 적극적으로 흡수하여 오리엔탈리즘의 주체=보는 쪽의 지위를 획득하게 된다. 대표하는 쪽=보는 쪽=문명개화의 일본과 대표되는 쪽=보여 지는 쪽=정체된 식민지라는 이항대립을 전제로 하는 이 시기 일본의 아시아관은 서양의 시선에 견주어 식민지를 그릴 것을 주장하는 유아사의 의견과도 일치한다.

그런데 여기서 한 가지 주의를 요하는 것은 유아사의 식민지를 향한 관

---

22 湯淺一郎, 「オリエンタリスト」, 『美術新報』, 1913. 8, pp.40-41.

23 西原大輔, 近代日本繪畫のアジア表象」, 『日本硏究』26집, 國際日本硏究センター紀要, 2002. 12, p.189.

심이 "어떻게든 현상을 타파하는 방법을 강구하지 않으면 안 된다."라며 일본 국내를 향한 불만에서 시작된 것처럼 들린다는 점이다. 즉 당시 미술계의 침체를 타파하기 위한 방안으로 식민지 견문의 필요성이 제시되고 있는 것이다. 여기서 말하는 타파해야 하는 '현재의 상태'란 1913년 경 당대 화단의 동향이 밀접하게 관련되어 있었던 것으로 생각된다.

1. 1913년 일본 서양화단의 동향

실제 유아사의 「오리엔탈리스트」가 게재되고 조선 견문이 적극적으로 장려되던 1913년을 전후한 시기, 서양화단에서는 이해관계와 의견을 달리하는 화가들 간의 갈등이 표면화되고 있었다. 즉 아리시마 이쿠마(有島生馬, 1882~1974), 이시이 하쿠테이(石井柏亭, 1882~1958), 사이토 도요사쿠(齋藤豊作, 1880~1951), 유아사 이치로, 후시지마 다케지 등 청일·러일전쟁 직후에 유럽 유학을 경험하고 후기인상파, 포비즘 등의 신사조를 흡수하고 돌아온 신진 세대와 구로다 세이키(黑田淸輝, 1866~1924)로 대표되는 文部省美術展覽會(이하 文展)의 보수적 경향이 강한 화가들 간의 대립이 첨예화되던 시기였다.

실제 이시이가 훗날 "이는 신귀국자들의 新畵風 배척에 그 원인이 있을까 아니면 심사원단의 몰이해로 돌려야 할까 판단하기 어렵다."[24]라고 회고한 것처럼 문전에 출품한 신귀국자들의 작품이 연이어 수상에서 제외되는 등 공정한 취급을 받지 못한 것이다. 이에 1913년 10월 23일, 문전의 불합리한 심사에 불만을 품은 19명의 화가가 문전 서양화부를 일본화부와 마찬가지로 1과와 2과로 분과하는 二分科 제도를 도입할 것을 의논하는 자리를 마련하게 되고, 수 일 후인 11월 5일 문전 심사원들의 출품작에 대한 태도가 보수적인 까닭으로 나날이 진보하는 예술에 맞지 않다는 내용의 建白書

24 石井柏亭, 「二科會と海外の新潮」, 『日本近代三代志』, 1942, 復刊書, ぺりかん社, 1983, p.171.

가 문부성에 제출되기에 이른다. 그러나 이듬해 8월 결국 문부성에 제출했던 건백서가 받아들여지지 않고 일본화부마저 이과제를 폐지하고 구체제로 되돌아갈 것을 지시하는 방침이 발표되자 이과 분리운동은 문전과는 별도의 조직인 재야 단체 二科會의 창립으로 급전개되었다.[25]

이처럼 1913년은 관전 아카데미즘에 의거한 보수파와 후기인상파 및 포비즘 등의 영향을 받은 신진 세대들 간의 서로 융합하지 못한 대립이 표면화되던 시기였다. 후지시마와 유아사가 연거푸 문전에서 낙선했던 1910년대 초, 당시 서양화단에서 높은 평가를 받은 작품들은 예를 들어 "유화 물감으로 그린 일본화"라고 불린 고스기 미세(小杉未醒, 1881~1964)의 〈水鄕〉이나 병풍형식을 빌어 그린 나가하라 고타로(長原孝太郎, 1864~1930)의 〈殘雪〉과 같은 사실주의에 기조한 평면성, 장식성이 강조된 작품들이었다. 이러한 문전의 경향에 대해 유아사는 「문전의 서양화」라는 미발표 원고에서 다음과 같은 비판적인 의견을 피력하고 있다.

> "오늘날의 문전을 보니 오히려 단점만을 드러내고 있는 것처럼 생각된다. 기술 상 또는 재료의 취급 방법에서 보더라도 유화다운 기분이 들지 않는다. 오히려 한편의 삽화와 같은 느낌이다. 심하게는 유화로서 볼 가치가 없는 것을 매우 많이 볼 수 있었다. (중략) 通覽해 본 결과 문전의 서양화는 건조한 느낌으로 어떠한 쾌감을 자아내는 일 없이 매우 적막하였다. 이는 매우 유감이다. (중략) 新思想을 접한 결과 실제 스스로 느껴서 새로운 것을 시도하는 것이 아니라, 다른 사람의 흉내를 내고 있으므로 색이라든지 형태를 보아도 자연히 신선한 부분이 결여되어 있다. 한쪽은 백 년도 전의 것처럼 보이고, 다른 한쪽은 신사상의 것도 있다. 그러나 두 쪽 다 감각이 무딘 작품으로 자연을 충실히 본 것이라고는 생각하지 않는다. 좀 더 자연에 관해 연구하는 것이 필요하다고 생각한다. 서양화의 특색이라 할 수 있는 색의 윤택과 풍부

25 이과회는 1914년 10월에 문전 시작 시기에 맞추어 개최된 제1회전을 시작으로, 1944년 전쟁으로 일시 해산되었으나, 전후 재결성되어 현재에 이른다. 매년 가을 회화부, 조각부, 디자인부, 사진부의 공모전을 개최하고 있다.

한 물감의 사용, 그리고 넓이라든지 풍미에 따라 완성되는 물질을 표현하는 것이 서양화에서는 지극히 필요하다. 문전의 서양화는 이러한 서양화의 요소를 놓치고 있는 결점이 있다."[26]

유아사는 여기서 평면적이며 장식성이 강조된 문전 서양화를 유화다움이 결여된 삽화와 같다고 비난하면서 유화의 특색인 풍부한 색감과 광택, 그리고 자연 연구를 통한 물질감의 표현을 중시할 것을 지적하고 있다. 유아사가 이과 분립운동에 가담하며 이과회의 창립 멤버로 활동했던 점을 감안한다면 「오리엔탈리스트」에서 타파해야 할 사안으로 지적했던 "침체된 현상"이란 바로 이러한 문전의 보수적 경향을 지칭하는 것으로 볼 수 있지 않을까. 식민지 견문은 이처럼 신구의 갈등이 첨예하게 대립되던 시기, 새로운 표현 방식을 찾을 수 있는 방안으로 언급되었던 것이다. 그리고 실제 조선여행은 새로운 전환점을 제공했던 것으로 보인다.

2. 조선 풍광의 발견

1868년 12월 18일 군마(群馬)현 야스나가(安中)에서 태어난 유아사는 1898년 도쿄미술학교 서양학과를 졸업하고, 1905년 4년간의 유럽 유학길에 올랐다. 스페인과 파리에서 3년간 체류한 이후 이탈리아와 이집트 카이로를 거쳐 1910년 1월에 귀국했다. 37세라는 다소 늦은 나이에도 불구하고 유럽 유학은 화풍에 많은 변화를 초래했던 것으로 보인다. 유학기에 그린 다수의 작품 가운데 예를 들어 스페인에서 제작한 것으로 추측되는 〈村娘〉(그림 1)과 같은 작품은 〈화실〉 등에 보이는 유학 이전의 온아한 사실주의적 경향에서 벗어나 능숙하고 힘 있는 붓놀림과 밝은 색채가 눈에 띄는 생기 있는

26 본 미발표 원고는 染谷滋의 조사에 의해 발굴된 것으로 이과회 결성을 전후한 시기에 쓰여진 것으로 추측하고 있다. 染谷滋, 「湯淺一郎資料調査報告」, 『群馬縣立近代美術館研究紀要』 제2호, 2006, pp.18-19.

그림 1
湯浅一郎, 〈村娘〉, 1906~07년, 群馬현립근대미술관

그림 2
湯浅一郎, 〈나부〉, 1912년, 群馬현립근대미술관

작품들로, 유럽 유학을 계기로 확연한 변화가 감지된다.

그러나 유럽에서 귀국한 이후 그의 작품에는 유학기의 자유로운 터치는 자취를 감추고 색채도 빛을 잃고 있었다. 1912년에 제작된 〈나부〉(그림 2)는 평평하고 부드러운 붓질과 온건한 색의 사용에서 유학기의 힘 있는 터치와 색감을 찾기란 힘들다. 귀국 이후 그의 작품에 이러한 망설임이 느껴지는 것에 대해 소메야 시게루(染谷滋)는 전시 도록 서문에 이것이 비단 유아사 한사람에 국한된 문제가 아니라 "굴곡이 뚜렷하고 스타일이 좋은 모델이 없고 석조로 된 구축적인 시가지도 없는데다 무엇보다도 건조하고 투명한 공기로 충만한 강열하며 아름다운 광선이 일본에는 드물었다. 습윤하며 부드러운 빛에 싸여 있는 일본의 풍토는 수채화와 일본화에 어울리는 세계였다"[27]라는 점을 지적하고 있다. 즉 유럽에서 경험한 강렬한 빛과 건조한 공기, 구축적인 건축물과 현실(일본)의 차이에서 비롯된 극복할 수 없

27 染谷滋, 「湯淺一郎; 日本近代洋畵史の証人」, 『湯淺一郎展』, 1991, 群馬縣立近代美術館, p.14.

는 장벽이 유아사를 고심케 했을 것이라는 추측에는 충분히 공감된다. 그런데 흥미로운 것은 조선 견문을 계기로 그의 작품에 다시금 힘 있는 필치와 밝은 색채가 보이기 시작한다는 점이다.

유아사는 1913년 5월, 야마시타 신타로(山下新太郎)와 함께 조선호텔 벽화 제작의 자료 수집을 목적으로 처음 조선에 건너 왔다. 이후 약 한 달간 조선 전국을 여행하고 6월 중순 경에는 일본으로 되돌아간 것으로 보인다.[28] 그리고 호텔이 완공된 이듬해 벽화 설치를 위해 재차 조선을 방문한 사실이 동행한 야마시타의 연보를 통해 확인된다.[29] 1914년 이후에 조선을 방문한 기록은 확인되지 않으나, 1919년까지 이과회에 조선관련 작품들을 지속적으로 출품하고 있는 점으로 미루어 조선의 풍속이나 풍경에 대한 관심이 적지 않았음을 알 수 있다. 현재 그가 그린 조선 관련 작품은 스케치를 포함해 약 26점 정도가 확인된다.(〈표 1〉 참조) 이들 일련의 조선 시리즈는 예를 들어 〈부벽루〉, 〈조선풍경〉(그림 3) 등과 같이 소품이면서도 간략하며 대담한 터치와 밝은 색채가 돋보이는 작품들로 여기서는 유학기의 생기 있는 필세와 색채 감각이 간취된다. 조선 여행은 그의 화풍에 확연한 변화를 가져왔던 것이다.

〈표 1〉 유아사 이치로의 조선관련 작품 목록[30]

연 도	작품명	출품 이력
1914년	〈官妓〉	제1회 이과전
	〈평양모란대〉	제1회 이과전
	〈수원화홍문〉	제1회 이과전
	〈동소문〉	

28 "야마시타 신타로, 유아사 이치로씨 이번 조선총독부 경영의 경성호텔의 벽화에 의촉되어 두 사람은 함께 5월 상순부터 재료 수집을 위해 조선 全道를 만유하고 6월 중순 귀경할 것이다. 벽화는 15매가 되며 조선의 풍색을 주제로 한 것으로 즉시 휘호에 착수할 것이다." (『美術新報』 1913년 8월 소식란)

29 『山下新太郎』, ブリヂストン美術館, 1955.

연 도	작품명	출품 이력
	〈조선부인〉	
	〈부벽루〉	
	〈독서〉	
	〈조선풍경〉 1	
	〈조선풍경〉 2	
	〈두 명의 조선부인〉	
1915년	〈阿橋〉	제2회 이과전
	〈船橋〉	제2회 이과전
	〈북한산〉	제2회 이과전
	〈창문 가까이에 선 官妓〉	제2회 이과전
	〈인왕산〉	제2회 이과전
	〈관기의 생활〉	제2회 이과전
	〈家庭〉	제2회 이과전
	〈인왕문(서대문 밖)〉	제2회 이과전
	〈외출〉	제2회 이과전
	〈시장에서 북한산〉	제2회 이과전
	〈동대문〉	제2회 이과전
	〈百日草〉	제2회 이과전
1917년	〈광희문 밖〉	제4회 이과전
	〈바람 부는 날(경성)〉	제4회 이과전
1918년	〈中庭(조선)〉	제5회 이과전
1919년	〈붉은 조선 옷의 여인〉	

물론 이러한 변화가 조선을 일본에서는 볼 수 없는 강렬한 햇살과 밝은 색채로 규정했던 당시 일본인들의 규격화된 조선상을 계승하고 있다는 점을 부정하기는 어렵다. 일찍이 서양이 오리엔트(식민지)를 강열한 색과 빛의 나라로 인식했던 것과 마찬가지로 「오리엔탈리스트」에서 오리엔탈리즘 회화를 범본으로 삼아 식민지를 그릴 것을 주장했던 유아사에게 밝은 색채의 조선은 이미 마음속에 품고 있던 광경이었을지도 모른다. 실제 선명한 색을 발하는 그의 조선 연작이 조선의 풍광을 밝은 색채와 연결시키는 오

30 이 중에 〈관기〉, 〈동소문〉, 〈조선부인〉, 〈부벽루〉, 〈독서〉, 〈조선풍경〉1, 2, 〈두 명의 조선부인〉, 〈외출〉, 〈광희문 밖〉, 〈붉은 옷의 여인〉은 현재 군마현립미술관에 기탁되어 있다.

그림 3
湯浅一郎, 〈朝鮮風景〉, 1914년, 群馬현립근대미술관

리엔탈리즘의 담론을 보강하고 있는 것 역시 사실이다.

그러나 한편으로 이들 연작에 보이는 강한 터치와 풍부한 색감은 "색채에 의한 대담한 변화가 없는 것이 특히 눈에 띈다."라며 문전 서양화를 강하게 비판하면서 "서양화의 특색다운 색의 윤택과 풍부한 물감의 사용"을 강조했던 유아사가 이 시기 추구하고자 했던 기법이기도 했다. 조선을 밝은 색채와 연결 짓는 언설이 비록 조선에 대한 부정적 편견에서 출발했다 하더라도 당시 그가 모색하고 있던 화풍에 구체적인 윤곽을 부여했다는 점에서 유아사의 조선방문은 그의 畵歷 가운데 중요한 의미를 지닌다고 할 수 있을 것이다.

한편 이들 조선연작을 〈표 1〉을 참조해 살펴보면 한 가지 흥미로운 사실을 알 수 있다. 즉 성문과 성벽 그리고 교각이 있는 풍경 등 석조 건축물들이 비교적 많이 그려졌다는 점이다. 본래 서울에는 전쟁을 대비해 평상시에는 사람의 출입을 통제하고 외적을 방지할 목적으로 성곽이 설치되어 있었다. 성곽은 북악산, 인왕산, 남산, 낙산의 능선을 따라 이어지며, 동서남북에는 4개의 대문과 4개의 소문이 있었다. 유아사의 〈동소문〉, 〈인왕문〉, 〈동대문〉, 〈광희문 밖〉은 이러한 성문을 주제로 한 그림이다. 그런데 경성의 성곽과 성문 풍경은 이시이 하쿠데이가 「朝鮮一巡」에서 "최근 대부분 파괴되고 있으나 만리장성식의 성벽도 畵材의 하나일 것이다."[31]라고 언급했던 것처럼 유아사 뿐만 아니라 당시 이국취미의 대상으로 자주 그려지던 주제이기도 했다.

특히 유아사가 조선에 온 1913년은 당시 일본의 근대적 도시계획의 미명 아래 성곽과 성문이 대부분 철거, 또는 일부가 잘려나가던 시기였다. 일제는 1908년에 남대문의 좌우성벽을, 1914년부터 이듬해에 걸쳐서 서대문, 서소문, 동소문을 철거했다. 광희문은 방치된 채 1914년 자연 붕괴되었다. 유아사의 〈광희문 밖〉은 바로 그러한 당시의 모습을 포착한 것으로, 반쯤 파괴된 성벽의 일부가 생생하게 기록되어 있다. 「오리엔탈리스트」에서 "우리 미술가도 더욱 노력하여 동양 방면의 연구에 전력을 다하여 한쪽에서는 그 취미를 보존하고 한쪽에서는 더욱더 그 예술을 발전시킬 것을 희망한다."라며 동양 고유의 취미를 보전할 것을 주장했던 유아사가 파괴되어 가는 조선적인 풍경을 안타까운 마음으로 바라보았을 것은 상상하기 어렵지 않다.[32]

이 외에 그는 교각이 있는 풍경을 다수 제작했는데, 특히 이들 작품에는 동일한 구도가 반복적으로 사용되었다. 예를 들어 〈조선풍경〉이나 제1회 이과전에 출품한 〈수원 화홍문〉(그림 4)에는 화면 앞쪽에 다리를 사선으로 크게 그리고 화면 뒤쪽에 건물을 배치하는 구도가 동일하게 사용되고 있다. 그런데 이러한 구도는 실은 유아사의 초기작인 〈즈시(逗子) 풍경〉(1900)

31 石井柏亭, 「朝鮮一巡」, 『日本寫生紀行』, アトリエ社, 1930, p.188.

32 1917년 조선을 방문한 나가자와 히로미츠(中澤弘光)도 「朝鮮の旅」(『新日本見物』, 金尾文淵堂, p.204)에서 동일한 내용의 감상평을 남기고 있다. 다만, 여기서 나가자와는 조선의 자연미는 궁정, 누문 등의 건물, 그리고 인물풍속에 있다고 말한 뒤, 그 중 가장 조선적인 모티브가 나날이 파괴되어 가고 있음에 서운한 기분을 감추지 못한다.

그림 4
湯浅一郎, 〈水原華虹門〉, 1914년, 第1回二科展

그림 5
湯浅一郎, 〈에스파니아국 풍경〉, 1908년, 第2回文展

그림 6
수원 화홍문 실경

을 비롯해 다수의 예가 남아있다. 특히 유학 중에 개최된 제2회 문전에 유아사는 스페인 톨레도 지역의 알칸타라(Alcantara) 다리를 그린 〈에스파니아 풍경〉(그림 5)을 출품했는데, 이 다리는 스페인의 수도로 번영했던 古都 톨레도를 감싸며 흐르는 타호강에 놓여 있는 다리 중 하나로 전체가 성벽으로 둘러싸인 성새도시 톨레도의 입구에 해당한다. 유아사는 구시가지를 배경으로 이 다리를 전경에 크게 사선으로 배치했다. 이러한 구도는 예를 들어 스케치 첩에 있는 이탈리아의 폰테 베키오(Ponte vecchio)의 다리와 산타젤로(Sant'Angelo)에서도 공통된다. 아마도 이는 다리와 다리를 연결하는 도시와 성문 또는 성을 하나의 화면에 담기 위한 의도로 추측되나 조선풍경에도 이와 동일한 구도가 사용된 것이다.

이렇게 보면 유학시절 유럽의 오래된 교각과 성을 즐겨 그렸던 유아사에게 성곽도시 경성의 시가지와 조선의 도처에 있는 석교와 성문은 한편으로는 파괴되어 가는 것이 안타까운 이국적인 풍경인 동시에 웅장한 석조 건축물이 즐비한 유럽의 기억을 환기시켜주는 풍경이었을지도 모른다. 특히 〈수원 화홍문〉의 주제인 화홍문은 경기도 수원시 화성의 성벽 안에 있는 수문(석교)으로 7개의 아치가 특징적이다.(그림 6) 유럽의 이곳저곳에서 보았을 석조 아치형의 다리를 여기에 중첩해 보았던 것은 아닐까. 조선의 맑고 화창한 날씨와 성곽도시 경성의 곳곳에 산재하는 석조 건축물은 마치 유럽에서의 경험을 환기시키기라도 하듯이 유럽 귀국 이후 침체했던 유아사의 화풍은 조선견문을 계기로 밝고 힘 있는 화풍으로 변화되어 갔다고 할 수 있다.

결국 밝은 색채와 강한 필치로 생동감 있게 그려낸 유아사의 조선 시리즈는 제국 일본의 화가가 본 이국적이며 문명화의 사명감을 부여하는 식민지의 모습일 뿐만 아니라 反文展을 표명하고 이과 분립운동에 적극적으로 가담하며 유화의 새로운 방향을 모색하던 유아사가 당시 추구하고자 했던 표현 수법이었다는 점에서 중요한 의미를 지닐 것으로 생각한다.

이상 살펴본 것처럼 유아사의 조선 연작은 종래 오리엔탈리즘 담론과는 달리, 1913년을 전후한 일본 서양화단의 동향과 밀접한 관련 속에 제작되었다고 할 수 있다. 이러한 사실은 이들이 구로다 세이키로 대표되는 관전 아카데미즘에 반대하며 새로운 표현의 가능성을 찾아 식민지 견문을 장려한 점이나, 실제 조선 여행을 계기로 화풍이 변화하고 있는 점을 통해서도 입증된다.

유아사가 조선에 건너간 1913년은 후기인상파, 포비즘 등의 신사조를 흡수하고 돌아온 신진 세대와 문전의 보수적 경향이 강한 화가들 간의 대립이 이과분립운동으로 표면화되던 시기였다. 유럽에서 이미 후기인상파의 새로운 경향을 경험한 유아사는 이러한 운동에 적극적으로 가담하는 한편, 온건한 사실적 표현에서 벗어나 새로운 조형성의 모색하고 있었다. 그리고 그 과정에서 이루어진 조선 체험은 이들 화풍의 변화에 적지 않은 영향을 주었던 것으로 보인다. 실제 조선 여행 이후, 유아사의 작품에는 밝은 색채와 힘 있는 터치 등 이전과는 다른 새로운 표현이 등장한다. 비록 이러한 특징이 조선을 밝은 색채나 고대성과 연결 짓는 당시 일본인들의 차별적인 조선상과 일치하는 점은 부정하기 힘드나, 조선의 풍경과 풍습이 이들에게 자극과 가능성을 부여한 점은 새롭게 평가되어야 할 것으로 생각한다.

이러한 유아사의 예가 단적으로 드러내듯이 일본 회화의 조선표상을 오리엔탈리즘적 담론과의 유사관계만으로 이해하는 것은 실은 많은 문제점을 간과시켜 왔다고 할 수 있다. 1930년대 일본적 서양화의 완성기가 일본이 아시아 지배를 확장하던 시기와 일치하는 사실이 증명하듯이 아시아는 일본 근대미술 형성의 중요한 장소를 제공했다고 할 수 있다. 이처럼 지배, 피지배의 단일적 시선에서 벗어나 문화 표상에서의 兩意性에 주목할 필요가 있다. 이점은 다음 살펴볼 일본 전통화단의 사례를 통해서도 드러난다.

3장 츠치다 바쿠센(土田麦僊)의 〈평상〉

"조선에 화가가 방문하면 먼저 기생을 寫生한다. 모든 복장이 美人에 맞게 만들어져 있으므로 다른 곳에서 온 사람의 눈에는 특별한 것으로 보이는 데다가 또한 性的 영분의 매력마저 수반하니 (중략) 絶讚을 아끼지 않는다."[33]

서양화가 도다 가츠오(遠田運雄)의 증언처럼 근대기 식민지 조선을 방문한 대부분의 화가들이 기생을 화폭에 담았다. 일반인 모델을 찾기 힘든 이유도 있었겠지만 기생은 조선 정취를 느낄 수 있는 대표적인 명물이자, 미인화의 유행 속에서 인기 있는 畵題로 다루어졌다.[34] 그리고 한복을 입은 기생의 단아한 자태에서 때 묻지 않은 "청정한 아름다움"[35]을 발견하고, 노래와 춤사위에서 "망국적인 색채"[36], 일본의 "덴표(天平)시대 그림"[37]을 떠올리는 일본인 화가들의 시선은 기생을 정체성, 수동성, 전근대성으로 표상했던 당대 담론들과 크게 다르지 않다. 이를 입증하듯이 일본인 화가들의 작품에는 병풍이 처진 온돌방을 배경으로 다소곳하게 누군가를 기다리는 수동적인 기생들의 모습이 다수 확인된다.[38]

---

33 遠田運雄, 「美しい朝鮮」, 『朝鮮』316, 1944. 9, pp.42-48.

34 일본 관전을 통해 미인화가 하나의 장르로서 정착되고, 크게 유행하는 경향을 보인다. 관전의 미인화와 관련해서는 다음 논문에서 자세히 다루었다. 兒島薰, 「근대 일본에서 官展의 역할과 주요 작품분석」, 『미술사논단』13, 2001. 12; 兒島薰, 「文展開設の前後における「美人」の表現の変容について」, 『近代畫說』16, 2007. 12.

35 山川秀峰, 「기생의 미」, 윤소영 외 (역) 『일본잡지 모던일본과 조선 1939』, 어문학사, 2007, p.128.

36 前田青邨, 「朝鮮の感興」, 『中央美術』1:3, 1915. 12, p.37; 小林萬吾, 「私は知らず「金步搖」と默吟した」, 『美術旬報』172, 1918. 10, p.3.

37 中澤弘光, 「朝鮮の旅」, 『新日本見物』, 金尾文淵堂, 1918, p.201.

38 이러한 근대기에 생산된 기생 이미지와 관련해서는 다음 논문에서 구체적으로 다루었다. 김영나, 「이인성의 향토색」, 『미술사논단』9, 1999. 12; 권행가, 「일제시대 우편

근대 교토(京都)화단을 대표하는 츠치다 바쿠센(土田麥僊, 1887~1936)의 〈평상〉은 이러한 전형으로 언급되어왔다.[39] 실제로 평상이 있는 실내를 배경으로 한복을 입은 2명의 여성을 배치한 본 작품이 "수동적이며 소극적인 여성의 모습을 침대와 벗어 둔 신발이라고 하는 성적인 이미지를 더해 제시"[40]하고 있는 것은 분명해 보인다.

다만 츠치다 바쿠센(이하 바쿠센) 본인을 비롯해 종래 연구가 지적하고 있듯이[41] 평상과 벗어둔 신발은 성적 환기보다는 9세기경에 제작된《眞言祖師像》과 같은 중국 고대 회화를 참조한 결과였다. 그리고 이러한 고대 종교화를 근간으로 한 백색조의 담백한 색채와 수평 수직의 간결한 구도, 유려한 선이 빚어내는 화면은 당대 평론이 극찬했던 "청초하며 端麗한"[42] "平淡平氣"[43]의 분위기를 자아내는 것이 사실이다. 결과적으로 본 작품이 "古美術을 통해 기생을 현실에서 遊離된 청초한 모습으로 표현함으로써 식민지 지배 구도를 은폐"[44]한 것은 부정하기 힘드나, 한편으로 '清楚 古雅'의 기품 있는 화면은 10년 만에 帝國美術展覽會(이하 제전)에 복귀한 바쿠센이 추구하고자 했던 근대적 일본화의 특징이기도 했다.

따라서 본 소론에서는 식민지 기생에 대한 향유의 욕망, 성적 기대와 같

엽서에 나타난 기생 이미지」, 『미술사논단』12, 2001. 9; 권행가, 「근대 시각문화와 기생 이미지」, 『경계의 여성들』, 한울, 2013. 7.

39 〈평상〉을 젠더, 오리엔탈리즘 등의 관점으로 언급한 논문은 다음과 같다. 池田忍, 「支那服の女という誘惑-帝國主義とモダニズム」, 『歷史學研究』765, 2002. 8; 西原大輔, 「近代日本繪畵のアジア表象」, 『日本研究』26, 2002. 12; 김혜신, 『韓國近代美術研究-植民地期「朝鮮美術展覽會」に見る異文化支配と文化表象』, ブリュッケ, 2005; 兒島薰, 『女性像が映す日本』, ブリュッケ, 2019 등.

40 池田忍, 「支那服の女という誘惑-帝國主義とモダニズム」, 『歷史學研究』765, 2008. 8, p.10.

41 上田文, 「土田麥僊「平牀」と「妓生家」について- 近代日本美術における朝鮮の美をめぐって」, 『美學』59:2, 2008. 12.

42 中河興一, 「平牀」, 『現代日本畵大鑑』, 昭林社, 1936, p.199.

43 鏑木清方, 「平牀」, 『現代日本畵大鑑』, 昭林社, 1936, p.198.

44 兒島薰, 『女性像が映す日本』, ブリュッケ, 2019, pp.149-151.

은 종래 표상 연구의 문맥에서 벗어나 바쿠센의 畵業 가운데 〈평상〉의 의미를 검토하고자 한다. 구체적으로는 2008년의 우에다(上田文) 논문 이래로 자세히 다루어진 적이 없는[45] 〈평상〉의 제작 과정을 당대 복식 및 유물과의 비교를 통해 추적하고, 고전 해석과 백색조의 색채를 통해 완성한 '청초 고아'의 표현이 지니는 의미를 제전과의 관계 속에서 살펴보고자 한다. 그리고 〈평상〉에 보이는 고전을 근간으로 한 정숙한 화면이야말로 1930년대 초 재야단체였던 國畵創作協會를 해산하고 제전 아카데미즘의 주도적인 입장에 놓이게 된 바쿠센의 전략적인 선택이자, 새로운 근대적 일본화의 실천이었다고 할 수 있다. 그런 점에서 본 시론이 단순한 취재지, 여행지, 종군지에서 벗어나 식민지 조선이 일본 근대미술 생성에 중요한 장소로 기능했던 점을 살펴보는 계기를 제공할 것으로 기대한다.

1. 〈평상〉의 제작 과정

바쿠센이 경성에 도착한 것은 1933년 5월 6일경으로, 南山町에 있던 天眞樓여관에서 약 2개월간 머물며 이취송, 이취옥 자매 등 다수의 기생을 스케치했다.[46] 체류 중에는 조선의 가옥, 가구, 조선시대 풍속화[47] 등을 연구하거나 이왕가박물관, 조선민족미술관, 평양의 고구려 고분벽화 등을 견학하

45 上田文, 앞의 논문, 2008. 12. 우에다는 본 논고에서 바쿠센의 화업을 중심으로 〈평상〉의 제작과정을 밝히고, 생명력 있는 청정한 미로 정의할 수 있는 '조선의 미'가 작품 제작에 중요한 요소였음을 주장하고 있다. 이외에 츠치다의 〈평상〉에 대한 최근의 연구로는 申禮嘉, 「土田麥僊「平牀」の制作過程にみる古典のフレーム: 京都市美術館所藏の素描の分析を中心に」, 『美術史學會例會發表要旨』, 2019. 10가 있다.

46 이 외에 현재 교토시립교세라미술관에 소장되어 있는 소묘에는 金一德, 金素研, 徐菊香, 白商余 등의 이름이 확인된다. 上田文, 앞의 논문, p.103.

47 淺川伯教, 「土田麥僊之事」, 『朝鮮の教育』129, 朝鮮初等教育研究會, 1939. 6, p.30. 이 시기 제작한 것으로 보이는 김홍도의 《단원풍속화첩》 모사(개인소장)가 남아 있어, 조선시대 풍속화에 대한 관심을 엿볼 수 있다.

그림 1
츠치다 바쿠센, 〈평상〉, 1933년, 교토시미술관

기도 했는데, 〈평상〉(그림 1)은 이러한 2개월간의 조사와 수백 장의 사생을 통해 완성한 작품이었다. 실제 화면에는 평상을 비롯해 꽃신, 사각의 경대 등 정세하게 묘사된 조선 풍물들이 산재해 있다.

특히 한쪽 무릎을 세우고 앉아 있는[48] 기생과 조선 정취를 드러내는 모티브를 조합하는 방식은 이 시기 일본인 화가들이 기생을 그리는 하나의 전형으로, 이시이 쿠테이(石井柏亭)의 〈홍련〉(1918), 야스이 소타로(安井曾太郎)의 〈기생〉(1936년경) 등 다수의 사례가 확인된다. 이처럼 〈평상〉이 당대의 보편적인 기생 이미지를 따르고 있는 것은 분명하나, 작품에 대해서는

48 『妓生物語』의 서문에는 조선명물로 아리랑과 수심가, 신선로와 온동방의 장고소리와 어우러져 무릎을 세우고 앉은 기생이 소개된다. 吉川萍水, 『妓生物語』, 半島自由評論社, 1932, p.14.

제작 당시부터 "인물의 頭部가 너무 작다.", "인물에 비해 평상이 협소하게 느껴진다."[49] 등 인물의 비례, 크기에 대한 의문이 지속적으로 제기되었다. 이외에도 앞쪽에 서 있는 여성이 뒤에 앉아 있는 여성에 비해 작게 그려져 원근법의 원리에 맞지 않거나, 통상 평상이 실내에 두는 가구라는 점에서 놓여 있는 신발도 어색하다.

이러한 의문은 〈평상〉이 기존의 작품들과 달리, 당대 기생의 모습을 있는 그대로 재현하는데 목적이 있었던 것은 아니었음을 시사한다. 실제로 바쿠센은 9세기 경 중국에서 제작된《진언칠조상》과의 관련성을 언급하고 있어 주목된다. 즉, "인물을 주제로 한《진언칠조상》은 의자를 그릴 때 앉기 힘들 정도로 작게 그려 인물을 크게 돋보이도록 한다."라며, 다소 작은 평상의 크기는 "고대의 천재가 보여준 이러한 화법의 원리를 채택"[50]한 결과라는 것이다.《진언칠조상》은 교토 도지(東寺)에 전해오는 眞言宗의 역대 祖師 7명의 진영으로, 805년 승려 구카이(空海)가 당의 궁정화가 李眞이 제작한 5인의 조사상(金剛智, 善無畏, 不空, 惠果, 一行)을 가지고 귀국한 이후, 일본에서 龍猛, 龍智의 2상을 추가했다. 특히 이들 진영은 대체로 높은 의자가 아닌 낮고 작은 사각의 평상에 신발을 벗은 채 가부좌의 자세로 등장하고 있는데, 본 작품에 보이는 다소 협소한 평상, 벗어 둔 신발은 바로 이러한 고대 인물화를 참조한 결과였다.

이 외에도《진언칠조상》을 의식한 점은 평상의 형태와 그 위에 놓인 돗자리의 변형에서도 엿보인다. 바쿠센은 작품 제작을 위해 조선권번 소속 김산호주의 집에 있던 평상,[51] 조선민족미술관 列品 중의 침대[52] 등을 참조했던 것으로 전하는데, 그 중 김산호주 소장의 평상을 추정할 수 있는 사진자료가 남아 있다. 기생 오산월과 김산호주를 찍은 사진엽서에는[53] 화려한

49 奥平武彦,「평상」(하),『매일신보』, 1937. 1. 27일 자.
50 奥平武彦, 앞의 기사.
51 奥平武彦,「평상」(상),『매일신보』, 1937. 1. 26일 자.
52 黑田重太郎,「麥僊追想」,『土田麥僊』, 1942. 9; 上田, 앞의 논문, p.102.

그림 2
김산호주 사진엽서(『엽서 속의 기생읽기』 국립민속박물관, 2009)

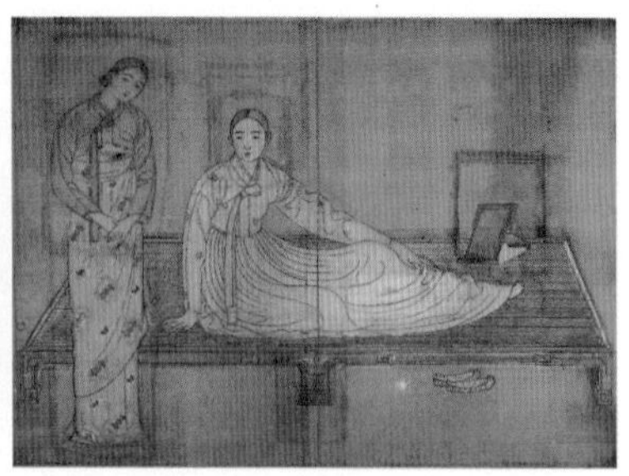

그림 3
츠치다 바쿠센, 〈평상 밑그림〉, 1933년, 교토시미술관

상감 장식에 난간을 갖춘 평상이 등장한다.(그림 2) 본 작품의 평상과는 별다른 조각이 없는 수평의 풍혈,[54] 獸脚形의 다리 형태 등이 유사하나, 난간 및 일체 장식 문양이 생략된 것을 알 수 있다. 즉, 조선 평상 특유의 장식성과 난간이라는 기능성이 제거된 것이다. 정확한 참고자료나 수정의 과정을 유추하는 데는 한계가 있으나, 결과적으로 《진언칠조상》 등 고대 회화에 보이는 단순한 형태의 평상과 유사해진 것은 사실이다. 게다가 이러한 고대 회화를 의식한 변용은 돗자리에서도 확인된다.

바쿠센은 "평상 위에 깔린 돗자리를 그리기 위해 대학 역사 참고실의 古畵에 보이는 花筵을 스케치하러 찾아가기도"[55] 했는데, 〈평상〉의 밑그림에

53 정면을 바라보고 앉아 있는 인물이 김산호주이다. 사진엽서의 장소를 정확히 유추하기는 힘드나, 경대나 뒤주와 같은 생활용품이 구비되어 있는 점, "조선 기생은 內地의 藝妓와 달리 가정 내에서 서화 음악 무용 연습을 익히며 고상한 생활을 보내고 있다"라는 설명 문구는 사진의 주인공인 김산호주의 실제 생활공간 내에서 촬영되었을 가능성을 시사한다.

54 풍혈은 가구에 뚫어 놓은 바람구멍을 말하는데, 기물의 둘레에 가로 돌아가며 구멍을 뚫거나 잘게 새겨 붙이는 꾸밈새를 지칭한다. 가구에서 풍형은 장식성, 기능성, 주술성을 겸비한 보강재의 역할을 한다. 김민경, 문선옥, 「한국 전통목가구 평상 연구」1, 『한국가구학회지』28:2, 2017. 4, p.129.

55 奧平武彥, 앞의 기사, 1937. 1. 26일 자.

어렴풋이 보이는 화문석 문양은 이러한 사생의 결과를 반영한 것으로 생각된다.(그림 3) 그러나 완성작에서는 일체 문양을 생략함으로써 조선의 대표적인 특산품은 고대 회화에 보이는 일반적인 왕골 돗자리로 바뀌었다.

이상의 사례는 바쿠센이 조선색을 표출하면서도 한편으로는 《진언칠조상》과 같은 고대 회화를 의식하고 있었음을 뒷받침한다. 이 외에도 입상과 좌상의 여성을 함께 배치하는 방식이나 서구 원근법의 원리에서 벗어난 기생의 크기 역시 《진언칠조상》 중 위계에 따라 시동을 작게 묘사한 〈惠果像〉과 유사하다. 이러한 번안의 배경에는 무엇보다 조선에서 고대의 흔적을 발견했기 때문으로 풀이된다.

> "사군자를 잘 그리는 자도 있으며 무용의 명수도 있어서 지금도 관기로서의 자긍심을 잃지 않았는지 어떤지는 모르겠다. 다만 나에게는 천여 년의 시대를 뛰어 넘어 唐代 풍속의 片影을 흥미롭게 보았다."[56]

즉, 바쿠센이 기생을 만나고 가장 흥미롭게 생각한 것은 관기로서 歌舞音曲의 기예를 이어가는 조선 전통의 담지자라는 아우라 보다, 천 년의 시대를 뛰어 넘은 당 문화의 흔적이었다. 이러한 그의 시선은 〈평상〉에 등장하는 인물의 표현에서도 엿보인다.

〈평상〉에는 조선색의 대표적인 소재라 할 수 있는 쪽머리에 순백색의 한복과 옥빛 치마가 등장한다. 서 있는 여성의 치마는 바닥에 끌릴 정도로 길고 몸에 휘감은 일명 주릿대치마는 기생들이 선호하는 착의법이기도 했다. 가슴 아래까지 내려온 저고리와 바닥까지 끌리는 긴 치마에 분을 바른 하얀 얼굴과 볼연지, 웨이브를 넣어 양쪽 이마를 가리는 머리 형태는 서구화, 일본화되어 가던 1930년대 기생들의 일반적인 모습이었다.[57]

---

56 土田麥僊, 「기생」, 『매일신보』, 1937. 1. 15일 자.

57 "모양은 말하자면 고전의 부활이라 할까? … 저고리는 기장만 작아진 것이 아니라 전체가 줄어들어서 … 치마가 땅에 질질 끌며 다니는 모양은 보기 흉한 존재의 하나

그림 4
후지시마 다케지, 〈덴표의 추억〉, 1902년, 아티존미술관

다만, 과거 대부분의 일본인 화가들이 백의와 함께 조선 취미로 극찬했던 것은 "이마 가장자리에 이제 막 생긴 솜털을 뽑고 기름을 묻혀 가운데 가르마를 곱게 빗은"[58] 사각의 이마였다. 특히 이러한 모습은 노다 규호(野田九浦)의 〈조선풍속〉(1936), 김기창의 〈琴韻〉(1935) 등 1930년대 작품에서도 여전히 조선 취미로 선호되고 있었다. 이에 비해 바쿠센이 현대화되고 있던 이 시기 복식을 선택한 배경에는 당 문화와의 유사성을 들 수 있다. 소매 폭이 좁은 저고리의 형태, 가슴 아래까지 끌어 올린 주릿대치마의 착의법과 좁은 세장형의 치마, 그리고 둥근 이마는 후지시마 다케지(藤島武二)의 〈덴표의 추억〉(그림 4)을 비롯해 당시 일본 화단에 정착되었던 당 혹은 덴표(天平) 부인의 모습과 유사하다. 기생에게서 "천여 년의 시대를 뛰어넘어 당 풍속의 편영"을 발견하고, "기생의 자태를 빌려 당대나 헤이안(平安)의 여성을 그리고자 한다"[59]는 바쿠센의 설명을 전제로 한다면 조선 특유의 사각 이마보다는 둥근 머리형태가 동양의 고전적 여성상에 부합했다고 할 수 있다.

이처럼 〈평상〉은 조선 취미만을 강조하기보다는 비평가 나카다(仲田勝之助)의 논평처럼 조선의 문물 풍속에서 고개지의 〈여사잠도〉, 염립본의 〈제

였다." 「女子流行의 一年」, 『신가정』1:12, 1933. 12, pp.42-43. 이외에 근대기 기생의 복식에 대해서는 다음 논문을 참고했다. 공승연, 「근대 기생 복식에 관한 연구」(이화여자대학교 석사학위논문, 2005).

58 山川秀峰, 앞의 글, p.129.

59 奧平武彥, 앞의 기사, 1937. 1. 27일 자.

왕도권〉, 이진의 《진언칠조상》 등 고대 회화와의 "유사함을 느끼고 이를 현대화"[60]한 작품으로 해석된다. 중국의 고전을 근간으로 조선 공예품의 일체 장식과 문양을 생략함으로써 평상의 형태는 간소, 간략화 되었으며 당 문화의 흔적을 간직하고 있는 기생의 모습에서는 고대 회화의 정숙한 기품마저 느껴진다. 게다가 조선 출발 전부터 그가 염두에 둔 것은 1930년에 제작한 〈明粧〉에서 이어지는 "선이 단순한 초초한 輕羅의 여성"[61]이었다.

2. 淸楚古雅의 미

한편, 1930년대 경성은 요리점과 카페가 범람하고 서양 재즈와 유행 창가를 부르며 양장에 구두를 신은 짜쓰기생, 모던기생들이 출현하고 있었다.[62] 1936년 『朝光』에 없어진 민속으로 「기생의 특색」이 게재될 정도로,[63] 전통으로서 기생의 모습이 급속히 변질되어 가던 시기였다. 얇은 생견의 한복을 입은 청초한 기생을 기대했던 바쿠센 역시 이러한 실상에 크게 실망했던 것으로 보인다.

> "처음 본 기생은 실로 초초하게 아름다웠으나, 그리려고 하는 순간이 되자 생각했던 것만큼 미인이 아니거나, 입고 있는 것이 인견이거나 해서 아무래도 싸구려 같은 생각이 들어서 마이코(舞妓)만큼 홍미롭게 생각되지 않아 낙담하고 있다."[64]

---

60 "기생의 고아한 풍속에 고개지의 〈여사잠도〉 등에 유사함을 발견하고 조선 현대의 평상에 염립본의 〈제왕도권〉과 李眞의 〈眞言五祖像〉 등과 유사함을 발견하여 흥취를 느꼈다고 한다. 이들 그림에서 힌트를 얻어 현대화한 것이 이 작품일 것이다." 仲田勝之助, 『東京朝日新聞』 1933. 10. 19일 자.

61 土田麥僊, 앞의 기사, 1937. 1. 15일 자.

62 서지영, 「상실과 부재의 시공간: 1930년대 요리점과 기생」, 『정신문화연구』32:3, 2009. 9, pp.173-174.

63 백화랑, 「없어진 민속 기생의 특색」, 『조광』, 1936. 10, pp.214-218.

64 池田虹影 앞으로 보낸 편지, 1933. 5. 31.

실제로 1930년대는 이미 대량의 인견이 일본에서 수입되어[65] "여성들을 중심으로 순 일본양식(일본식 무늬가 날염된 것)의 인견이 애용"[66]되는 한편, 우가키 카즈시게(宇垣一成) 총독의 '色衣 장려 운동'이 정부 차원에서 강도 높게 실시되고 있었다.[67] 白衣 착용이 금지되고[68] 일본식 무늬가 날염된 인견 한복에 구두나 고무신을 신고 짙은 화장을 한 채 "가정부인지 카페 여급인지 알 수 없는"[69] 차림의 기생들이 거리를 활보하던 시기, 가무음곡과 風流韻事의 교양을 지니고 소리는 팔아도 몸은 팔지 않겠다는 賣唱不賣淫으로 대표되는 기생들의 모습은 이미 사라진 민속이었던 것이다. 바쿠센과 같은 시기에 조선을 방문한 하야미 교슈(速水御舟)[70]의 《青丘婦女抄》 중 〈갈보〉에는 이러한 당대 기생을 상징하듯, 분홍치마에 짙은 화장을 하고 궐련 담배를 든 채 손님을 기다리는 어린 娼妓의 모습이 적나라하게 등장한다.[71]

---

65 박진경, 「개항 이후 일제강점기 수입 직물의 수용과 의생활 변화」, 이화여자대학교 석사학위논문, 2014, p.42.

66 宮林泰司, 『朝鮮の織物に就いて』, 京城:朝鮮絹絲布商聯合會, 1935, p.27.

67 각 군에서는 강연회, 선전비라 배포, 염색 강습회 등을 개최하여 대중을 개몽하는 한편, 백의를 입은 이는 관청 출입을 막고, 잉크나 먹물을 뿌리는 사건도 일어났다. 백의 비판과 색복 장려 정책과 관련해서는 다음 논문에서 자세히 다루었다. 공제욱, 「일제의 의복 통제와 국민 만들기-백의 탄압 및 국민복 장려를 중심으로」, 『사회와 역사』67, 2005. 5; 박찬승, 「일제하의 白衣 비판과 色衣 강제」, 『동아시아문화연구』 59, 2014. 11.

68 1930년대 후반에는 당국에서 기생들의 고전화를 목적으로 단발머리, 고무신 등 현대적인 복식을 금지하고 쪽머리, 당혜와 같은 전통이 강제되는 가운데에도 흰 저고리에 흰 치마는 엄격히 금지되었다. "'조선 칼라'를 내기로 하고, 一, 연회에 불려 갈 때 옷으로는 남꽃동(색동)에 자주 고름을 다 흰 저고리에 남치마, 一, 보통 때에는 무색옷(흰 저고리에 흰치마는 엄금) 一, 머리는 반드시 쪽질 것." 「화류계 풍기 숙청과 개선안」, 『조선일보』, 1937. 12. 16.

69 앞의 기사.

70 하야미는 제12회 조선미술전람회 심사를 위해 1933년 5월, 조선을 방문했다. 약 한달간 평양, 부여, 경주 등 각지를 답사하며 유적, 문물, 풍속을 사생하기도 했다. 경성 체류 중에는 바쿠센과 기생의 집을 함께 방문하기도 했다. 上田文, 앞의 논문, p.102.

이런 가운데 "흰 저고리에 옥색치마, 머리도 가림자만 약간 옆으로 탓을 뿐 시체 기생들처럼 물들이거나 지지거나 하지 않은"[72] 모습은 사라져가는 전통이자 과거의 정취로 간주되고 있었다. 재즈를 부르며 댄스를 추는 기생들 사이에서 흰저고리에 옥색치마를 입고 가야금을 치며 남도의 민요를 부르는 기생의 면모는 일본인들에게 진짜 조선의 모습으로 비추어 졌으며,[73] 기생의 단아하고 청정한 자태는 도자기의 청순한 백청색 분위기에 빗대어 언급되기도 했다.

> "기생을 보고 있으면 청정한 아름다움을 느낀다. 단순한 담색조의 색상과 한복이 가지는 단아한 자태가 이런 느낌을 자아내게 하는지도 모른다. 이왕가 박물관에 소장된 이름난 도자기들의 청순한 백청색의 분위기와 어딘가 통하는 데가 있다."[74]

이와 유사한 시선은 〈평상〉에서도 간취되는데, 제전 출품 당시 본 작품은 "白과 青磁의 朝鮮服을 基調로 한 꿈같은 조선의 소녀"[75]로 언급되기도 했다. 청백의 색감뿐 아니라 흰 저고리에 옥색 치마를 입고 서 있는 여성의 둥근 어깨와 수직으로 떨어지는 치마의 선, 그리고 옅은 옥빛치마에 은은하게 보이는 꽃과 나비의 화접문이 상감청자매병과 같은 도자기를 떠올리게 했을 수도 있다. 결국 이러한 논평은 〈평상〉이 다수의 일본인 남성들이 기

---

71 기생촌에는 특별한 기예나 뛰어난 자태를 갖지 못한 기생들이 자신의 집에서 영업을 하며 생계를 유지하는 경우가 많았다. 〈갈보〉는 이러한 사창의 모습을 주제로 삼고 있다. 서지영, 「표상, 젠더, 식민주의: 제국 남성이 본 조선 기생」, 『아시아여성연구』48:2, 2009. 11, pp.77-78.

72 이태준, 「패강냉」, 『돌다리: 이태준문학전집』2, 깊은샘, 2002, p.108.

73 "나는 그 기생이 가야금을 치며 진지한 표정으로 부르는 남도의 노랫가락에서 진짜 조선을 느낀 것 같아 고래를 숙이고 노랫소리에 푹 빠져들었다." 東郷青兒, 「기생」, 윤소영 외 (역) 『일본잡지 모던일본과 조선 1939』, 어문학사, 2007, p.330.

74 山川秀峰, 앞의 글, p.128.

75 「帝展問題作」, 『讀賣新聞』 1933. 10. 18.

대하고 상상한 기생에 대한 향수와 환상을 투영하고 있음을 반증한다. 그리고 실제로 고전적인 기생의 자태를 담고 있는 본 작품에서 전통적인 기생을 욕망하고 그들을 향유하고자 했던 제국 남성들의 시선을 부정하는 것은 힘들다.

다만, 염두에 둘 것은 처음부터 바쿠센이 목적으로 한 것이 어디까지나 선이 단순한 청초한 여성이었으며, 사라져가는 기생의 전통은 아니었다는 점이다. 이는 복식을 통해서도 이해되는데, 전술했듯이 웨이브를 넣은 둥근 이마나 분을 바른 하얀 얼굴과 볼연지 등은 모던화, 일본화되고 있던 당대 유행을 따른 것으로, 오히려 서양화가 도고 세지(東鄕青兒)가 조선적인 기생의 모습으로 극찬한 것은 "볼연지도 하지 않고, 눈썹도 그리지 않은 맨 얼굴"[76]이었다. 이 외에 평상 아래 놓여 있는 신발의 새하얀 빛깔은 가죽으로 만든 전통적인 운혜보다는 1920년대부터 이미 대중적으로 보급되었던[77] 고무신을 연상케한다. 이러한 모티브들은 바쿠센이 기생의 고유성이나 전통을 재현하는데 큰 관심을 두지 않았음을 의미한다. 이보다 그가 표출하고자 했던 것은 담색조의 한복과 단아한 용모의 여성들이 자아내는 청초의 미였다고 할 수 있다.

淸肅한 미의 표현은 기생을 한 개인이 아닌 도식화된 얼굴로 묘사하고 있는 점에서도 드러난다. 실제로 〈평상〉의 여성들은 "서있는 쪽은 이취옥, 앉아 있는 쪽은 이취송의 자매 모델인 것을 이들을 알고 있는 사람도 눈치채지 못할 정도로"[78] 얼굴에는 일체의 표정이나 개성이 드러나지 않는다. 이러한 무표정하며 다소 크기가 작은 얼굴에 대해 바쿠센은 일본의 가무극인 노(能)를 의식했음을 밝히고 있는데, 이는 다음과 같은 이유 때문이었다.

76 東鄕青兒, 앞의 글, p.330.

77 이효선,「일제강점기 고무신에 관한 연구」, 이화여자대학교 석사학위논문, 2015, pp.23-26.

78 奧平武彦, 앞의 기사, 1937. 1. 26.

"모델을 향해 나는 특별한 표정을 구하는 일은 없습니다. 표정이 불쾌한 것은 내가 참을 수 없는 점으로 오히려 노가쿠(能樂)의 가면처럼 내면 깊이 감추어진 표정이 아름답다고 생각합니다."[79]

즉, 그는 노의 가면처럼 개인의 성격이나 표정을 제거함으로써 내면의 미를 드러낼 수 있다고 생각했다. 이러한 바쿠센의 신념은 〈三人의 마이코(舞妓)〉(1916) 등 이른 시기의 작품에서부터 이어지던 것으로, "실제의 마이코를 그린 것이 아니라 이른바 의중의 인형을 그리기 위해 편의상 마이코의 형태를 빌린 것에 지나지 않았다"[80]라는 논평처럼 그에게 마이코나 기생은 내재된 미를 표현하기 위한 수단이었다고 할 수 있다. 그런 점에서 바쿠센이 〈평상〉에서 표현하고자 한 것은 한 개인으로서 기생이나 사라져가는 조선 고유의 전통이라기보다는 고전의 흔적을 간직한 채 도자기의 청정함에 비견되는 '청초 고아'의 아름다움이었다고 생각된다.

결국 〈평상〉에 보이는 백의에 옥색 치마를 입은 기생의 단아한 자태가 제국 남성들의 표상 논리를 반복 재생하고 있는 것은 부정할 수 없으나, 한편으로 청초한 여성을 "흰 지면에 호분으로 백의를 돋보이게 하여 흐르는 의복의 주름을 담묵으로 그리는"[81] 것은 1930년의 〈명장〉에서 〈딸〉(1932)로 이어지는 바쿠센 화풍의 실천이었다. 그리고 무엇보다 이러한 백색을 기조로 한 淸白 淸肅의 화면은 反官展을 제창하며 설립했던 국화창작협회를 해산하고 10여 년 만에 帝展에 복귀한 바쿠센의 전략적인 선택이기도 했다.

3. 바쿠센과 帝展

文部省美術展覽會(이하 문전)를 중심으로 활동했던 바쿠센은 1918년 문

---

79 土田麥僊, 「人物畵法」, 『アルス大美術講座 上卷』, アルス, 1926.

80 藤森順三, 『美術評論』12, 1934 (『土田麥僊展』, 東京國立近代美術館, 1997, p.183 재인용).

81 淺川伯敎, 앞의 글, p.30.

전의 구태의연한 체질과 모호한 심사 기준에 불만을 품고[82] 교토시립회화전문학교 출신 동료였던 무라가미 가가쿠(村上華岳), 오노 칫쿄(小野竹喬) 등과 함께 재야단체 國畵創作協會(이하 국전)를 결성하게 된다. 동서양을 융합한 새로운 일본화 창작을 목적으로 반문전을 표방하며 문전을 떠났던 그가 운영난으로 일본화부를 해산하고[83] 제전에 복귀하게 된 것은 10년 만인 1929년이었다.[84]

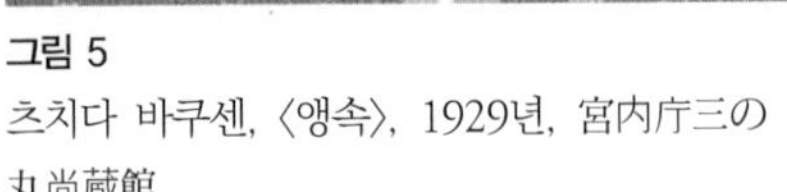

그림 5
츠치다 바쿠센, 〈앵속〉, 1929년, 宮内庁三の丸尚蔵館

그림 6
츠네오카 분키, 〈계두화〉, 1929년, 미상

82 협회 창설의 보다 직접적인 계기는 바쿠센이 1917년 제11회 문전에 출품했던 〈春禽趁晴圖〉가 호평 가운데 수상에서 제외되었던 것이 결정적이었던 것으로 알려져 있다.

83 국화창작협회는 1925년 제2부 양화부를 신설하여 우메하라 류자부로(梅原龍三郎), 가와시마 리이치로(川島理一郎) 등이 참여했다. 이후, 조각부, 공예부, 판화 등을 추가하여 종합적인 단체로 발전하였으나, 1928년에 경영 문제로 일본화부가 폐지되었다. 그러나 2부 양화부는 이후 국화회로 개칭하고 1926년 제1회전을 시작으로 현재까지 존속하고 있다.

84 바쿠센이 제전 복귀를 결심한 배경에는 과거 문전과는 다른 제전의 상황 때문이었다. 1919년 문전이 폐지되고 제국미술원이 주최하는 제전이 개최되면서, 국가창작협회 소속 화가들이 입선하는 등 화가의 창의성을 인정하는 분위기가 있었다. 게다가 제전은 참가여부와 상관없이 개최 초기부터 바쿠센에게 무감사의 특권을 주었다.

그리고 "신참의 모습으로" 제10회 제전에 출품한 것은 상부에 얇은 금니를 펴 바르고 화면 전체에 적, 백의 양귀비가 흐드러지게 피어 있는 〈앵속(罌粟)〉(그림 5)이었다. 宋元원체화풍 계열의 세밀한 묘사와 사실적 화풍, 일본화 특유의 밝은 색채가 돋보이는 본 작품은 평단의 높은 평가를 받으며 궁내성에 납입되는 영광을 안겨주었다. 그러나 전체적인 화풍 및 주제는 "근래 일본화의 화조화 중에 宋元體風의 정밀한 사실, 특히 元初의 錢舜擧 계통의 풍격이 보이는 작품이 상당히 많은"[85] 당대의 조류를 따른 것으로, 선행연구가 지적하고 있듯이 예를 들어 같은 해 제전에 출품된 츠네오카 분키(常岡文龜)의 〈계두화〉(그림 6) 등과 비슷한 인상을 준다.[86] 전년도 제7회 국전에 출품한 백, 청, 녹을 기조로 한 〈나팔꽃〉(1928)과 비교하면 〈앵속〉은 제전 첫 출품작으로서 화려한 농채의 관전 작풍을 어느 정도 의식한 결과로 보인다.

그림 7
츠치다 바쿠센, 〈명장〉, 1930년, 東京國立博物館

그런데 〈앵속〉 출품 다음 해인 1930년, 바쿠센은 제11회 제전에 과거의 담백한 색조를 떠올리게 하는 〈명장〉(그림 7)을 출품했다. 교토 요리점 효테이(瓢亭)의 일실을 빌려 완성했다고 하는[87] 본 작품은 화려한 여름 기모노를 입은 마이코를 제외하면 배경의 미닫이와 다다미 바닥은 모두 백색으로 통일되어 있다. 백색의 다용은 다음 해 출품한 〈딸〉로 이어지는데, 이

85 川路柳虹, 『アトリエ』, 1929. 11.

86 古田亮, 『視覺と心象の日本美術』, ミネルバァ書房, 2014, p.281.

87 古田亮는 바쿠센이 요릿집 방 앞에 있었던 정원을 일부러 생략한 것으로 추정하고 있다. 古田亮, 위의 책, pp.276-277.

러한 변화의 원인과 관련해 바쿠센의 다음 언급이 주목된다.

> "솔직히 말해서 저는 제전의 일본화 대부분이 일본화의 본질에서 너무 멀리 가 있다는 생각에 변함이 없습니다. 올려다 볼 정도의 작품 행렬 보다 오히려 나는 제전 사람들이 一顧조차 하지 않는 것 같은 케케묵은 작품이 보고 싶다는 생각마저 합니다. 한마디로 말해 원칙에 맞는 것을 보고 싶습니다."[88]

바쿠센이 제전 참가 직후부터 혹평한 것은 "올려다볼 정도의 작품", 이른바 '帝展型'이라 부르는 작품들이었다. 제전 출범 이후 전시효과를 노린 대형의 화면을 농채로 가득 메운 작품들이 급증하기 시작하는데,[89] "화가는 어떻게 하든지 큰 작품을 그리거나 미인화를 그리거나 농채로 그리거나 더욱 높은 가격이 매겨지도록 하여 유명해지려고 생각하고 있다."[90]는 논평은 당시 제전 일본화부의 상황을 잘 보여준다.

〈명장〉은 바로 이러한 제전형과의 차별을 꾀한 작품으로 추정된다. 전년도 〈앵속〉에 보였던 화려한 색채에서 벗어나 동양화의 명작에 버금가는 백색을 기조로 한 "淸白 淸肅"[91]한 색감과 더불어 "제전 출품작 대부분이 제한 척도 한껏 방대한 화면을 선택하는 것에 반해 이 작품은 실로 내용도 무리 없는 크기인 점"[92] 등은 그가 종래 제전 출품작들과는 다른, 새로운 일본화를 제시하고자 했음을 시사한다. 실제로 바쿠센은 〈명장〉 이후 당시 출품 제한 크기였던 가로 3m보다[93] 훨씬 작은 2m 내외의 백색조의 작품을 지

---

88 土田麥僊, 「鑑査雜感」, 『美之國』6:11, 1930. 11.

89 대작주의는 문전시기에도 문제시되었으나, 문전 후기 제국미술원 회원들의 엄정한 심사로 일시 청산되었다. 그러나 제전 출범 이후, 무감사 자격과 매매 등을 위해 대형의 화면에 농채를 주로 사용한 이른바 제전형 작품들이 지속적으로 출품되었다. 古田亮, 「관전의 작품 경향-제전기 일본화를 중심으로」, 『한국근현대미술사학』15, 2005. 12, pp.123-125.

90 會津八一, 「帝展日本畵觀」, 『太陽』, 1927. 12 (古田亮, 앞의 논문, p.124 재인용).

91 川路柳虹, 『アトリエ』11, 1929. 11.

92 小茂田青樹, 「明粧と緋鯉」, 『美術新論』제5권 11호, 1930. 11.

속적으로 출품했다.(〈표 1〉 참조)

〈평상〉은 이러한 시기에 제작된 것으로, 본 작품에 대해 가부라키 기요카타(鏑木清方)가 "會場예술 의식이 문제가 되고 있는 오늘날, 츠지다씨의 진로는 하나의 皮肉의 현상으로도 보인다."[94]라는 뼈있는 언급은 바쿠센의 제전 출품작이 기존 제전형에 대한 비판을 전제로 한 전략적 선택이었음을 시사한다.

〈표 1〉 츠치다 바쿠센의 제전 출품작품

연도	출품	작품명	완성작 크기(세로×가로)	밑그림 크기
1929	제10회	〈앵속〉	2폭 병풍, 각 161.0×106.5cm (총 161×213.0)	
1930	제11회	〈명장〉	1폭, 184.0×97.0cm	1폭 182.6×96.8cm
1931	제12회	〈딸〉	2폭 병풍, 미상	미상
1933	제14회	〈평상〉	1폭, 153.0×209.0cm	2폭병풍, 150×210cm
1934	제15회	〈燕子花〉	1폭, 미상	2폭병풍, 174.0×200.0cm

한편, 〈명장〉은 출품 당시부터 일본미술원 동인이었던 고바야시 고케(小林古徑)의 "精練된 清澄한 畵境"[95]과의 공통성이 언급되었다. 이른바 신고전주의라 불리는 이 시기 고케의 화풍은 고전 연구를 바탕으로 단순한 화면, 제한된 필선과 색을 통한 이지적인 화면을 특징으로 한다.[96] 〈명장〉에 보이는 흰색의 다용과 단순한 구도, 섬세한 필치가 만들어 내는 정숙하고 격조

93 당시 제전 규정에는 "제1부의 출품은 1점에 대해 세로 10척, 가로 9척 이내(장식 설비를 포함)로 하고, 출품인에게 할당되는 진열 벽면은 가로 9척까지로 함"으로 명시되어 있었다. 「帝國美術院美術展覽會規程中改正」, 文部省, 1929. 7. 10, 현재 단위로 환산하면 세로 333.3cm, 가로 299.97cm이 된다.

94 鏑木清方, 앞의 글, p.198.

95 小茂田青樹, 앞의 글.

96 근대기 일본화의 신고전주의 경향과 관련해서는 다음 연구 성과를 참조했다. 「日本に新古典主義繪畵はあったか」, 『山梨美術館開館30周年記念シンポジウム報告書』, 山梨美術館, 1999.

높은 화면은 신고전주의와 공통되는 것으로, 제전 복귀 이후 바쿠센이 일본미술원 회원들과 돈독한 관계를 유지했던 점에서 비슷한 양식을 공유했을 가능성이 크다.[97] 특히 1931년에 발표된 고케의 대표작 〈髮〉이 주목된다.

목욕 후의 나부와 단발의 소녀가 등장하는 〈발〉은 출품 당시 고개지의 〈여사잠도〉 모사를 통해 배운 高古遊絲식의 섬세하며 힘 있는 필선과 기품 있는 분위기가 호평을 받았다. 특히 주제 면에서는 현대 풍속을 다루고 있으나 머리를 빗기는 여성의 자세나 손을 X자로 교차한 나부의 모습은 〈여사잠도〉, 이집트 조각 등을 참조한 것으로, 고전을 통한 새로운 근대 일본화의 가능성을 제시한 획기적인 작품이었다. 제전 복귀 이후 기존 화풍에 대한 쇄신과 새로운 일본화의 창출을 모색하고 있던 바쿠센에게 코케의 작품은 자극이자 대안이 되었을 것으로 생각된다.

이를 반영하듯 〈평상〉은 고전 회화를 근간으로 새롭게 창출된 기생들의 모습이 흰색을 기조로 한 청징한 색채와 유려한 선으로 표현되고 있다. 고대 종교화의 고결한 인상마저 느껴지는 이러한 청정 고아의 세계가 조선 정체론을 바탕으로 식민지 현실을 은폐하는데 일조한 점은 부정하기 힘드나, 한편으로 재야출신 화가로서 제전 아카데미즘의 주도적 위치에 서게 된 바쿠센이 제시하고자 했던 새로운 근대적 일본화의 모습이기도 했던 것이다.

이상 본 소론에서는 일본적 오리엔탈리즘의 대표적인 사례로 언급되어 왔던 〈평상〉을 제작과정 및 바쿠센의 개인적인 화업을 중심으로 살펴보았다. 물론 본 작품이 파시즘적 국가주의가 출현하던 시기, 제국 남성에 의해

---

97 고케를 비롯한 원전 화가들과는 1910년대부터 교류 관계가 확인되는데, 특히 원전의 야스다 유키히코(安田靫彥)와는 오랜 기간 서신을 왕래하는 사이이기도 했다. 바쿠센의 제전 복귀 이후에는 1930년 七絃會, 1933년 淸光會 회원으로 함께 활동하는 한편, 1935년 문부대신 마츠다(松田)에 의한 제전 개조 당시에는 스승이었던 다케우치 세이호(竹內栖鳳)의 반대에도 불구하고 고케를 비롯한 일본미술원 회원의 제국미술원 영입을 찬성하는 등 친교를 보다 더 돈독히 했다. 上薗四郎, 「土田麥僊の戰略-帝展との關係を中心に」, 『美術フォーラム21』10, 醍醐書房, 2004, p.86.

그려진 식민지 여성이라는 점에서, 그리고 기생이 식민지 조선의 메타포로 기능하고 있었다는 점에서 종래 표상 연구의 문맥을 벗어나는 것은 불가능하다.

게다가 신고전주의 출현 및 동양회귀라고 할 수 있는 화단의 동향 역시 1930년대 경제공황을 거쳐 태평양전쟁으로 이어지는 당대의 정치, 경제적 상황과 밀접하게 연동되어 있는 것이 사실이다. 경제적 번영과 다이쇼(大正) 데모크라시의 孝養을 배경으로 탄생했던 자유로운 개성과 낭만주의적 경향은 1923년의 관동 대지진, 경제공황, 만주사변 등을 거치며 새로운 사상적, 사회적인 전환을 요구받게 된다. 파시즘 체제로의 이행 속에서 출현한 것이 바로 신고전주의였다.[98]

그런 점에서 〈평상〉 역시 1930년대 동양주의의 산물이라 할 수 있다. "조선의 文物典章은 오랜 전통의 미를 보장하고" 있으며, "바쿠센에 의해 조선 전통의 미가 재현되었다"[99]라는 경성제국대학 교수 오쿠다이라 다케히코(奥平武彦)[100]의 주장은 바쿠센 본인의 의지를 떠나서 〈평상〉이 잠들어 있는 아시아를 재생하는 것은 일본의 운명이라는 오카쿠라 덴신(岡倉天心)의 이상을 이어 받은 이 시기 대동아주의의 자양에서[101] 자유롭지 못했음을 보여준다. 그리고 오쿠다이라의 이러한 주장을 뒷받침하듯 조선미술전람회에는

98 山梨美術館, 앞의 책, pp.61-69.

99 奥平武彦, 「土田麥僊と朝鮮」, 『セルパン』104호, 第一書房, 1939. 9, p.83.

100 오쿠다이라는 동경제국대학 정치학과를 졸업하고 1926년부터 경성제대 法文學部 교수로 재임하며 전공인 외교사 이외에 건축, 미술, 공예 등 조선문예사 전반에 대한 방대한 연구 업적을 남긴 인물이다. 1940년대부터는 조선총독부 보물고적명승천연기념물보존위원, 조선총독부박물관협의원(1941), 이왕가미술관협의원(1942)을 역임하는 등 조선 미술계에 적지 않은 영향을 미쳤다. 문화재 관련 주요 저서로는 「李朝」, 「朝鮮の宋元明板覆刻本」, 「李朝の壺」, 「朝鮮古陶」 등이 있다. 『日本美術年鑑』, 昭和19·20·21年版, p.86.

101 1930년대후반 덴신 재평가와 관련해서는 다음 논문을 참조했다. 김용철, 「중일·태평양전쟁기 일본의 오카쿠라 덴신(岡倉天心) 재조명」, 『일본비평』7:2, 서울대학교 일본연구소, 2015.

가네모리(金森群一)의 〈명장〉(1937) 등 백의를 입은 청초한 여성들의 모습이 '조선의 미'로서 반복적으로 재생되었다.

이처럼 〈평상〉이 대동아주의를 비롯한 당대의 정치적 이데올로기를 발신하는 점은 부정할 수 없으나, 1933년의 조선 체험이 바쿠센 화업에 중요한 전환점을 제공한 것은 사실이다. 동생과 조카의 연이은 죽음으로 절망했던 그가 "보다 획기적인 것을 그리고 싶다"[102]는 포부를 밝히며 1935년 9월, 다시 찾은 곳은 조선이었다. 현재 미완성으로 남아 있는 〈기생의 집〉(1935, 국립중앙박물관)은 그의 절필작으로 3m가 넘는 대형의 크기에 가야금, 장고 등 조선적 풍물이 가득한 실내를 배경으로 이야기의 한 장면을 떠올리게 하는 화면 구성은 확실히 〈평상〉과는 궤를 달리한다. "다소 위험한 길을 개척하려고 생각"[103]했던 바쿠센에게 조선은 여전히 새로운 자극과 창조의 기회를 부여한 공간이었던 것이다.

---

102 坂崎坦 앞으로 보낸 서신, 1934. 11. 10 (金井德子, 「土田麥僊の滞歐生活とそれ以後」, 『比較文化』5, 1958, p.66 재수록).

103 坂崎坦 앞으로 보낸 서신, 1934. 11. 17 (金井德子, 앞의 논문, p.49 재수록).

4장 후지시마 다케지(藤島武二)의 조선체험과 장식화의 실현

1867년 가고시마(鹿兒島)현에서 태어난 후지시마 다케지(1867~1943)는 처음 일본화에 뜻을 두었으나 서양화로 전향하여 1891년부터 야마모토 호스이(山本芳翠)의 쇼고간(生巧館)畵學校에서 본격적인 서양화 수업을 받았다. 이후, 1896년 고향 선배였던 구로다 세이키(黑田淸輝)의 추천으로 도쿄미술학교 조교수에 임용되어 타계할 때까지 同校에서 후학 지도에 힘썼다. 38세의 늦은 나이에 4년간의 프랑스, 이탈리아 유학을 떠나기도 했으며, 이후 문부성미술전람회의 심사위원, 제국미술원 회원을 거쳐 1937년에는 제1회 문화훈장을 수상하는 등 일본 근대 서양화의 중심적 존재로서 50년 가까이 화단을 리드했던 인물이다.

이처럼 일본 근대 서양화의 거장이라 불리는 후지시마에 대해서는 기본적인 자료의 발굴 및 개별 작품 연구는 물론 이미 다양한 방면에서 연구가 축적되어 왔다.[104] 그런 가운데 근래 후지시마 연구에 새로운 관점이 제시되면서 조선과의 관계가 주목받기 시작했다. 조선 여성을 주제로 한 〈꽃바구니(花籠)〉(1913), 중국 의상의 여성을 그린 〈동양의 모습(東洋振り)〉(1924) 등 후지시마가 동양적인 주제를 즐겨 그린 점에 초점을 맞춘 이들 연구는 주로 일본 제국주의의 연장선성에서 그의 동양취미를 설명하고 있다.[105] 실

---

104 藤島武二의 저서·화집·전람회평·전시회 도록·선행연구 등에 관해서는 「藤島武二文獻目錄」, 『藤島武二展—ブリヂストン美術館開館五十周年記念, ブリヂストン美術館·石橋美術館, 2002에 상세히 기재되어 있다.

105 山梨繪美子, 「日本近代洋畵におけるオリエンタリズム」, 東京文化財硏究所編 『語る現在/ 語られる過去』(平凡社, 1999. 5, pp.81-94: 兒島薰, 「中國服の女性像にみる近代日本のアイデンティティ形成」, 『實踐女子大學文學部紀要』제44집, 2002. 3, pp.17-37: 池田忍, 「「支那服の女」という誘惑—帝國主義とモダニズム」, 『歷史學硏究』765호(歷史

제 〈꽃바구니〉에서 〈동양의 모습〉으로, 그리고 몽골 사막의 일출을 그린 〈旭日照六合〉(1937)에 이르는 그의 작품 전개는 조선에서 중국, 만주를 거쳐 확장하는 일본의 아시아 지배와 궤를 일치하는 것이었다.

그런데 이러한 후지시마의 동양취미는 조선에서 시작된다. 1913년 11월 25일, 일본 신바시(新橋)역을 출발하여 시모노세키(下關)에서 부산으로 건너온 그가 아시아를 향한 첫 걸음을 내디딘 것이다. 처음으로 접하는 동양, 미지의 영토 조선에서 후시지마는 무엇을 보고 무엇을 느꼈을까? 선행연구의 해석을 빌리자면 후지시마는 조선의 풍경과 풍속에서 "잃어버린 일본의 과거를 연상"[106]하며, 조선의 풍물로부터 "일본의 왕조시대를 감지"[107]했다. 그리고 동시대의 조선을 과거로 바라보는 이러한 그의 시선은 서양 오리엔탈리즘과 유연성을 가지는 일본 제국주의의 식민지 지배와 일치하는 것으로 해석되어 왔다. 그런데 이러한 경향은 한편으로, 장식화 연구를 위해 4년간의 유럽 유학을 마친[108] 후지시마가 이 시기 지향했던 장식화의 특징이기도 했다.

따라서 본 소론에서는 '장식화'의 추구라고 하는 후지시마 화업의 전개에 보다 적극적인 의미를 두고, 그가 조선을 주제로 새로운 장식화를 고심했던 사실을 밝히고자 한다. 본론에 앞서 먼저 후지시마를 둘러싼 당시의 상황을 살펴볼 필요가 있다. 이는 조선을 방문한 1913년이 시기적으로 장식화 연구와 밀접한 관련이 있는 것으로 생각되기 때문이다.

學研究會, 2002. 8, pp.1-14: 西原大輔,「近代日本繪畫のアジア表象」,『日本研究』제26집, 2002. 12, pp.185-220; 졸고 「藤島武二作《花籠》考」,『デアルテ』22, 九州藝術學會, 2006; 졸고,「藤島武二における朝鮮表象: 《花籠》をめぐって」,『美術フォーラム21』21, 美術フォーラム21刊行會, 2010.

106 西原大輔, 앞의 논문, p.187.

107 兒島薰, 앞의 논문, p.28.

108 "메이지38년(1905) 러일전쟁이 끝난 해에 오카쿠라(岡倉)씨가 구로다(黑田)군에게 이야기해, 유럽유학을 명받았습니다. 가서의 조건은 건축장식을 공부하고 오라는 것이었습니다." 藤島武二,「思い出」,『芸術のエスプリ』, 中央公論美術出版, 1962, p.239.

1. 후지시마와 장식화

후지시마가 최초로 장식화 제작을 의뢰 받은 것은 유럽 유학에서 귀국한 이듬해 1911년 11월, 아카호시(赤星)家의 식당 벽면을 장식하기 위한 것이었다. 그해 11월의 『美術新報』에는 이 주문과 관련해 다음과 같은 기사가 실렸다.

> "某家의 광대한 건축 실내 장식화를 위촉받았으나 이를 완성하기까지 약 3년을 필요로 한다."[109]

3년은 걸린다는 이 장식화는 결국 완성에 이르지 못했으나,[110] 후지시마가 조선을 방문했던 1913년 11월은 장식화 의뢰가 있은 지 2년째가 되던 해였다. 시기적인 점을 감안한다면 조선 방문과 장식화 연구가 무관했다고는 보기 힘들며 오히려 하나의 중요한 목적이었던 것으로 추측되는데, 이는 조선 방문이 당시 커다란 붐을 일으켰던 고구려 고분벽화의 발견과 가까운 시일 내에 이루어졌다는 사실을 통해서도 입증된다.

후지시마가 조선을 방문하기 수개월 전인 1912년 9월부터 3개월간의 발굴조사에 의해 대규모의 고구려 고분벽화가 발견되었다.[111] 1913년 1월에는 조사의 중심인물이었던 세키노 다다시(關野貞)의 벽화 관련 강연회가 일본 국내에서 연이어 개최되는가 하면[112] 그해 2월의 『美術新報』에는 세키노와 오타 텐요우(太田天洋)의 강서고분벽화에 관한 글이 도판과 함께 수 페이지에 걸쳐 게재되었다.[113] 뿐만 아니라 『國華』, 『考古學雜誌』에는 잇달아 관련

109 「消息」, 『美術新報』第11卷 1호, 1911, p.41.

110 矢代幸雄, 「藤島武二」, 『近代畫家群』, 新潮社, 1935, pp.20-21.

111 高橋潔, 「關野貞を中心とした朝鮮古跡調査行程 - 一九〇九年~一九一五年」, 『考古學史硏究』제9호, 2001. 5, p.18.

112 『美術新報』의 「消息」에는 1913년 1월 20일 國華俱樂部, 1월 21일 考古學會, 2월 26일 東洋協會에서 강연회가 있었음이 기록되어 있다.

논문이 발표되는 등 당시 강서고분 벽화의 발견은 적지 않은 화제를 불러일으키고 있었다.

그림 1
朝鮮服을 입은 후지시마(뒤쪽 남성), 『美術新報』 1914. 3

후지시마가 장식화 제작을 위해 법륭사를 비롯해 고대의 벽화를 연구하고[114] 있었던 점이나, 훗날 이시이 하쿠테이(石井柏亭)가 후지시마 예술의 원천으로 고구려 고분벽화를 언급한[115] 점을 고려한다면 당시 화제가 되었던 고분벽화의 발견이 조선방문을 위한 하나의 동기였을 가능성은 배제하기 힘들 것이다. 게다가 이러한 사실을 입증하는 인물로 당시 후지시마의 조선여행에 동행했다고 생각되는 가나베 마사오(河邊正夫)의 존재를 들 수 있다. 현 단계에서 가나베와 후지시마의 구체적인 동행 일정은 불투명하나, 1914년 2월의 『美術新報』에 실려 있는 한복 차림의 기념사진을(그림 1) 비롯해 몇 장의 스냅사진은 적어도 후지시마가 조선여행에서 많은 시간을 가나베와 함께 보냈음을 시사한다.

가나베는 1899년 도쿄미술학교를 졸업하고 동교에서 조교수로 재직하였으나, 1902년의 시카고만국박람회 파견을 계기로 뉴욕에 머물며 도안 전문

113 關野貞(談), 「新に發見せる高句麗時代の壁畵」: 太田天洋(談), 「朝鮮古墳壁畫の發見に就て」, 『美術新報』12권 4호, 1913. 2, pp.13-18.

114 「現代の裝飾畫を論ず」에서 후지시마는 장식화와 건축물과의 관계를 설명하면서 法隆寺를 비롯해 고대사원에 남겨진 벽화를 예로 들고 있다. 藤島武二, 「現代の裝飾畫を論ず」, 『芸術のエスプリ』, 中央公論美術出版社, 1962. 2, pp.28-29.

115 "페르시아의 미니어처나, 고구려 고부벽화, 중앙아시아의 벽화 등도 전부 감흥의 원천이 된다. 推敲를 거듭하며 쉽게는 발표하지 않는 선생의 성격은 어쩔 수 없으나…" 石井柏亭, 「藤島先生の畫業」, 『藤島武二畫集』, 東那美術學院, 1934, p.3.

가로서 일본풍 호텔의 내부 장식 등을 주로 맡고 있었다. 후지시마와 조선에 건너간 1913년은 결혼을 위해 일본에 일시 귀국했던 해였다.[116] 그런데 한 가지 홍미로운 사실은 조선여행에서 돌아온 이듬해에 가나베가 편집을 담당했던 『日本裝飾大鑑』이 간행되었다는 점인데, 법륭사 벽화의 장식도안 등을 구체적으로 소개하는 책의 출판을 앞둔 시점에서 조선방문이 이루어졌다는 사실은 그가 고구려 벽화를 직접 봤는지의 여부를 떠나 고분벽화가 조선여행의 중요한 목적 중 한가지였을 가능성을 시사한다.

이렇게 후지시마의 조선방문 동기를 장식화의 제작 의뢰, 고구려 고분벽화의 발견, 장식 도안가 가나베 마사오와의 동행 등 그를 둘러싼 당시의 상황을 통해 살펴보면 그가 장식화 제작을 염두에 둔 취재 여행이었을 개연성이 충분할 것으로 짐작된다.[117] 그러나 실제 후지시마가 조선여행의 소감을 발표한 글에는 이러한 장식화에 관한 언급을 찾아보기 힘든데, 그보다 여기에는 선행연구가 지적한 오리엔탈리스트로서의 자화상이 선명하게 기술되어 있다.

2. 「조선관광소감」에 보이는 언설: 일본의 과거로서 조선

후지시마는 경성에서 1개월 정도를 체류하고 1914년 1월 5일 귀국했다. 이후 「朝鮮觀光所感」이란 인상기를 3월의 『美術新報』에 발표하고 있는데, "이번에 조선에 도항해 보니 듣고 묻는 것이 모두 새로운 점이 있다고나 할까. 뭐든지 홍미 있게 느꼈다"며 큰 자극을 받았음을 밝히고 있다. 특히 한복에 큰 감명을 받았던 것으로 보인다.

---

116 가나베 마사오(1873~1918)에 관한 이력은 결핵으로 타계했을 당시(향년 47세)의 추모글에서 일부를 발췌한 것이다. 「河邊正夫氏逝く」, 『美術旬報』제152호, 1918. 2. 28, p.4.

117 이 외에 후지시마의 조선방문의 목적에 관해서는 文展 서양화부의 二科 독립 운동으로부터 도피, 귀국 후 2개월 뒤에 개최된 東京大正博覽會 출품을 위한 畫題 탐구, 그리고 1922년부터 시작된 朝鮮美術展覽會와의 관련 등이 지적되고 있다. 兒島薫, 『藤島武二』, 新潮社, 1998. 10, p.84.

> "조선은 모든 점에 있어 古來로부터 별다른 변화나 진보가 없었기 때문에 복장에 있어서는 지금도 여전히 고대의 모습이 남아있는 것처럼 생각됩니다. 부인이 걸치고 있는 녹색의 被衣와 薄色의 치마가 바람에 나부끼는 모습은 형용할 수 없는 아름다운 멋이 있습니다. 마치 일본 왕조시대의 에마키모노(繪卷物)를 눈 앞에 보는 듯한 기분이 듭니다."[118]

그 중 被衣(쓰개치마)와 薄色의 치마에서는 일본의 에마키모노를 연상하고 있다. 실제 후지시마의 《畫稿集》에는 13세기 가마쿠라 시대의 두리마리 그림인 〈一遍聖繪〉에 등장하는 被衣의 여인을 모사한 스케치가 실려 있어(그림 2) 그가 조선의 쓰개치마를 보고 일본의 중세 풍속을 떠올린 사고의 경로가 확인된다.

이 같이 현실의 조선에 과거의 일본을 중첩시키는 시선은 "복장에 있어서는 지금도 여전히 고대의 모습이 남아있는 것처럼 생각됩니다"라는 그의 말대로 특히 치마, 저고리의 전통적인 복식에 투영되어 있었던 것으로 생각되는데, 현재 이시바시(石橋)미술관에 소장되어 있는 〈朝鮮婦人〉 2점은(그림 3, 4) 그러한 사실을 명백히 보여준다. 원래 이 두 작품은 〈唐의 모습 삼부작(唐様三部作)〉의 뒷면 양날개에 그려져 있었으나, 1992년의 대대적인 수복작업 과정에서 앞면의 〈唐의 모습〉과 분리하여 현재는 별도의 작품으로 보관 중이다.[119] 이들 두

그림 2
藤島武二, 《畫稿集》, 〈一遍聖絵〉, 아티존 미술관

118 藤島武二談, 「朝鮮觀光所感」, 『美術新報』제13권 5호, 1914. 3, p.11.
119 『ブリヂストン美術館·石橋美術館館報』제41호, 1993. 11, pp.27-28.

그림 3
藤島武二, 〈조선부인〉, 1914년경, 石橋미술관

그림 4
藤島武二, 〈조선부인〉, 1914년경, 石橋미술관

점의 〈조선부인〉은 세부적인 차이가 인정되기는 하나 치마, 저고리를 걸친 여성이 숄과 같은 천을 늘어뜨린 채 사각형의 상자를 가슴에 안고 있는 모습에서 공통된다.

특히 〈조선부인〉의 경우 밑그림으로 생각되는 스케치가 남아 있다. 아이치(愛知)현미술관 소장의 〈조선옷의 여인〉(그림 5)은 인물의 포즈는 물론 화면 왼쪽 아래에 사물을 배치하는 화면 구도에 이르기까지 〈조선부인〉과 거의 흡사하다. 그러나 여성의 의복에 있어서는 후지시마가 당초의 이미지를 변형했음을 알 수 있는데, 즉 〈조선옷의 여인〉에 비해 〈조선부인〉은 치마의 왼쪽 아래가 덧칠해져 치마의 폭이 좁아졌으며, 상의 또한 고름이 생략되어 의도적인 수정이 관찰된다. 이는 당시의 풍속사진 등에 보이는 실제의 복장과도 다른 것이었다. 결과적으로 〈조선부인〉의 복장은 볼륨감 있는

그림 5
藤島武二, 〈조선옷의 여인〉, 1914년경, 愛知縣미술관

그림 6
藤島武二, 〈덴표의 추억〉, 1902년, 아티존미술관

'치마'에서 폭이 좁고 긴 '裳'으로, '저고리'는 고름이 없는 '짧은 상의'로 변형되었으며, 팔에 드리운 띠 형태의 領布 역시 조선에서는 사용 예를 볼 수 없는 것이다.[120] 오히려 이 좁고 긴 치마에 고름이 없는 짧은 상의는 후지시마가 하쿠바카이(白馬會) 제7회전(1902)에 출품했던 〈덴표의 추억(天平の面影)〉(그림 6)을 상기시키는데, 한 장의 천으로 이루어진 일본의 기모노와

120 〈조선부인〉의 복장에 관해서 中田裕子씨는 "〈조선부인〉이 어깨에 걸치고 있는 領巾와 같은 것을 어깨에 걸치는 습관이 조선에서는 없다고 한다. 天衣를 걸치고 공물을 받치는 천부나 영건을 두르고 공물을 받쳐 든 공양자 등에서 착상을 얻어, 短衣長裳의 唐服을 短衣長裳의 치마, 저고리로 의상을 바꾸어 그린 것으로 생각되나 실제로 사실 여부는 어떠할지." 라고 지적하고 있다. 中田裕子, 「藤島武二「俑」と「中央アジア美術」-《唐様三部作》を中心として」, 『ブリヂストン美術館·石橋美術館館報』제41호, 1993. 11, p.56.

는 달리 짧은 저고리에 긴 치마로 구성된 한복의 특징이 가슴 가까이에서 상하로 구분되는 덴표(天平)시대의 복식을 연상케 했다는 설명도 가능할 것이다.

결과적으로 〈조선부인〉에 보이는 이러한 의상은 인물의 국적을 애매하게 한다. 조선으로도 덴표로도 특정할 수 없는 이러한 복장의 변형에 구라야 미카(藏屋美香)가 "일본의 미술가들이 '조선'이라는 타자를 캔버스 위에 맞아들이기 위해 덴표의 부인이라는 도상이나, 멸망, 쇠퇴, '과거의 나' 등의 언설을 통해 미적인 틀에 상대를 잘라 맞춰간다."[121]라고 밝힌 식민지 지배의 정치성이 내재되어 있는 것은 부정하기 어렵다. 그러나 한편으로 실제 우리들 눈앞에 펼쳐진 광경은 덴표도, 조선도 아닌 시간도 공간도 특정할 수 없는 비현실적인 세계이며, 이러한 현실 재현과는 거리가 먼 모습이야말로 후지시마가 추구했던 새로운 '장식화'의 특징이기도 했다.

3. 새로운 '장식화'의 탄생

1) 주관적, 몽유적인 경향

후지시마가 처음 장식화 방면의 작품으로 발표한 것은 1902년 제7회 하쿠바카이에 "파노-데콜라티브(panneaux décoratifs) 半隻 未成品"[122] 즉 장식 판넬의 두 폭 중 한 폭으로 출품한 〈덴표의 추억〉이었다. 고대풍의 의상을 걸친 여성이 箜篌라 불리는 악기를 손에 들고 있는 모습을 그린 이 작품을 후지시마는 〈繪因果経〉과 正倉院의 〈樹下美人圖〉 등을 참고로 제작하였다고 밝히고 있다.[123] "天平時代는 당과의 교류가 활발하여 일본의 문물제도는

121 Kuraya Mika, "Kunstler auf Koreareise, Das Fremde in Japanischen Blick(1895 und 1945)", Comparativ Heft3-98(1998), pp.82-97 (兒島薰, 앞의 논문, p.28 재인용).

122 植野健造, 「藤島武二小論」, 『藤島武二展—ブリヂストン美術館開館五十周年記念』, ブリヂストン美術館·石橋美術館, 2002, pp.239-240.

123 "덴표의 모습, 작가 후지시마 다케지가 말하기를 이 그림을 제작함에 있어 동기라 할 것은 작년 나라(奈良)에 갔을 때 두루 고화, 고불상을 섭렵하였는데, 감사하게도 正倉院의 진기한 보물인 箜篌를 일견할 기회를 얻었다. 원래 이 공후는 지금부터

모두 그 풍을 배운 시대였으며, 그러한 모습을 표현하기 위해"[124] 역사고증은 불가피한 것이었다. 실제 그의 《畵稿集》에는 당시 복원된 공후의 스케치와 더불어 의상과 포즈의 원형이 된 上品蓮台寺本 〈繪因果経〉의 한 장면이 포함되어 있어[125] 후지시마가 『國華』와 『稿本日本帝國美術略史』 등의 도판을 참고로 역사 고증을 거쳐 작품을 제작했음을 입증하고 있다.[126] 그러나 이미 언급했듯이 〈조선부인〉에서 그러한 현실 재현을 위한 노력을 살피는 것은 불가능하다. 오히려 정확한 역사 고증은 필요치 않아 보이는데, 이러한 차이가 유럽유학 이후 새롭게 추구했던 '장식화'의 특징으로 해석된다.

장식화란 용어는 1900년대를 전후한 시기부터 문헌 등에 빈번히 보이기 시작하는 것으로, 벽면을 장식하는 벽화를 최종적인 이상으로 삼는 장식성이 강한 회화를 칭하는 것이 일반적이었다.[127] 이에 비해 후지시마는 유럽유학 직후의 인터뷰에서 다음과 같이 언급하고 있다.

천년 전 聖武天皇의 聖代로 알려져 있는 덴표 즈음에 건너온 것이라는 전설에 의거해서 각종의 역사적 사실을 취합하여 마지막에 화제로 생각하게 되었다. … 그리고 이를 그리는데 있어서는 고대 화풍보다 婆裟과 같은 천녀의 복장은 덴표시대 궁중 귀빈의 복장을 섞어 조각했다고 하는 설이 있는 淨瑠寺의 吉祥天, 二月堂의 日天月天, 醍醐三宝院의 過去因果経 및 正倉院의 樹下美人 등을 참고했다고 …" 「上野谷中の展覽會(四)」, 『讀賣新聞』, 1902. 10. 13, p.2.

124 「上野谷中の展覽會(四)」, 『讀賣新聞』, 1902. 10. 13, p.2.

125 〈天平の面影〉와 〈繪因果経〉, 正倉院의 箜篌와의 관계에 관해서는 中田裕子, 「藤島武二《天平の面影》《諧音》そして《蝶》に表象された雅樂と西洋音樂 (その1)」, 『ブリヂストン美術館·石橋美術館館報』제31호, 1983, pp.36-47에 상세히 검토되어 있다.

126 植野健造, 「白馬會と歴史主題の繪畫一藤島武二の《天平の面影》をめぐって」, 『美術史』 제140호, 미술사학회, 1996. 3, pp.210-211.

127 당시 반드시 장식화와 장식적인 그림을 구분해서 사용한 것은 아니라고 생각된다. 예를 들어 1913년의 『選會報新年號』에 게재된 「裝飾畵論」에서 河野桐谷는 장식화의 정의를 문제로 삼아 이들을 구분할 것을 주장하고 있어, 당시 장식화와 장식적인 그림이 같은 의미로 통용되고 있었음을 알 수 있다. 그리고 장식화의 경우 벽화 이외에 일본의 전통적인 병풍그림, 후스마에(襖繪) 등 실내 장식 전반을 포괄하는 의미에서 점차 건축 공간의 서양화에 따라 벽화의 의미로 축소되어갔다. 小紫錦侍, 「裝飾畵」, 『アトリエ』第4卷 11号, 1927. 12, p.42.

"장식화라 해도 색과 선만으로는 재미가 없다. 그 이외에 이상-의미를 부여하고 싶다. 타이틀의 선택은 물론 그 취급에 있어서도 그렇게 하고 싶다. 서양에는 신화가 있어 이를 널리 예술상에 채택하고 있으나, 일본에는 神代 이래 전설 등이 있음에도 예술상에서 이를 널리 이용하지 않고 있다. 이를 이후 유화에 시도하는 데에는 苦心과 노력을 요한다."[128]

그는 장식화란 색이나 선만으로 이루어진 장식적인 그림이 아니며, 이상이나 의미 또는 신화나 전설을 포함할 것을 주장하고 있다. 그리고 이러한 장식화에 대한 생각은 「현대의 장식화를 논하다」는 글에서 보다 구체적으로 살펴볼 수 있다.

"장식화는 그 성질상 종합적이며 주관적, 몽유적 경향을 띠고 있으며 반드시 스스로 시대정신과 깊이 교섭하지 않으면 안된다. … 요즘의 일본화는 장식화가 아니라 악화된 도안이다. 그리고 도안이 장식화와 다른 점은 사상의 내용을 가지지 않는데 있다. … 조만간 국민성, 시대정신이 표현된 훌륭한 예술의 표현을 볼 수 있으리라 생각한다."[129]

이러한 후지지마의 장식화에 대한 언급을 종합하면 첫째 이상이나 의미, 신화나 전설을 포함할 것, 둘째 국민성, 시대정신을 표현할 것, 셋째 종합적이며 주관적, 몽유적인 경향을 띠고 있을 것으로 정의된다. 그렇다면 〈조선부인〉에 보이는 특정한 時空을 무시하는 비현실적인 모습은 후지시마가 장식화의 특징으로 기술한 주관적이며 몽유적인 경향과 상통한다고 볼 수 있지 않을까. 더구나 그는 조선에서 장식화 완성을 위한 또 하나의 가능성을 발견하고 있었다.

---

128 犀水, 「現代の大家(十五)―藤島武二氏」, 『美術新報』10권 9호, 1911. 7, p.4.
129 藤島武二, 「現代の裝飾畵を論ず」, 『美術寫眞畵報』, 1920. 5, p.78.

2) 理想 또는 意味

조선에서 귀국한지 두 달 뒤 후지시마는 다이쇼(大正)天皇의 즉위를 기념해서 개최된 도쿄다이쇼박람회(東京大正博覽會)에 〈花冠〉(그림 7)을 출품했다. 한복 차림의 여성이 쪽두리(화관)를 응시하고 있는 이 그림은 평범한 일상을 주제로 하고 있다는 점에서 후지시마가 당시 문전을 중심으로 발표했던 일련의 작품들과 크게 다르지 않다. 유럽 유학 이후 후지시마는 〈행복한 아침(幸ある朝)〉(제5회문전, 1910), 〈꿈결(うつつ)〉(제7회문전, 1913)(그림 8) 등 평범한 풍경을 주제로 밝은 색채와 마티에르를 특징으로 하는 작품을 연이어 출품하고 있었다. 여기서 〈덴표의 추억〉으로 대표되는 1900년대 작품의 과도한 상징성이나 문학성을 찾기는 힘들어 보이는데, 유럽유학은 후지시마에게 유화물감 특유의 색과 필촉을 중시하는 화풍이라는 커다란 변화를 가져왔던 것이다.

그림 7
藤島武二, 〈화관〉, 1914년, 『東京大正博覽會 출품도록』

그림 8
藤島武二, 〈꿈결〉, 1913년, 도쿄국립 근대미술관

이처럼 문학성, 상징성을 중시했던 메이지 낭만주의에서 후기인상파적인 표현으로의 변화는 비단 후지시마 개인에 국한된 것은 아니었다. 이는 당시 화단의 큰 흐름이기도 했는데, 〈화관〉이 출품된 도쿄다이쇼박람회의 서양화부 심사에 관한 보고서는 그러한 당시의 상황을 단적으로 보여준다.

> "인물화에서는 사건의 설명에만 전념하여 관자의 聯想에 의거하는 부분이 많은 이야기적인 그림, 풍경화에서는 특히 名勝 奇景을 주로 그리는 무리가 거의 사라졌으며, 우리가 일상 눈으로 보는 평범한 경지에서 화제를 구하는 作畫의 무리가 많아짐은 근래 우리 서양화가의 사상의 전환으로 볼 수 있을 것이다. (중략) 이번 출품은 대체로 우리 서양화가가 사상 및 기술에 있어 진보했음을 나타내는 것으로 앞으로 나아갈 길을 제시했다고 할 수 있겠다."[130]

와다 에이삭(和田英作)은 이 보고서에서 특정한 사건 등을 연상케 하는 이야기나 명소를 그린 그림이 사라지고 대신에 평범한 일상을 주제로 한 작품이 증가한 점을 서양화단의 진보로 들고 있다. 후지시마 역시 결과적으로 이러한 흐름에 동조한 것으로 볼 수 있으나, 실은 박람회 개막 직전에 출품작으로 신문지상에 소개한 것은 〈화관〉이 아닌 다른 작품이었다.

즉, 1914년 3월 15일자 『大阪每日新聞』에 박람회 출품작으로 도판 게재된 것은 〈다마테 상자(玉手箱)〉(그림 9)라는 작품이었다. 현재 소재불명의 이 작품은 신문에 게재된 사진 외에는 구체적인 모습을 확인할 자료가 남아 있지 않으나, 다만 1914년 3월의 『美術新報』에 박람회 출품작으로 언급했던 "일전의 조선여행에서 얻은 재료로 제작하고 있는 等身 이상의 부인"[131]이나 그의 화실에 있었다고 전하는 현재 이시바시미술관 소장의 〈조선부인〉과 닮은 구도의 대화면 여성상이[132] 바로 이 작품에 대한 설명으로

---

130 和田英作, 「第二部審査報告—西洋畵」, 『東京大正博覽會審査報告』1卷, 1916, 東京府廳, p.165.

131 「消息」, 『美術新報』제13권 5호, 1914. 3, p.32.

그림 9
藤島武二, 〈玉手箱〉, 『大阪毎日新聞』 1914. 3. 15

추측된다.

이들 내용을 종합하면 후지시마가 대화면의 여성상을 박람회 출품을 목적으로 제작하고 있었던 것은 분명한데,[133] 한 가지 주목할 점은 〈다마테 상자〉가 일상적인 풍경을 주로 다루고 있던 이 시기의 작품들에 비해 이채를 띤다는 점이다. 즉 상자를 가슴에 안고 있는 포즈나 한복에는 보이지 않는 숄을 두르고 있는 모습, 그리고 무엇보다 우라시마 타로(浦島太郎)의 전설을 연상케 하는 제목은 본 작품이 단순히 평범한 일상의 한 장면을 재현하는데 목적이 있었던 것은 아니었음을 시사한다. 이 같은 배경에는 같은 시기 중국이나 조선을 여행한 대부분의 화가들이 "그림과 같은", "환상적인" 공간을 발견했던[134] 것과 마찬가지로 고대를 떠올리게 하는 조선의 모습이 후지시마로 하여금 평범한 일상의 재현에서 벗어나 유럽유학 이후 잃어버렸던 문학성, 상징성의 회귀라고도 할 만한 변화를 가져왔기 때문으로 풀이된다. 실제 이 시기 조선을

132 中田裕子, 앞의 논문, p.56.

133 『美術新報』에 실린 「藝苑月誌」의 기록에 의하면 박람회 미술부의 출품 마감은 3월 10일이었으며, 심사는 13일부터 5일간 이루어졌다고 한다. 그렇다면 『大阪毎日新聞』에 도판이 게재된 15일은 심사 기간 중이 된다. 정확한 전후상황은 현단계에서 알 수 없지만 도판이 변경없이 실린 점을 고려한다면 후지시마가 〈다마테 상자〉의 출품을 마지막까지 고심했었을 가능성은 크다고 할 수 있다.

134 "인물 역시 인간이란 측면에서 보면 가치가 없으나, 畵中의 인물로서 보면 일본 보다 훨씬 흥미있는 것을 느꼈다. 흰 수염을 기른 노인이 당나귀를 타고 있는 모습은 마치 雪舟의 인물로서 그 느긋하고 서두르지 않는 모양은 확실히 그림이 된다." 荒木十畝, 「韓國見聞談」, 『美術新報』 제4권 12호, 1905. 9.

주제로 한 작품에는 '정신성'의 추구가 보이기 시작한다.

〈화관〉을 포함해 후지시마의 조선을 주제로 한 작품에는 물론 조선의 풍경과 풍속이 담겨져 있다. 그러나 이들 작품을 자세히 살펴보면 후지시마가 단지 풍경 그 자체를 캔버스에 옮기기보다 무엇인가 의미를 나타내고자 했음을 알 수 있는데, 여기서는 풍경화를 대상으로 이 문제에 접근하고자 한다.

현재 후지시마가 조선여행을 통해 제작한 작품 가운데 풍경화는 3점[135] 정도가 확인된다. 모두 조선의 풍속과 풍경을 주제로 삼고 있으나, 이들 작품에서 구체적인 장소를 추정하기란 불가능하다. 게다가 이국적인 명소 절경 등에는 그다지 관심이 없었던 것으로 보이는데, 예를 들어 후지시마의 〈조선풍경〉(그림 10)과 나카자와 히로미츠(中澤弘光)의 〈귀로(歸途)〉(그림 11)의 차이는 이러한 사실을 여실히 보여준다. 두 작품은 모두 초가집을 배경으로 쓰개치마를 쓴 여성의 뒷모습을 화면 전방에 배치하고 있어 유사한 인상을 준다. 그러나 나카자와의 작품이 길가에 늘어서 있는 가로수 길이나 배경에 보이는 누각 등을 통해[136] 수원이라는 특정한 장소를 그려내고 있음에 반해 후지시마의 작품에서 그러한 특정의 모티브를 찾기란 힘든데, 그보다 후지시마가 표현하고자 했던 것은

135 이 시기 후지시마가 제작한 풍경화는 다음과 같다.

작품명	소장처 및 出品 이력
〈조선풍경〉	1913년, 캔버스에 유채, 42.3×64.6cm, 岩崎美術館
〈조선풍경〉	1913년, 캔버스에 유채, 79.4×116.6cm, 岩崎美術館
〈조선풍경〉	1913년, 캔버스에 유채, 63.5×89.6cm, 三重縣立美術館

136 이 시기에 기고한 나카자와의 조선기행문에는 〈귀로〉를 떠올리게 하는 내용이 포함되어 있다. 그 일부를 소개하자면 "제가 그린 그림은 경성에서 7리 정도 떨어진 수원이라는 곳의 어떤 강변에서 본 장소로 七門水라고 하는 다리와 그 위쪽의 華虹門을 중심으로 하는 풍경이다. 다리 가장자리의 버드나무 가로수와 오른쪽 구릉 위의 隨柳亭이라는 건물, 먼 산 등이 정말로 조선 특유의 아름다운 광경을 보여주고 있었다. 내가 지금 있는 곳은 바로 수원이다." 中澤弘光, 「朝鮮の夏」, 『美術旬報』제140호, 1917. 10. 9, p.4.

그림 10
藤島武二, 〈조선풍경〉, 1913년, 岩崎美術館

그림 11
中沢弘光, 〈귀로〉, 1917년, 제11회 문전

> "조선의 풍경은 이탈리아에 필적할 만한 것이 있다고 생각합니다. 게다가 가는 곳마다 고대의 유적과 폐허가 된 왕궁 전당과 같은 것이 어딘지 비통의 感慨를 일으키게 합니다. 언제나 조선의 풍경에는 무엇인가 의미가 부여되어 있는 듯한 느낌이 듭니다."[137]

라고 설명하듯이 '무엇인가 의미'였다고 생각된다. 물론 이 문장에 "폐허, 쇠퇴 등의 언설을 가지고 미적인 틀에 상대를 잘라 맞추어 가는" 후지시마의 오리엔탈리스트로서의 태도가 보이는 것은 부정하기 어렵다. 그러나 한편으로 조선을 현실에서 분리시켜 '과거', '멸망'과 같은 언설을 통해 바라보는 후지시마의 시선이 풍경에 예를 들어 "비통의 감개"와 같은 "무엇인가 의미"를 부여하고 있는 점 역시 사실이다.[138] 후지시마는 조선에서 "장식화라 해도 색과 선만으로는 재미가 없다. 그 이외에 이상-의미를 부여하고 싶다"라고 주장했던 장식화에 부합하는 정신성을 발견하고 있었던 것이다.

그렇다면 후지시마가 부여하고자 했던 '의미'란 어떤 것이었을까. 실제

137 藤島武二, 앞의 글, p.12.
138 林洋子씨는 후지시마의 조선풍경에 일찍부터 주목하여 그가 조선의 풍경에 의해 동양회귀라고도 할 수 있는 정신성을 획득했음을 밝히고 있다. 林洋子, 「藤島武二の風景畫への展開—「裝飾畵」を軸にして」, 『美術史』제131호, 미술사학회, 1992. 2, p.53.

출품 여부를 떠나 후지시마가 도쿄다이쇼박람회 출품작으로 〈화관〉 외에 〈다마테 상자〉를 염두에 두고 있었던 것은 이미 지적했다. 언뜻 무관계처럼 보이는 이들 작품은 그러나 한복 차림의 여성 입상이라는 점에서 공통점을 갖는다. 특히 이 모습은 당시 후지시마가 조선을 주제로 제작한 작품 중 가장 많을 수를 차지하고 있다. 대부분이 동일한 실내공간을 배경으로 다양한 각도에서 제작되었던 것으로 추측되는데, 〈화관〉과 〈다마테 상자〉 역시 화면 좌측에 등장하는 장식장을 통해 이들 두 작품이 모두 동일한 설정 내에서 그려졌음을 알 수 있다. 이 외에도 "推敲를 거듭하며 쉽게는 발표에 이르지 않았던"[139] 후지시마의 성격을 단적으로 보여주듯이 그의 《畫稿集》과 가장 대표적인 작품집 『藤島武二畫集』(日動畫廊, 1998. 9)에는 같은 주제를 몇 번이고 인물의 복장과 포즈를 고쳐가며 그린 수 십 장의 소묘가 실려 있다.

같은 실내 공간을 배경으로 그렸다는 점을 전제로 한다면 〈화관〉과 〈다마테 상자〉 역시 하나의 주제를 시행착오를 거듭해 가며 제작하는 과정에서 생겨난 작품일 가능성이 크다. 여기에 〈화관〉과 〈다마테 상자〉의 여성은 마치 한 세트처럼 각자 손에 족두리와 상자를 들고 있는데, 특히 족두리의 경우 머리에 얹은 모습이 일반적이었던데 비해 굳이 손에 들게 한 설정에는 어떤 특별한 의도가 있었던 것으로 추측된다.

실제 상자와 화관에 착목하면 이들 그림의 배경에 특정의 텍스트가 있었을 가능성이 제기된다. 즉, 고개를 숙인 채 슬픔에 잠긴 듯한 표정의 여성, 그리고 상자와 머리장식(족두리)이 함께 등장하는 이야기로 白居易(樂天)가 지은 서사시 「長恨歌」가 있다. 주지하듯이 「장한가」는 중국 당나라의 玄宗皇帝가 楊貴妃를 잃은 슬픔을 노래한 시로 여기에는 양귀비의 혼령이 자개로 만든 상자와 금으로 된 머리장식을 현종황제에게 전해줄 것을 사신에게 부탁하는 인상적인 장면이 있다.[140] 상자와 首飾은 생전에 현종황제가 선물

139 石井柏亭, 앞의 글, p.3.

한 것으로 혼령이 양귀비인 것을 나타내는 중요한 모티브임과 동시에 변함없는 사랑의 상징으로 등장하고 있다. 어려서부터 漢籍을 가까이 했던[141] 후지시마가 조선에서 나전으로 된 상자와 일종의 수식에 해당하는 화관을 보고 「장한가」를 연상했을 가능성은 적지 않았을 것이다.

더구나 조선의 여성을 보고 「장한가」를 떠올렸던 것은 비단 후지시마 한 사람은 아니었다. 조선을 여행했던 서양화가 고바야시 만고(小林萬吾)는 한복의 옷자락 스치는 소리를 듣고 「장한가」의 일절을 음미했다고 한다.[142] 이 처럼 당시 조선의 풍속이나 풍물에 唐詩를 떠올리는 것은 그리 드문 일은 아니었던 듯한데,[143] 후지시마보다 6개월 앞서 조선을 방문한 오카다 다케운(岡田竹雲) 역시 아무도 살지 않게 된 궁정을 보고 당태종의 사후에 폐궁이 된 玉華宮의 외로움, 허무를 노래한 杜甫의 시 「玉華宮」을 노래하고 있다.[144] 일생동안 한적을 곁에 두고 즐겼던 후지시마 역시 조선의 풍물을 보고 백거이의 유명한 서사시를 떠올렸을 가능성이 있다. 구체적인 내용은 보다 상세한 검증을 요하겠으나, 이보다 흥미로운 사실은 일본인 화가들이 조선을 唐詩에 펼쳐지는 고전의 세계에 비유하고 있다는 점이다.

---

140 鈿合金釵寄將去(白樂天, 『長恨歌』108行)

141 "나는 어릴 적부터 다소 漢籍을 가까이 할 기회가 많았는데, 지금도 老子, 莊子를 곁에서 멀리하지 않는다." 藤島武二, 「雜感」, 『塔影』, 1939. 2.

142 "수명의 官妓는 약주가 든 술병을 손에 들고 술자리를 순회했다. 그 옷 자락이 스치는 소리가 얼마나 아름다운지. 나는 어릴적 무슨 의미인지도 모르고 읊조렸던 漢詩를 떠올려 음미해 보곤 했다. 그리고선 ①金步搖이라든지 ②霓裳羽衣라는 구는 절대 일본의 여인을 보고서는 그런 기분은 떠오르지 않을 것으로 생각했다." 小林萬吾, 「水原と開城との記」, 『美術旬報』, 1917. 9. *이하 역자주 ① 雲鬢花顔金步搖(『長恨歌』41行), ② 猶似霓裳羽衣舞(『長恨歌』98行)

143 "夜來四隣関寂, 그저 때때로 천을 두드리는 울림이 드릴 뿐. 李太白의 "長安一片月, 萬戶擣衣聲"의 묘미조차 떠오릅니다. (明治四四年一〇月一四日夕)" 德富猪一郎, 『兩京居留誌』, 1915. 9, p.23.

144 "유명한 慶會樓에 이르렀다. …라는 杜甫의 玉華宮이 어느새 입에서 흘러나왔다," 岡田竹雲, 「朝鮮紀行(四)」, 『風俗畫報』458호, 1914. 5, p.14.

그림 12, 13
藤島武二, 〈조선부인〉, 〈唐様三部作〉, 1924년경, 岩崎美術館

이는 앞서 살펴본 후지시마의 〈조선부인〉(그림 12)이 당대의 기마부인俑에서 제재를 얻은 〈당의 모습 삼부작(唐様三部作)〉[145](그림 13)의 뒷면에 그려져 있다는 사실을 통해서도 뒷받침 된다. 특히 〈조선부인〉(右)의 경우 왼쪽 아래에 獅子象처럼 보이는 물체를 배치하고 있는데, 정확한 판독은 불가능하나 녹색과 자주를 기조로 하는 색채에서 당삼채와의 관련을 짐작할 수도 있을 것이다. 원래 밑그림 〈조선옷의 여인〉에 그려져 있던 것은 꽃병이었다. 앞면의 〈당의 모습 삼부작〉을 염두에 둔다면 역시 꽃병보다는 당나라와 관련된 당삼채와 같은 모티브가 자연스러웠을 것으로 추측된다. 이렇게 보면 〈조선부인〉의 변형된 옷도 덴표시대의 원형이 된 당의 복식을 염두에 두었을 가능성이 있다. 이처럼 후지시마가 복장의 국적을 명확히 하지 않은 것은 그가 조선, 덴표, 당의 구분을 필요로 하지 않았음을 의미한다.

145 〈조선부인〉과 〈당의 모습 삼부작〉이 한장의 종이에 앞뒤로 그려진 것은 사실이나, 〈당의 모습〉의 제작년대에 대해서는 岩佐新氏의 1918년설(岩佐新, 「藤島武二の作畫過程」, 『畫論』제22호, 1943, pp.30-31), 中田裕子氏의 1924년설(中田裕子, 주16, p.56), 隈元謙次郎氏의 1912년설(隈元謙次郎, 『藤島武二』, 日本経済新聞社, 1967, p.28)의 세 가지 의견으로 구분된다. 그런데 1913년경에 후지시마의 작업실을 촬영한 사진에는 〈당의 모습〉의 액자와 동일한 액자가 확인되고 있다. 이는 이 작품이 아카호시 집안의 식당 벽화의 밑그림으로 1912년경에 제작되었다는 隈元氏의 의견을 입증해 주는 자료로 생각된다.

오히려 당을 중심으로 조선과 일본이 하나의 공통된 문화를 누렸던 '동양의 고전'을 표출하는데 최종적인 목적이 있었던 것으로 풀이된다.

〈조선부인〉과 〈당의 모습 삼부작〉을 비롯해 비슷한 시기에 제작된 〈騎馬婦人像〉에는 호복을 입고 말을 타고 있는 唐의 여인과 그 뒤로는 매를 데리고 있는 소년은 당으로도 덴표로도 볼 수 있는 복장을 하고 있다. 그리고 화면 왼쪽 상부에는 말을 타고 있는 한복 차림의 여성과 아랍계의 복장을 한 남성이 그려져, 하나의 화면에 융합된 동양의 이미지가 나타나고 있다. 이들 작품에 보이는 동양의 고전을 통해 하나로 융합된 새로운 동양의 이미지야말로 장식화를 위해 "반드시 스스로 교섭하지 않으면 안된다"고 주장한 "시대정신"이기도 했다.

3) 시대정신

여기서 다시 한 번 후지시마의 장식화에 대한 말을 인용해 보면,

> "장식화는 (중략) 게다가 반드시 스스로 시대정신과 깊이 교섭하지 않으면 안 된다. 만약 우리들의 실제로 생활하는 이 지상에 전혀 발을 딛고 있지 않는, 전술한 바와 같은 유령예술이 시대정신을 표현하고 있다고 한다면 그 나라는 이러한 예술처럼 결국은 멸망할 수밖에 없는 운명이라고 보아도 좋다."[146]

라고 하여 장식화는 그 시대의 실제 생활과 결부된 정신-시대정신을 반영해야 한다고 역설하고 있다. 그렇다면 그가 말하는 현실에 "발을 딛고 있는" 정신이란 어떤 것일까.

후지시마가 조선에 건너 온 1910년대 초는 서양 러시아에 승리하여 조선이라는 아시아의 일부를 식민지로 삼은 일본이 그 전과는 다른 새로운 시대를 맞이하려는 시기였다. 최근의 연구가 밝히고 있듯이 이 시기 일본의

146 犀水, 앞의 글, p.78.

근대정책은 서양의 '모방'에서 벗어나 '독립'으로 대폭 방향을 전환하게 된다.[147] 중요한 것은 서양화된 일본이 아니라 서양에 대항할 수 있는 일본을 맹주로 한 동양이었던 것이다. 이 사실은 같은 시기 다양한 분야에서 동양 연구가 활발히 이루어지기 시작한 점이나[148] 문전 일본화부에 일본의 틀 안에서 재해석된 중국의 畫題[149]가 늘어난 점을 통해서도 입증된다.

이처럼 동양이 중요한 키워드로 떠오르던 1913년 8월의 『미술신보』에 게재된 것이 유아사 이치로(湯淺一郎)의 「오리엔탈리스트」였다. 19세기 프랑스 오리엔탈리즘 화가들을 소개한 이 글에서 유아사는 이를 본보기로 일본도 조선, 대만, 만주로 나아가 식민지의 새로운 풍경을 그릴 것을 강조한다.[150] 그리고 이에 덧붙여

> "이 대범하고 강한 풍경을 오리엔트派의 사람은 즐겨 그리고 있다. 그리하여 우리들은 또한 우리들 공통의 입장에서 그들과는 다른 관점을 가지고 그들이 알 수 없는 어떤 것을 파악할 수 있을 것이라 믿는다. 왜냐하면 동양에 관한 것은 동양인이 연구하는 것이 당연한 일로 믿기 때문에 우리 미술가도

---

147 佐藤道信, 『〈日本美術〉誕生─近代日本の「ことば」と戰略』, 講談社選書メチエ92, 1996. 12: 千葉慶, 「日本美術思想の帝國主義化──九一〇~二〇年代の南畵再評価をめぐる一考察」, 『美學』제54권 1호, 2003. 6, pp.56-68.

148 예를 들어 大村西崖를 중심으로 1908년에 발행된 『東洋美術大觀』(審美書院)에 1910년(明治43) 이후 중국편이 간행되기 시작한 것은 일예로 볼 수 있을 것이다.

149 "支那人은 자주 그러한 八景을 그렸다. 일본에서도 가노(狩野)의 오래된 작품에는 많이 보이지만 전부 중국의 모사일 뿐 실제를 그린 것은 없다. 나는 근래 실제로 그 땅에 만유하여 직접 사생했음으로 이를 통해 그리려고 생각하고 있다." 寺崎廣業氏談, 『日本及日本人』, 1912. 10.

150 "일본에서도 풍경화가로서 알려져 있는 사람들이 있으나 모두 천편일률적이다. 젊은 사람들 중에 눈에 띄는 사람들이 있기는 하지만 일반적으로 침체되어 있기 때문에 어떻게든 이 현상을 타파할 방법을 강구하지 않으면 안된다. 거기에는 일상적으로 눈에 익숙한 일본 내지보다 조선이나 대만, 혹은 만주 같은 곳에 나아가 새로운 자연을 포착하는 것이 가장 형편에 맞을 것이며, 또한 필요한 것이라 생각한다." 湯淺一郎, 「오리엔탈리스트」, 『美術新報』제6권 10호, 1913. 8, pp.39-41.

> 한층 더 노력하여 동양 방면의 연구에 종사하여 한편에서는 그 취미를 보존하고, 다른 한편에서는 더욱더 그 예술을 발전시킬 것을 바라는 바이다."[151]

라며 프랑스 오리엔탈리즘 회화를 염두에 두면서도 서양과는 다른 관점, 같은 동양인으로서 알 수 있는 무엇인가를 나타낼 것을 주장했다. 그리고 수개월 뒤 실제 후지시마는 새로운 식민지 조선을 방문한 것이다. 유아사와 후지시마가 야마모토 호스이(山本芳翠) 문하에서 유화를 배우던 시절부터 같은 시기 유럽유학 길에 올라 二科 독립운동에 동참하기까지 친밀한 관계를 유지했던 점을 고려한다면 후지시마의 조선도항이 일본판 오리엔탈리즘 회화를 만들자는 유아사의 주장과 무관하다고는 보기 힘들다. 이를 입증하듯이 귀국 후 발표한 후지시마의 「조선관광소감」에는 일본에 의한 조선의 식민지화를 예술적인 好機로 간주하는 일절이 보인다.

> "프랑스가 일찍이 알제리를 정복했을 때 그 당시 화가들이 왕성히 그 땅에 도항하여 알제리의 풍물, 풍속, 전쟁 등을 그리는 것이 그때의 유행처럼 되어, 그 땅의 풍물, 풍속, 전쟁 등을 제재로 유명한 화가들이 잇달아 배출되었습니다. 즉 들라크루아, 드간, 마리라, 프로만탄, 기메 등 왕성히 동양취미를 고취하여 당시 프랑스 화단에 일종의 모드를 만든 경향이 보입니다. 열대지방의 강열한 빛과 색채라는 것이 당시 프랑스 화단에 커다란 자극을 주었던 것으로 보입니다.
>
> 조선은 우리 국가와 병합했음으로 물론 알제리의 예와는 다르다고 할 수 있습니다만, 어찌되었건 우리 영토에 되돌아 온 것임으로 여러가지 방면으로 연구하거나 개척할 필요 등과 같이 예술 방면에서도 크게 주목해야할 것이 있을 것으로 생각합니다."[152]

여기서 후지시마는 일본과 조선의 관계를 프랑스 대 알제리의 위상에 견

---

151 湯淺一郎, 앞의 글, p.40.
152 藤島武二, 앞의 글, p.13.

주며 프랑스 오리엔탈리즘 회화에 필적할 만한 미술을 만들 것을 주장한다. 그러면서도 그가 강조하는 것은 어디까지나 프랑스와의 다름이었다. 즉 프랑스가 알제리를 '정복'했던 것과는 달리 조선은 어디까지나 일본이 '병합'한 것이며 그 결과 '일본에 되돌아온 것'이었다. 결과적으로 후지시마가 그려 낸 동양의 고전으로서 조선의 모습은 유아사가 「오리엔탈리스트」에서 기대했던 "그들이 알 수 없는 무엇인가"였으며, 이는 서양의 모방에서 벗어나 동양의 일체화를 꾀했던 시대의 흐름을 반영하는 것이었다. 후지시마가 추구한 장식화를 상세히 살펴볼수록 명확해지는 오리엔탈리스트로서의 일면은 실은 시대의 흐름과 깊이 교섭하지 않으면 안된다고 생각했던 장식화의 모습을 대변하고 있는 것이기도 했다.

이상 후지시마가 조선을 주제로 새로운 장식화를 완성하려 했음을 그의 장식화에 대한 언설을 토대로 검토해 보았다. 후지시마에게 장식화란 색채나 선에 의한 장식적인 그림이 아니라 의미, 사상을 내포해야 하며 이는 국민성, 시대정신을 표출하는 것이었으며, 고대를 연상케하는 조선의 모습에서 "이상-의미를 가진 장식화"에 부합하는 정신성을 발견했다고 할 수 있다. 조선, 덴표, 당을 융합한 새로운 동양의 이미지의 창출은 이러한 배경에서 가능했던 것이다.

그러나 한편으로 이러한 저변에 서양 오리엔탈리즘과 상통하는 차별적 시선이 간취되는 것 역시 사실이다. 실제로 후지시마가 그려 낸 동양의 고전은 1900년 파리 만국박람회에 출품된 『稿本日本帝國美術略史』가 "이와 같은 사업은 支那 및 인도의 국민에게 바랄 수 없기에 마땅히 동양의 寶庫인 우리 일본 帝國民에 의해서 최초로 완성될 수 있을 따름"이라며 일본이야 말로 인도, 중국의 고대 문명을 계승, 통합할 수 있다고 주장했던, 바로 그 선언을 실천하는 것이기도 했다. 후지시마에 의한 동양 고전의 창출에는 제국의 국민이라는 '국민성'과 고전을 중심으로 일체화된 동양이라는 '시대정신'이 깊이 관여하고 있으며, 이것이 일본 제국주의의 정치적인 문맥을 반영하고 있음은 부정하기 힘들다.

그러나 4년간의 프랑스, 이탈리아 유학을 끝내고 장식화에 대한 커다란 포부를 안고 귀국한 후지시마가 이 시기 무엇보다도 염두에 두고 있었던 것은 장식화의 완성이었다. 그가 유학 전부터 이상으로 삼았다는[153] 퓌비 드 샤반느(Puvis de Chavannes)의 장식화에는 고대 그리스를 연상케하는 복장의 인물과 건물 등이 등장한다. 이 같은 서양의 벽화 장식에 보이는 고전의 세계를 동양의 주제, 모티브를 빌려 제작하는 것, 그것이 이 시기 후지시마가 동양의 고전을 통해 완성하고자 했던 새로운 장식화였다고 생각된다.

1867년(慶應3) 에도막부 말기에 태어나 일본의 근대 서양화의 초창기를 함께 한 후지시마에게 있어 서양미술에 필적하는 미술을 갈등과 고뇌를 반복해 가며 일본에 도입, 만들어 내는 것은 커다란 과제이자 숙명이었다. 후지시마 역시 귀국 직후 "서양화가 언제 일본적인 그림"[154]이 될 것인가를 고민하며, "서양의 추종적인 상황에서 벗어나 일본의 독자적인 예술"[155]을 만들 것을 주장했다. 그리고 조선 체험이 서양 고전에 필적하는 동양 이미지의 창출이라는 새로운 가능성을 부여한 것은 사실이다. 그런 점에서 후지시마의 조선표상은 단순한 타자상을 넘어 일본 근대미술 생성의 숨겨진 모체라 할 수 있을 것이다. 이와 관련해 살펴볼 또 다른 작품으로 〈花籠〉을 들 수 있다.

---

153 "샤반느를 목표로 하고 있다고 들었던 후지시마씨는 샤반느가 세상을 뜬 지금 누구에 관해 공부하고 있으려나고 이야기를 나누었다." 兒島喜久雄, 『眞空隨筆』, 全國書房, 1949, p.21.

154 「新歸朝洋畵家の會合」, 『美術新報』, 1910. 11.

155 藤島武二, 『美術旬報』, 1918. 4.

5장 타자 표상에서 일본적 유화로
: 후지시마 다케지의 〈꽃바구니〉를 축으로

그림 1
藤島武二, 〈花籠〉, 1913년경, 교토국립 근대미술관

꽃바구니를 뜻하는 〈花籠〉(이하 〈꽃바구니〉)(그림 1)은 후지시마가 1913년 11월 말부터 약 30일간의 조선 체험[156]을 계기로 완성한 작품이다. 황색과 녹색, 자주를 기조로 하는 리듬감 있는 필치를 배경으로 흰 저고리에 붉은 치마의 여인을 화폭에 담은 이 작품이 본격적인 논의의 대상으로 주목 받기 시작한 것은 근래 후지시마 연구에 새로운 관점이 제시되면서부터이다.[157] 생애를 통해 동양적 주제를 즐겨 그렸던 후지시마를 일본의 제국주의 팽창이라는 역사적 문맥 속에서 고찰하는 이들 연구는 〈꽃바구니〉를 식민지 회화의 전형인 '머리에 물건을 인 여인상'의 연장선상에서 설명해 왔다.[158]

156 후지시마의 조선방문은 1913년 11월 25일 동경 신바시(新橋)역을 출발, 다음해 1월 5일 일본에 도착하기까지 약 한 달간 이루어졌다.

157 〈花籠〉에 대한 작품 해설로는 島田康寬, 「藤島武二作〈花籠〉-所藏作品より」, 『視る』 제149호, 1979. 11. 1, p.4: 兒島薫, 『新潮日本美術文庫28-藤島武二』, 新潮社, 1999. 1가 있다.

158 후지시마의 동양취미를 일본 제국주의와 관련해 분석한 논문으로 山梨繪美子, 「日本近代洋畵におけるオリエンタリズム」, 『語る現在, 語られる過去』, 平凡社, 1999. 5, pp.8-19: 兒島薫, 「中國服の女性像にみる近代日本のアイデンティティ形成」, 『實踐女子大學文學部紀要』제44집, 2002. 3, pp.17-37: 池田忍, 「「支那服の女」という誘惑-帝

실제 후지시마가 도쿄미술학교 교수이자 官展의 중심인물로 활약하며, 황실과도 친밀한 관계를 유지했던 점을 감안한다면 〈꽃바구니〉 역시 식민지의 토착성, 후진성의 표상으로 반복해서 제작되었던 '머리에 물건을 인 여인상'을 둘러싼 정치적 문맥[159]으로부터 벗어나는 일은 쉽지 않아 보인다. 전근대적인 식민지 조선의 은유(metaphor)이자 서양 오리엔탈리즘에 상응하는 차별적 시선의 대상으로 〈꽃바구니〉는 최근 10년간 일본 근대미술사 연구에 중요한 사례를 제공해 왔다.

그러나 이러한 선행 연구의 축적은 한편으로 〈꽃바구니〉에 대한 충분한 작품 분석이 부재 가운데 언설화하는 결과를 초래해 온 감이 없지 않다. 이는 실제 본 작품이 종래의 담론과는 달리 꽃바구니와 여성의 조합이라는 서양의 전통적인 조형 표현을 따르고 있다는 사실을 통해서도 제기된다. 〈꽃바구니〉를 후지시마 개인의 작품 전개 과정에서 조명하고자 하는 본 소론은 이러한 관점에서 출발한 것이다. 본 장에서는 앞선 〈조선부인〉과 더불어 본 작품을 통해 종래 제국주의의 이국취미와 식민주의의 언설에서 벗어나 후지시마의 조선체험이 가지는 의미를 새롭게 조명하고자 한다.

國主義とモダニズム」, 『歷史學硏究』765호, 歷史學硏究會, 2002. 8, pp.1-14; 西原大輔, 「近代日本繪畵のアジア表象」, 『日本硏究』제26집, 2002. 12, pp.185-220; 김영나, 「이인성의 향토색-민족주의와 식민주의」, 『미술사논단』제9호, 1999년 하반기, 한국미술연구소, p.204 등이 있다.

159 김혜신은 물동이와 이를 운반하는 여성들은 물과 가사노동을 조합한 도상으로 식민지, 비문명지역의 여성 표상에 빠지지 않고 등장하는 점을 지적하고 있다. 『韓國近代美術硏究-植民地期朝鮮美術展覽會に見られる異文化支配と文化表象』, ブリュッケ, 2005, pp.123-132.

1. '머리에 물건을 얹은 여성상'의 계보

> "저거 좀 전에도 부인이 세탁물을 머리에 얹고 지나갔지. 저것은 가장 조선 칼라가 두드러지는 것이요. 물이라면 한斗 정도는 항아리에 넣어 운반한다오."[160]

이처럼 당시 조선 칼라가 두드러지는 풍속으로 언급된 것 중 하나는 머리에 무거운 물건을 이고 가는 여성들의 모습이었다. 권행가가 이미 지적하고 있듯이 물동이나 세탁물을 머리에 얹은 한복 차림의 여인들은 조선병합 이후, 관광엽서, 기념사진은 물론 관광 안내서의 표지(그림 2) 등에 대량으로 인쇄, 소비되어 이를 접한 사람들에게 조선을 대표하는 이미지로 각인되었다.[161] 문제는 이러한 모습이 당시 조선 어디에서나 볼 수 있는 흔한 광경이었던 것은 분명하나. 이 외에도 일하는 농부를 비롯해 조선 특유의 세시풍속 등 다양한 선택지가 있었음에도 불구하고 유독 머리에 물건을 얹은 여성상이 조선을 대표하는 이미지로 유통된 점이다. 이러한 배경에는 근대 일본과 전근대 조선의 이항대립을 전제로 하는 일본의 통치 이데올로기가 밀접하게 관련되어 있었다고 할 수 있다.

그림 2
조선풍속집 표지

즉, 무거운 물건을 여성이 머리에 이고 운반하는 전근대적인 풍습이야말로 문명국 일본에 의해 근대화되어야 할 열등한 식민지의 실태이며, 일본의 통치 선전에 상응하는 혹은

160 橋源太郎, 『朝鮮ってどんなとこ』, 朝鮮印刷, 1929, p.55.
161 권행가, 「일제시대 우편엽서에 나타난 기생 이미지」, 『미술사논단』제12호, 한국미술연구소, 2001년 상반기, p.88.

그림 3
사진엽서, 1920년대

그림 4
田中良, 〈조선의 소녀〉, 제9회 문전, 1915년

지배국 국민이 기대하는 조선의 모습이기도 했기 때문이다. 이러한 사실은 당시 유통하고 있던 그림엽서, 기념사진, 관광 안내서 등에서 빈번하게 사용되었던 이미지의 대부분이 기생, 가슴을 드러낸 여성, 지게를 지고 가는 어린아이나 노인 등 전근대적이며 기술성, 원시성, 수동적인 여성상을 표상하는 이미지였던 점을 통해서도 뒷받침된다.(그림 3) 건장한 남성이나 기품 있는 고급문화를 향유했던 양반의 모습 등은 처음부터 필요치 않았던 것이다.

또한 이러한 여성상은 인쇄 매체뿐만이 아니라 미술전람회 등에서도 지속적으로 등장했다. 다나카 료(田中良)의 〈조선의 소녀〉(제9회 문전, 1915)(그림 4)를 비롯해 고바야시 만고(小林萬吾)의 〈항아리를 얹은 여성〉(제12회 문전, 1918), 스다 교추(須田珙中) 〈樂土〉(제5회 신문전, 1942) 등 한복 차림의 여성이 머리에 물건을 이고 있는 모습은 지속적으로 출품되었다. 그리고 이러한 식민지 여성의 모습은 화가 자신은 물론 전람회에 온 일본인 감상자들에게 한편에서는 식민지의 후진성을, 다른 한편에서는 제국 일본의 국민으로서의 우월감을 전달했을 것이다.

이상과 같이 '머리에 물건을 얹은 여성상'은 일본의 제국주의가 심화되는 과정에서 식민지 조선의 토착성, 후진성을 표상하는 이미지로 고착화될 뿐 아니라, 내선일체의 주요 사례로 활용되기도 했다. 사실 일본에도 오하라메(大原女)로 불리는 유사한 풍속이 존재했다. 교토(京都)지역으로 黑木이나 목공품 등을 머리에 이고 팔러 오는 오하라메는 동서양화의 장르를 불문하고 인기 있는 주제였다. 츠치다 바구센(土田麥僊)의 〈大原女〉(제9회 문전, 1915), 오타 키지로(太田喜二郞)의 〈돌아가는 길〉(제8회 문전, 1914) 등은 〈꽃바구니〉와 거의 같은 시기에 출품된 작품들이다.

그러나 오하라메가 근세 이후부터 지속되었던 일본의 전통적인 화제였다는 점에서 차이가 있다. 오하라메의 기원은 12세기 황족 출신인 겐레이몬인(建禮門院, 1155~1213)[162]으로 거슬러 올라가 〈洛中洛外圖〉가 그려졌던 14세기에는 이미 전국적으로 유명한 풍속이 되었다. 그림의 주제로 다루어지기 시작한 것은 18세기 경으로, 마루야마 오쿄(圓山應擧, 1733~1795)를 필두로 우키요에(浮世繪)에도 종종 확인되며, 예전부터 일반인들에게 친근한 화제였다.[163] 즉, 일본화의 전통에서 탄생한 大原女라는 주제는 현대적인 풍속으로 재현된 조선의 '머리에 물건을 인 여성들'과는 맥락을 달리하는 것이었다. 오히려 일본인 화가들은 본국에서는 이미 급격한 산업화, 도시화 속에서 사라져가는 오하라메의 흔적을 조선의 풍속에서 발견하고 향수를 느꼈던 것으로 보인다.[164]

---

162 겐레이몬인(1155~1213)은 헤이안(平安)시대 후기 다카구라(高倉)천황의 부인으로, 후일 안도쿠(安德)천황을 낳았다. 단노우라(壇ノ浦) 해전에서 안도쿠천황과 함께 바다에 뛰어 들었으나 구출되어, 이후 승려로 출가하여 교토 오하라의 자코인(寂光院)에서 불도에 전념했다.

163 上田文, 「土田麥僊「大原女」図考—京都畵壇近代化の方向を探る」, 『美術史を愉しむ—多彩な視点』, 關西學院大學美學硏究室, 1996, pp.463-464.

164 우에다(上田)에 의하면 1913년 교토 우지가와(宇治川)에 발전소가 완성되어 싸고 풍부한 전력 공급이 가능하게 되자 이에 대항하여 가스회사에서 가정 연료로서 가스 사용을 적극적으로 선전하기 시작했다. 이 시기부터 일반 가정에서 장작 사용이

실제 이러한 '머리에 물건을 인 여성상'에 보이는 양국의 유사성은 '내선일체'가 강조되는 1920년대 이후, 정치적인 문맥 가운데 적극적으로 주목되었다. 이와 관련해 흥미로운 내용이 만담집에서 확인된다.

> "딱 교토의 大原女 같네.
> 같다 정도가 아니네. 大原女는 조선인이야.
> 농담하는 거요. 소나 밤도 아닌데, 大原女야말로 누가 뭐라고 해도 순수한 일본인, 내지인이요.
> 자 들어보게. 大原女는 당신도 알다시피 머리 위에 짚으로 만든 똬리를 얹고 있지. 이 똬리 위에 운반하려는 물건을 얹으면 안정감이 있지. 그리고 나서 운반하는 순서라네. 그런데 大原女의 그 똬리가 조선 부인들이 사용하는 것과 전혀 다르지 않네.
> 그렇군.
> 이러한 점에서 힌트를 얻어 양자의 풍습을 여러 가지 비교 연구해 본 결과, 八瀨, 大原의 지역 사람들은 과거 조선에서 일본으로 건너온 단체 이주민의 자손들로 이들 이주민은 무엇인가 특별한 기능을 가지고 조정에서 일을 했다고 하네. 이러한 연고로 조정과도 깊은 관계가 생겨 오늘날에 이르고 있다는 사실을 알았다네. (중략)
> 조선의 연구자로서 유명한 이마무라(今村)라는 선생의 저서 가운데 쓰여진 것이라 틀리지 않을 것이네."[165]

여기서는 이미 大原女의 기원이 조선에 있다고 확신하고 있는데, 근거로 언급한 "이마무라(今村)라는 선생의 저서"는 이마무라 도모(今村鞆)의 『歷史民族朝鮮漫談』(1928)으로 추정된다. 이마무라는 본 저서에서 大原女가 사용하는 똬리 등의 도구를 비롯해 의복, 방언에 이르는 실증적인 조사를 통

급속하게 줄어들게 되고, 이런 가운데 교토에 장작을 팔러 왔던 오하라메의 모습은 1935년을 전후로 사라지게 된다. 上田文, 앞의 책, p.477.

165 高橋源太郞, 「八瀨大原女は朝鮮人」, 『對話漫談, 朝鮮ってどんなとこ』, 조선인쇄주식회사, 1930, pp.54-56.

해 "야세(八瀨) 오하라(大原) 부락을 확실히 조선 고대의 이주민"[166]으로 단정하고 있으며, 이러한 그의 주장은 내선일체를 중심으로 한 당시의 통치 이데올로기와 무관하지 않았다.

주지하다시피 일본은 1919년의 3·1운동을 계기로 통치 방침을 기존의 무단정치에서 문화정치로 전환했다. 이를 통해 같은 황민으로서 일본과 조선의 민중은 평등하다는 '一視同仁', '내선일체' 등의 슬로건이 강조되어 다양한 동화회유정책이 실시되게 된다. 원래 경찰관이었던 이마무라는 1908년 한국에 건너온 이후 민속학 연구에 몰두하여 다수의 저서를 집필했으며, 1930년에는 조선사편집회 촉탁을 역임하는 등 민속연구자로서 적지 않은 영향력을 지닌 인물이었다. 총독부의 요직에 있었던 와다 이치로(和田一郞)가 그의 책 서문에서 "조선에 대한 진심어린 이해, 조선에 대한 진심어린 동인, 이것이 진실로 조선을 위하는 시정의 根基이며, 그리고 이러한 이해와 동인이라는 것은 조선의 역사, 풍속, 인정 등을 상세히 연구하여 確認하지 않으면 안된다"[167]라고 언급했듯이 大原女와 조선인을 동일시하는 이마무라의 연구야말로 일시동인을 확인하는 구체적인 사례[168]였던 것이다. 그런 점에서 '머리에 물건을 얹은 조선 여성상'은 차별하면서 동질성을 강조하는 일본적 오리엔탈리즘의 전형적인 타자상이라 할 수 있다.

그런데 가령 후지시마가 이러한 조선의 풍속에서 화제를 구했다 하더라도 〈꽃바구니〉를 오리엔탈리즘의 전형으로 보기는 힘들다. 실제 작품에는 당시 유행하던 '머리에 물건을 인 여성상'과는 다른 독자적인 표현 내용이 엿보이기 때문이다.

166 今村鞆, 『歷史民俗朝鮮漫談』, 「八瀨大原の朝鮮色」, 南山吟社, 1928, pp.194-203.
167 和田一郞, 「序」, 앞의 책, 1928.
168 高橋源太郞, 「八瀨大原女は朝鮮人」, 『對話漫談, 朝鮮ってどんなとこ』, 조선인쇄주식회사, 1930, pp.54-56.

2. 동서양의 절충

전술했듯이 대중매체를 통해 식민지 조선을 대표하는 이미지로 널리 보급된 것은 물동이나 세탁물을 머리에 얹고 있는 여성이었다. 그에 비해 본 작품에서는 머리에 이고 있는 물건이나 복장의 변형 등 적지 않은 차이가 확인된다. 오히려 꽃바구니와 여성을 조합하는 구도는 서양의 전통적인 도상을 상기시킨다.[169] 고지마 가오르(兒島薰)는 선행연구에서 본 작품과 이탈리아 유학 당시 은사였던 카롤루스 듀란(Carolus-Duran, 1837~1917)의 〈장미꽃 팔이〉와의 관련성을 밝히고 있는데,[170] 실제 이 작품은 후지시마가 듀란의 추도문을 게재했던 1917년 5월호 『美術』의 권두화에 실려 있었다.[171] (그림 5) 이탈리아 풍속의 여성이 머리에 꽃바구니를 얹고 있는 듀란의 작품과 후지시마의 〈꽃바구니〉는 전체적은 구도는 물론, 양쪽 모두 붉은 스커트에 흰색 상의를 입고 가슴 부위를 끈으로 묶고 있는 복식, 머리에 얹고 있는 흰색과 붉은 색을 기조로 한 꽃 등이 상당히 유사하다. 후지시마가 듀란의 작품을 의식한 것은 분명해 보인다.

게다가 〈장미꽃 팔이〉의 소재가 된 이탈리아의 꽃 파는 여성들에 대해서는 후지미사 역시 이전부터 흥미를 가지고 있었다. 1910년의 『미술신보』에서 후지시마는 “이탈리아 처녀라고 해서 그림의 주제가 되는 것은 초찰리아(ciociaria)라고 부르는 곳에서 온 사람들로 꽃을 파는 것을 본업으로 하고 있다”[172]라는 설명과 함께 꽃바구니를 배경으로 서 있는 여성들의 사진을 게재했다.(그림 6) 현재 이시바시(石橋)미술관에 소장되어 있는 〈쵸찰라〉는

---

169 兒島薫, 「作品解説」, 『新潮日本美術文庫28-藤島武二』, 新潮社, 1999. 1.

170 兒島薫, 「藤島武二における〈西洋〉と〈東洋〉」, 『美術史家, 大いに笑う一河野元昭先生のための日本美術史論集』, ブリュッケ, 2006. 4, pp.401-402.

171 藤島武二, 「仏國芸苑の一明星たりしカロリュス·デュラン氏」, 『美術』제1권호, 1917. 5, pp.5-10.

172 藤島武二, 「モデルと美人の肖像(上)」, 『美術新報』제9권 10,11호, 1910. 8·9, p.10.

그림 5
Carolus-Duran, 〈장미 꽃 팔이〉, 『美術』1917. 5

그림 6
이탈리아 처녀(초찰리아), 『美術新報』1910. 8·9

이 초찰리아 출신의 여성을 모델로 한 작품이다.

특히 그는 조선 여행 직후 발표했던 「조선관광소감」에서 다음과 같이 언급하기도 했다.

> "조선은 반도이며 대륙적인 부분이 있는 것 같습니다. 대륙의 지세를 받아 돌출된 지형이 이탈리아를 연상케합니다만, 그 땅의 풍물이 또한 매우 이탈라이를 닮은 점이 많은 것 같습니다. (중략) 만약 일본의 풍물을 프랑스에 비교하는 것이 가능하다면, 조선의 풍물은 이탈리아에 필적한다고 생각됩니다."[173]

즉, 조선과 이탈리아를 연상했던 후지시마가 머리에 물건을 이고 가는 조선의 여성상을 보고 이탈리아의 꽃 파는 처녀를 떠올렸을 가능성은 충분하다.[174] 본 작품에 보이는 꽃바구니는 이러한 착상의 결과물로, "화려한 의

---

173 藤島武二, 「朝鮮觀光所感」, 『美術新報』제13권 5호, 1914. 3, p.11.

174 조선을 이탈리아에 비유하는 언설은 이 시기 다수 확인된다. 기쿠치 겐조(菊池謙讓)는 "중국대륙을 유럽에 비유하고 일본 제국을 영국에 비유하며 일본해를 지중해에 비유할 수 있다면, 조선반도는 마치 이탈리아 반도와 비슷하다.(중략) 동양의 이탈리아 반도는 오랫동안 병자처럼 서있다"(『朝鮮王國』, 민유샤, 1896, p.17)라고

그림 7
山本芳翠, 〈머리에 항아리를 얹은 서양부인〉, 明智町役場

상을 입은 조선 여성이 꽃을 이고 있는 구도는 동양취미라기보다 서양적인 도상을 연상시킨다"는 고지마의 지적은 적절하다고 할 수 있다.

동양적인 주제를 서양의 도상을 빌려 표현하고자 하는 시도는 후지시마뿐 아니라 예를 들어 야마모토 호스이(山本芳翠, 1850~1906)의 조선 관련 작품에서도 엿보인다. 우물이 있는 풍경을 배경으로 머리에 항아리를 얹고 서있는 여성을 주제로 한 〈머리에 항아리를 얹은 서양부인〉(그림 7)이나 〈물을 나르는 부인들〉과 같은 작품에는 제목처럼 서양식 복식으로 변형된 치마, 저고리를 걸친 여성들이 등장한다. 이들 작품이 언제 그려졌는지는 정확하지 않으나, 1894년 종군화가로 인천을 경유했던 점으로 미루어 이 시기 접했던 조선의 풍속에서 화제를 구했을 가능성이 크다.[175]

그런데 작품에 등장하는 과도하게 부풀어 오른 치마와 소매, 레이스가 달린 저고리 등은 오히려 서양식 복식과 유사한데, 이는 짧은 저고리에 볼륨감 있는 긴 치마를 조합한 上薄下厚의 조선 복식에서 호스이는 허리를 강조한 서양 드레스를 연상했던 것으로 보인다. 이는 그가 머리에 물건을 이고 있는 일본인 여성을 주제로 그린 〈짐을 이고 있는 여인〉이 동일한 포즈

하여 근대화, 산업화되어 가는 일본을 프랑스, 영국에, 쇠망해 가는 조선을 이탈리아에 비유했다.

175 「年譜」, 『山本芳翠の世界展』, 1993, p.174.

라 하더라도 어디까지나 맨발에 가슴을 드러낸 현실의 모습을 재현한 것과는 확연히 다르다.

이들 작품과 비슷한 시기, 호스이는 자신의 대표작인 〈우라시마(浦島)圖〉(1893~95)를 제작하고 있었다. 어부인 우라시마 타로(浦島太郞)가 용궁을 떠나 육지로 향하는 장면을 그리스 신화에 빗대어 완성한 작품으로, 10년간의 프랑스 유학을 마치고 돌아온 호스이가 서양의 이미지를 빌려 동양의 주제를 표현하는데 고심하고 있었던 시기였다. 따라서 조선부인을 서양풍으로 번안한 이들 작품은 그러한 동서양을 절충하는 연장선상에서 제작되었을 가능성이 있다.

호스이의 〈머리에 항아리를 얹은 서양부인〉과 같은 작품에서 조선의 여성은 야만, 미개, 정체 등의 언설과는 거리가 멀어 보인다. 그리고 무엇보다 동양적인 주제를 서양의 도상으로 번안해 표현하는 것은 후지시마의 긴 畵業을 관통하는 기본적인 자세이기도 했다. 이미 밝혀진 것처럼 1902년 제7회 백마회에 출품했던 〈天平의 추억〉은 덴표시대의 여성을 주제로 하고 있기는 하나 그 조형표현에 있어서는 8등신에 가까운 체형, "해외 풍속을 모사했다"라고 언급되었던 복장, 그리고 콘트라포스토의 자세 등 서양회화의 전통적인 인체 표현을 참조하여 일본과 서양의 두 전통이 무리 없이 융화되어 있다. 이러한 일본(동양)과 서양과의 주제적, 조형적인 융합에 대한 지향은 이후 이탈리아 르네상스시기의 프로필을 노골적으로 차용하여 '동양의 典型美'를 나타내고자 했던 〈동양의 모습〉(1924)로 이어지게 되는데, 〈꽃바구니〉는 그러한 가운데에 위치한다고 할 수 있다.

따라서 〈꽃바구니〉는 문전 등에 빈번히 출품되었던 '머리에 물건을 얹은 여인상'과는 다른 해석의 틀을 요구한다. 즉 문전 출품작 대부분이 조선의 이국적인 모습을 있는 그대로 재현하는데 중점을 두었던 것에 비해, 본 작품에는 물동이를 머리에 얹어 운반하는 당시 조선의 토착적이며 전근대적인 풍속은 보이지 않는다. 오히려 그가 지향했던 것은 동서양의 절충을 통해 서양의 유화에서 벗어난 '일본적 유화'의 창출에 있었다고 할 수 있다.

3. 조선연작과 일본적 유화

한편, 4년간의 유럽 유학에서 귀국한 직후부터 후지시마에게는 다소 불우한 시간이 이어졌던 것으로 보인다. 1911년부터 연이어 문전에 출품한 유학기의 작품이 "올해 전람회 가운데 소폭임에도 잊을 수 없는 한 점"[176]이라는 평론의 찬사와 함께 도쿄미술학교 교수라는 직함에도 불구하고 연이어 낙선하는 등 그의 실력, 지위에 어울리는 취급을 받지 못했던 것이다. 이에 표면적으로는 문전을 新·舊 두 개의 과로 분리하는 이과 분립운동에 참가하는 등 문전의 심사에 불만을 표명하고 있으나, 실은 후지시마 본인 역시 "이전에는 대단히 아름답게 보인 나라(奈良), 교토(京都)의 풍경조차 귀국 후 평범하게 보인다."[177]며 귀국 이후 일본의 풍경을 어떻게 그릴 것인가 고민의 시기를 보내고 있었다.

그리고 제7회 문전(1913)에 유학 이후 처음으로 일본에서 제작한 〈꿈결(うつつ)〉을 출품했다. 쿠션에 기대어 몽롱한 표정으로 정면을 바라보는 일본 여인을 소재로 삼은 것으로, 일본 여성이라는 주제뿐만 아니라 표현기법에 있어서도 두터운 마티에르가 사라지고 윤곽선의 사용, 평면성의 지향 등 유학기와는 다른 특색을 보여주고자 노력했던 흔적이 엿보인다. 이처럼 귀국 이후 장식화를 포함해 새로운 조형성의 모색에 고심하고 있던 시기, 후지시마는 1913년 11월 조선 견문길에 올랐다.

이 시기 조선 방문의 구체적인 일정과 여행 목적에 관해서는 여전히 불명한 점이 많으나, 조선을 주제로 한 작품으로는 현재 『미술신보』에 실린 풍경 스케치를 포함해 13점 정도가 알려져 있다.(〈표 1〉)

---

176 高村光太, 『讀賣新聞』, 1911. 11. 20.

177 藤島武二談, 앞의 글, 1914.

〈표 1〉 조선관련 작품 목록

작품명	소장처 및 出品 이력
〈조선풍경〉	1913년, 캔버스에 유채, 42.3×64.6cm, 岩崎美術館
〈조선풍경〉	1913년, 캔버스에 유채, 79.4×116.6cm, 岩崎美術館
〈조선풍경〉	1913년, 캔버스에 유채, 63.5×89.6cm, 三重縣立美術館
〈조선부인〉	1914년, 종이에 유채, 파스텔, 77.9×29.2cm, 石橋美術館
〈조선부인〉	1914년, 종이에 유채, 파스텔, 77.1×29.3cm, 石橋美術館
〈조선 옷의 여인〉	1914년경, 종이에 연필, 38.5×24.8cm, 愛知縣美術館
〈조선 옷의 여인〉	1914년경, 종이에 연필, 32.5×14.0cm, 愛知縣美術館
〈花籠〉	1913년, 캔버스에 유채, 63.0×41.0cm, 京都國立近代美術館
〈玉手箱〉	『大阪每日新聞』 1914년 3월 15일 게재
〈花冠〉	東京大正博覽會 출품작, 1914년, 소재불명
〈조선 스케치〉1	「조선관광소감」, 『미술신보』 1914년 3월
〈조선 스케치〉2	「조선관광소감」, 『미술신보』 1914년 3월
〈조선 스케치〉3	「조선관광소감」, 『미술신보』 1914년 3월

개별 작품에 관해서는 전장에서 일부 다루었으므로 구체적인 언급은 피하겠으나, 이들 조선 연작과 관련해서는 크게 다음과 같은 특징이 관찰된다. 먼저 현실 재현과는 거리가 먼 점, 그리고 표현수법에 있어서는 〈꿈결〉에서 보여주었던 단순한 윤곽, 밝은 색채, 평면성 등이 강조되고 있다는 점이다. 예를 들어 이와사키(岩崎)미술관 소장의 〈조선풍경〉의 경우 중경을 생략하고 지평선을 화면 높은 곳에 설정해 화면에 평면성을 부여하는 한편, 초가집을 배경으로 쓰개치마의 여인들이 등장하는 모습은 비록 조선의 풍속이라고 하더라도 다른 일본인 화가들이 일반적으로 즐겨 그렸던 명소, 절경과는 차이가 있다. 게다가 인물화에 있어서는 인위적인 변형이 간취된다. 예컨대 〈꽃바구니〉에 보이는 양 갈래로 느슨하게 묶은 머리모양이나 세장하게 표현된 치마의 형태라든지 머리에 얹은 꽃바구니, 〈조선부인〉에 등장하는 솥 등은 조선 고유의 풍속과는 다른 것이다. 오히려 이러한 모습은 후지시마가 조선을 통해 상기했던 일본의 고대나 이탈리아를 연상케 하는 것으로[178] 그가

유사성을 바탕으로 복식에 변형을 꾀하고 있음을 알 수 있다.

물론 일본을 프랑스에 대비되는 근대로 보고, 이탈리아와 조선을 현실에서 떼어 내어 발전 가능성이 없는 고대성과 결부시키는 그의 언설에 오리엔탈리즘과 고착된 제국주의의 차별적 시선이 감지되는 것은 부정하기 어렵다.[179] 그러나 이와 동시에 조선을 과거와 연관시켜 이탈리아, 고대 일본과 동일시하는 시선은 조선을 과거와 현재, 동양과 서양이 혼재된 공간으로 바꾸어 놓는다. 〈꽃바구니〉와 〈조선부인〉에 보이는 비사실적인 모습들은 조선 여행 이전의 작품이, 예를 들어 햇볕 드는 창가에서 편지를 읽는 여인의 모습을 담은 〈행복한 아침〉이나 막 잠에서 깬 듯 소파에 누워 정면을 응시하는 평범한 일상의 한 장면을 담고 있었던 〈꿈결〉과 같은 작품과는 사뭇 다르다. 조선 경험은 후지시마에게 현실의 재현적 묘사에서 벗어나 당시 그가 "후기 인상파에 영향을 받거나 혹은 받으려고 하는 자는 그다지 사실이라는 것에 관점을 두지 않는다."[180]라고 주장했던 창작의 자율성을 부여했던 것이다.

한편 조선 여행 이후 후지시마의 작품에는 동양적인 주제와 더불어 비사실적, 장식적 경향이 짙어진다. 제9회 문전에 출품한 중국 복식의 여인을 그린 〈향기〉를 비롯해 구름의 변화무쌍한 모습을 단순 명료하게 그린〈하늘〉, 그리고 제10회 문전에는 시즈오카(静岡)현 하마나(浜名) 호수의 풍경을

---

178 후지시마는 조선에서 "일본의 8세기대의 두리마리 그림"을 떠올리며, 한편으로 "조선은 반도이면서 대륙적인 곳이 있는 것 같습니다. 대륙의 지세를 받아 돌출된 지형이 이탈리아를 연상케 합니다만, 그 지역의 풍물이 또한 이탈리아를 닮은 점이 많은 듯 합니다."라며 이탈리아와의 유사점을 지적하고 있다. 藤島武二談, 앞의 글, 1914.

179 고지마 가오르는 후지시마의 '서양'에 대한 인식이 단순히 '근대'를 의미하는 것이 아니라, 프랑스와 이탈리아를 근대와 과거라는 대조적인 시선으로 바라보고 있음을 지적하고, 이를 다시 일본과 아시아에 대비하고 있음을 밝히고 있다. 兒島薫, 「藤島武二における〈西洋〉と〈東洋〉」, 『美術史家, 大いに笑う』, ブリュッケ, 2006. 4, p.402.

180 藤島武二, 「足跡を辿りて」, 『美術新論』, 1930. 4·5.

그림 8
藤島武二, 〈静〉, 1916년, 도쿄국립박물관

나비파를 연상시키는 평면적인 구성을 통해 그려 낸 〈静〉(그림 8)을 출품한다. 당시 "심미가 결여된 형식 본위의 작품"[181]이란 비난을 받으면서도 후지시마가 이러한 장식적, 평면적 경향을 추구하고자 한 데에는 당시 화단의 동양회귀라고도 할 수 있는 흐름과 밀접한 관련이 있었던 것으로 보인다.[182]

전술했듯이 당시 문전을 중심으로 서양화단 내에서는 장식성, 평면성을 강조한 그림들이 높은 평가를 받고 있었다. 특히 주목할 것은 이러한 장식성이 당시 일본적인 특징으로 평가 받고 있다는 사실이다. 구로다 세이키는 1911년 발표한 글에서 최근 그림들이 점차 장식적인 경향을 띠어 가고 있음을 언급한 뒤에 이러한 장식성을 고취시켜 일본 미술이 세계적으로 어깨를 나란히 할 수 있기를 희망한다고 말하고 있다.[183] 실제 당시 화단에는 "현재 예술계의 상황을 보면 일본취미 상에서 장점을 구하려는 경향이 특

---

181 石井柏亭, 『多都美』 1915. 11·12합호.

182 1910년에서 20년에 걸쳐 화단에서는 다나카 도요조(田中豊藏)의 「南畵新論」(『國華』, 1912. 3~1913. 10)을 비롯해 다수의 논고가 일본 미술의 카논에서 제외되었던 남화를 재평가하고, 후기인상파, 표현주의와의 유사성을 지적하는 한편, 후기인상파의 신경향을 '일본 취미' 내지는 '남화의 묘법' 등 일본적, 동양적 화풍으로 평가하는 경향이 현저해 졌다.

183 黒田清輝, 「愉快に樂しむ繪」, 『多都美』, 1911. 11.

히 현저하다. 이는 서양 심취에서 깨어나 '일본'이라는 것을 자각했기 때문이다. 재래의 일본화가는 말할 것도 없고 서양화가들조차 일본취미를 띠게 되었다."[184]라며 서양 문화를 있는 그대로 수용하기보다 서양의 표현방법과 어휘를 차용해 일본의 독자적인 세계를 구현하고자 하는 경향이 장르의 구분 없이 뚜렷해지고 있었다.

후지시마 역시 귀국 직후 "서양화가 언제 일본적인 그림"[185]이 될 것인가를 고민하며, "서양의 추종적인 상황에서 벗어나 일본의 독자적인 예술"[186]을 만들 것을 강조하는 태도를 보인다. 조선 여행 이후 현저해 지는 후지시마 화풍의 장식성, 동양적 취미는 이러한 일본의 독자적인 예술을 추구하던 당시 화단의 움직임과 무관하지 않았던 것으로 생각된다. 후지시마의 조선 연작에 보이는 주제에 있어서의 동양회귀, 그리고 장식성, 평면성, 비사실적 경향 등은 실은 새로운 수법을 통해 일본적인 유화를 모색하고자했던 후지시마의 고심의 흔적이라 할 수 있을 것이다.

4. 또 다른 언설, 〈獻花(金剛幻想)〉

후지시마가 75세의 나이로 세상을 떠났던 1943년, 한국 근현대시를 일본어로 번역한 시집이 세상에 나왔다. 일본에 의한 언어, 문화 말살정책이 정점을 달하는 시기에 조국의 시를 지배국의 말로서 출판했던 것은 바로 金素雲역 『조선시집』(전기, 중기)이었다.[187] 그 중 『조선시집-전기』의 속표지에 출판 당시에는 이미 유작이 되어 버린 후지시마의 〈獻花(금강환상)〉(그림 9)

---

184 藤懸靜也, 「大和繪復興の氣運」, 『多都美』, 1913. 8.

185 「新歸朝洋畵家の會合」, 『美術新報』, 1910. 11.

186 藤島武二, 『美術旬報』, 1918. 4.

187 『朝鮮詩集-前期』(興風館, 1943. 8)의 서문에 의하면 당초 김소운은 전기, 중기, 후기의 세권을 기획했으나, 원작의 수집이 곤란해짐에 따라 결국은 전기, 중기(1943. 10)의 간행에 그쳤다.

그림 9
藤島武二, 〈헌화(금강환상)〉, 『조선시집-전기』, 1943. 8

이 게재되어 있었다. 돌산을 배경으로 반라의 여성이 꽃바구니를 머리에 얹고 있는 모습은 첫 조선방문에서 완성한 〈꽃바구니〉를 연상시키다.

일종의 프리미티비즘적 경향을 첨가한 후지시마의 삽화에 관해서는 최근 "조선의 후진성, 야만성을 강조한 저의를 찾아 식민지 지배하에 놓여진 조선의 상황이 지배되어야 할 대상으로서의 여성을 향한 멸시와 중첩되어 있다"라고 해석되어, 후지시마의 식민지 조선에 대한 차별적 시선을 폭로하는 증좌로 언급되기도 했다.[188] 그러나 역으로 이러한 상반신을 노출한 반라의 모습은 보는 사람에게 식민지 조선에 대한 어떠한 정보도 주지 않는다. 게다가 여성의 몸을 감싸고 있는 한 장의 긴 치마는 동양과 서양, 현재와 고대의 시간적 공간적 구분을 불가능하게 한다. 오히려 문제는 반라의 여성에 보이는 프리미티비즘적인 경향 보다는 시대와 공간을 초월한 보편성에 있다고 할 수 있다. 국가, 민족의 구분을 필요치 않는 이러한 모습은 당시 일본이 동양의 맹주로서 아시아의 다양한 민족을 일체화하여 대동아공영권을 건설하고자 했던 역사적 사실과 무관하지 않아 보이기 때문이다.

〈獻花〉가 만들어내는 일체화된 아시아의 일부로서의 조선의 모습은 같은 시집에 실린 시인 사토 하루오(佐藤春夫)의 추천사에 보다 구체적으로 쓰여 있다.

188 稲賀繁美, 「〈詩の翻譯は可能か?〉金素雲『朝鮮詩集』の翻譯と土田麥僊の風俗畫を繫ぐもの- 植民地繪畫の解讀のために」, 『あいだ』90호, 『あいだ』の會, 2003. 6. 20, pp.8-9.

> "아시아의 詩心은 생활 방식과 함께 먼저 중앙아시아를 거쳐, 중국대륙에서 그리고 드디어 우리들의 조국에서 순차적으로 전통의 모습을 잊어가고 있다. 지금은 이를 역사이외의 어디서 찾을까 불안하게 생각하는 오늘날, 뜻밖에 구미 문물의 직접적인 침략에서 벗어난 아시아의 어느 반도에 순수한 아시아의 시심이 「유색의 구름」이 되어 떠올라 폐허와 같이 잔존하고 있는 것을 발견한 것은 자신에게 있어 근래 가장 큰 쾌거였다. (중략) 반도의 풍물은 그리고 그러한 詩情은 나 자신에게 있어 절로 그리운 것을 다수 생각하게 한다."[189]

이미 일본에서는 사라져 가는 전통을 현재의 조선에서 찾는 사토의 모습은 「조선관광소감」에서 "조선은 모든 점에 있어 古來로부터 별다른 변화나 진보가 없었기 때문에 복장에 있어서는 지금도 여전히 고대의 面影(모습)이 남아있는 것처럼 생각됩니다."라며 조선에서 일본 과거를 연상하는 후지시마와 닮아 있다. 사토가 조선의 시에서 역사의 뒤안길로 사라져 가고 있던 '아시아의 詩心'을 발견한 것과 마찬가지로 후지시마 또한 고대의 그림자가 남아있는 한복에서 아시아를 하나로 연결할 수 있는 가능성을 발견했다고 할 수 있다. 그런 점에서 금강산을 배경으로 시공을 특정할 수 없는 복장의 여성을 배치한 〈獻花〉은 "인물에 의복 등을 입히면 시대에 제약된다"[190]라고 주장하며 마지막까지 그가 완성하고자 했던 "동양의 전형미"[191]에 대한 실천이기도 했던 것이다.

---

189 金素雲역, 『朝鮮詩集-前期』, 興風館, 1943. 8, pp.10-11.

190 『帝國大學新聞』, 1925. 5. 25.

191 藤島武二, 「足跡を辿りて」, 『美術新論』, 1930. 4·5 (『藝術のエスプリ』, 中央公論美術出版, 1962. 2, p.219 재수록).

제2부

표상의 공공성
: 일본 근대벽화의 전개와 조선

1장 일본 근대 벽화의 흐름

설치 장소를 전제로 하는 벽화는 회화의 자율성이 보장되는 타블로와 달리 주제 선정에서 표현 방법에 이르기까지 외부와 연결된 사회 공간과의 관계가 중요한 과제가 된다. 특히 국가 주도 공공 시설물의 경우에는 화가 개인의 창의성보다 '공공성', '사회적 기능' 등이 절실히 요구되게 된다. 본 장에서는 이러한 근대 벽화의 '公的' 기능이라는 관점에 주목하여, 식민지 조선을 주제로 한 벽화의 사례들을 살펴보고자 한다.

일본에서 서양화 기법에 의한 벽화[1]가 본격적으로 제작되기가 시작한 것은 청일·러일전쟁을 전후해 일본이 근대 국가로서의 체제를 정비하기 시작한 1900년대부터이다. 은행, 극장, 철도역 등 근대적 공공시설을 비롯해 궁전, 저택 등이 서양식 건축물로 건립되는 가운데 그 내부를 벽화가 장식하기 시작했다. 오카다 사부로스케(岡田三郎助)의 고쥰샤(交詢社) 벽화(1910)를 비롯해 와다 에이삭(和田英作)이 1911년에 완공한 제국극장 천정화 및 벽화, 구로다 세이키(黑田淸輝)를 중심으로 한 中央停車場 벽화(1914), 마츠오카 히사시(松岡壽)가 제작한 오사카(大阪) 중앙공회당의 벽화 및 천정화(1918) 등 일본 근대 벽화는 최초의 전성기를 맞이하게 된다(〈표 1〉 참조).

이들은 훗날 후지타 츠구하루(藤田嗣治, 1886~1968)가

> "메이지 이래 우리나라(일본)에 벽화가 없었던 것은 아니며 역사적 題材에 의해 국가의 명예를 표현하고 국민 도덕 교육에 이바지 하거나 역사의 참고자료의 의미를 가진 벽화가 정부의 사업으로 이루어진 것은 있다."[2]

---

1 이 시기 제작된 벽화는 대부분 직접 벽면에 그림을 그리는 프레스코 기법과는 달리 캔버스 등의 타블로 형태를 벽면에 설치하는 방식이었다.

2 藤田嗣治, 「壁畵の新しい方向」, 『アトリエ』, 1936. 7, p.3.

라고 언급한 역사, 신화, 전설 등을 주제로 한 공공건축의 벽화였으며, 단순히 벽면을 장식하는 심미적인 목적 이외에 대중을 계몽하는 사회적 기능을 지닌 벽화가 근대 국가로서 주요 시설을 장식했다. 그런데 이처럼 '일본'의 역사, 전통을 적극적으로 언급하는 경향은 1910년대 후반부터 변모되기 시작한다. 화조 영모 계통의 전통적인 畵題나 엄격한 시대고증에 근거한 역사, 신화적인 주제에서 벗어나 사상이나 관념적인 내용들이 새롭게 등장한 것이다.

본 장에서는 이러한 변화의 선구적인 작품으로 당시 "畵題의 레코드를 파괴한 하나의 신기원"으로 언급되었던 중앙정차장(현 동경역) 벽화에 주목하고자 한다. 실제 근대 산업을 주제로 제작된 본 벽화는 일본 서양화의 선구자로 불리는 구로다 세이키가 당시 추진하고자 했던 '구상화'의 실현이자 이후 일본 근대 벽화의 변화를 예고하는 것이기도 했다.

따라서 본고에서는 중앙정차장 벽화 제작의 전·후 시기인 1900~1930년대를 중심으로, 종래 단편적인 언급에 그쳤던[3] 일본 근대 벽화의 흐름을 개괄하고, 초기의 和洋절충 및 역사 고증을 중시하던 경향에서 1920년대 이후 時·空을 초월한 상징적 공간으로 전개되는 과정을 구체적인 사례를 통해 살펴보고자 한다. 회화의 자율성을 중시하는 이른바 후기인상파의 등장과 역사화의 쇠퇴 속에서 일본 근대벽화는 구로다의 구상화를 계승하는 새로

3 일본의 근대 벽화를 다룬 논고는 다음과 같다. 林洋子, 「藤田嗣治の1930年代 (1) -裸婦と戰爭畵をつなぐもの」, 『日本美術史の水脈』, ぺりかん社, 1993; 藏屋美香, 「裝飾の系譜-壁畵から壁面へ」, 『交差するまなざし』展, 東京國立近代美術館, 1996; 藏屋美香, 「壁畵の流れと東京府養成館の國史壁畵」, 『視覺の昭和1930-40年代-東京高等工芸學校のあゆみ (2)』展, 松戸市教育員會·松戸市文化振興財団, 1998; 藏屋美香, 「壁畵とタブロー-1910-1940年代」, 『講座日本美術史』6, 東京大學出版會, 2005; 졸고, 「조선총독부 벽화에 대한 고찰: "내선일체"의 표상에서 "근대벽화"로」, 『미술사논단』26, 한국미술연구소, 2008; 졸고, 「조선호텔벽화와 식민지 근대벽화의 공적 기능」, 『미술사학연구』290, 한국미술사학회, 2016; 『국립중앙박물관 소장 일제강점기 공공건물 벽화』, 국립중앙박물관, 2018.

운 경향으로 변모되어 갔다고 할 수 있다.

그리고 이러한 변화의 과정이 大東亜共榮圈으로 상징되는 일본 제국주의의 영토 확장과 궤를 일치하고 있다는 점에서, 본 소론이 근대기 벽화에 부여된 공적 역할과 더불어 제국을 넘어 식민지에 설치되었던 다수의 벽화 사례를 살펴보는데도 유효한 관점을 제공할 것으로 기대한다.[4]

1. 1900~1910년대 벽화

1) 和洋折衷의 유행

일본에서 서양식 건축물이 본격적으로 조성되기 시작한 것은 1890년대 이후로, 이 시기에 서양식 외관과는 달리 실내에는 국수주의적인 색채가 농후한 和洋절충의 장식이 유행하고 있었다. 예를 들어 1896년에 준공한 일본은행은 석조 바로크풍의 순수한 서양식 건물이었으나, 그 중심부에 해당하는 귀빈실은 일본 전통과 서양풍이 혼합된 화양절충의 실내 장식으로 꾸며져 있었다. 천정에는 봉황이 그려졌으며 벽에는 일본의 대표적인 명소인 오우미(近江)八景을 직조한 공예품이 부착되어 있었다.(그림 1)

이 외에도 제국호텔의 담화실에 걸려 있었던 서양화가 야마모토 호스이(山本芳翠)의 2점의 벽화 〈목동과 벚꽃〉(1891) 역시 현재 도판으로만 확인 가능하나, 섬세한 필치의 花鳥 및 나무의 묘사는 전통적인 일본화를 연상케 한다.[5](그림 2)

이처럼 초기 서양식 건물 내부에는 외관과는 달리 근세의 四季花鳥畵를 유화로 번안한 작품들이 다수 설치되었다. 서양화의 선례가 없었던 일본에서 전통적인 실내 장식의 계보를 잇는 화제의 선택은 당연한 결과였을 것

---

4 식민지에 건립된 대표적인 벽화로는 공진회미술관 천정화 〈비천〉(1915)을 비롯해 조선호텔 벽화(1915), 조선총독부 벽화(1926), 국체명징관 벽화(1942), 타이완총독부 벽화(1919), 滿洲國國務院청사 벽화(1936) 등이 확인된다.

5 『山本芳翠の世界展』, 朝日新聞社, 1993, p.124.

그림 1
〈近江八景〉, 일본은행본점 본관 귀빈실, 1896년, 東京

그림 2
山本芳翠, 〈목동과 벚꽃〉, 제국호텔담화실, 1891년, 東京

으로 추정되나, 한편으로는 급속한 서구화 속에서 일본 지식층들이 스스로의 정체성을 투영한 사례로도 해석된다.[6] 이 시기 서양 건축의 실내장식에 보이는 이러한 내셔널리즘적인 경향은 이후에도 일정 기간 지속되는데, 대표적인 사례가 황태자(이후 大正天皇)의 처소였던 아카사카(赤坂) 離宮의 벽화이다.

아카사카 이궁(현 영빈관)은 일본 근대 건축을 대표하는 가타야마 도쿠마(片山東熊)의 설계로, 1899년에 공사가 시작되어 10년 후인 1909년 완공되었다. 미국, 영국, 프랑스 등 서구 각국의 궁전 건축을 참고하여 조영된 일본 유일의 네오 바로크양식의 궁전으로, 메이지를 대표하는 최고 수준의 건축, 미술, 공예 기술이 집대성 되었다. 지하 1층, 지상 2층의 궁전 내부는 2층이 공식 접견, 국가적인 응대, 의전에 사용하는 공적인 공간으로, 1층은 황태자 부부의 생활을 위한 사적 공간으로 구성되었으며 동쪽을 황태자, 서쪽을 황태자비의 공간으로 분리하여 상하로는 公私를, 동서로는 남여를 명확히 구분하는 실내 구성으로 완공되었다.[7]

---

6 小泉和子, 「明治期の洋風室内装飾にみるナショナリズム」, 『日本の美學』제18호, ぺりかん社, 1992, pp.124-147.

7 島由美子, 「赤坂離宮の室內裝飾の調達·製作實態」, 『日本建築學會計畫係論文集』603호,

실내 장식 역시 2층에 비해 1층이 간소하며 천정이 낮아 公私의 구분을 의식한 것을 알 수 있다. 예를 들어 2층에 설치된 花鳥의 방, 羽衣의 방, 朝日의 방, 彩鸞의 방과 같은 큰 연회실은 특히 화려한 실내장식으로 꾸며졌는데, 그 중 화조의 방은 화훼조수의 유화 36점을 설치한 일본풍의 실내장식으로 완공되었다. 화조영모 등은 에도(江戶)시대까지 일상적으로 사용되던 障壁畵[8]의 주요 화제였으며, 유사한 예는 2층 동서 객실에 있는 사냥의 방과 공작의 방에서도 확인된다.

공작의 방 실내 건축은 프랑스 18세기 말의 양식을 따르고 있으나, 이와는 대조적으로 천정에는 유화로 제작된 화조화가 설치되었다. 또한 벽면에는 일본화 화가 이마오 게이넨(今尾景年)이 그린 〈孔雀花瓣圖〉를 바탕으로 완성한 “공작과 牧丹, 文鳥, 벚나무를 자수로 수놓은 것”[9]으로 꾸며, 방 전체가 화조를 모티브로 장식되었던 것을 알 수 있다.(그림 3)

그림 3
공작의 방, 赤坂 離宮, 1909년, 東京

2006. 5, pp.183-189.

8 쇼헤키가(障壁畵)는 일본에서 건축물의 실내를 장식하는 회화를 총칭하는 단어로, 성이나 사찰, 또는 귀족들의 대규모 주거 건물의 내부의 벽면, 미닫이 문, 병풍, 천정 등에 그린 그림을 말한다.

9 『明治工業史-建築編第五編』, 明治工學會, 1928, p.373.

한편, 공작의 방과 대칭에 위치한 사냥의 방 천정에는 유화로 그린 화조를 배치하고, 벽 정면에는 서양화가 아사히 츄(淺井忠)가 그린 〈古武將出狩圖〉를 밑그림으로 직조한 綴織[10](川島甚兵衛 담당)이 걸려 있었다.[11] '武將'이라고 하는 주제는 일본의 합전도 병풍이나 다색 목판화인 니시키에(錦繪)에 등장하는 武將繪의 전통을 계승하는 것으로, 1880년대부터는 역사화에서도 적극적으로 다루어지던 주제였다. 예를 들어 1890년 제3회 내국권업박람회에 출품되었던 소야마 사치히코(曾山幸彥)의 〈武者試鵠圖〉, 고보리 도모토(小堀鞆音)의 〈武士〉(1897) 등 이 시기 제작된 무사상은 "무인이면서 非武裝의 문학적, 有職故實적인 주제로서 혹은 충군을 중심으로 한 무사도 정신을 바꿔치기한 尊皇애국의 주제"[12]로서 근대회화에 중요한 위치를 획득하고 있었다.

이처럼 아카사카 이궁은 서양으로부터 전승된 서양 고전 양식의 실내장식을 따르면서도 세부에는 일본적 주제가 다수 사용되고 있었던 것을 알 수 있는데, 이는 前代의 절충양식의 흐름을 계승함과 동시에 황태자의 처소로서 일본의 국력과 국가 의식을 반영한 것으로 볼 수 있다.

2) 역사, 신화의 융성

한편, 1910년대가 되면 화양절충의 양식이 지속되는 가운데 역사, 신화적인 주제를 다룬 벽화들이 본격적으로 제작되기 시작한다. 이른 사례로 1880년 도쿄 긴자(銀座)에 게이오(慶應)義塾(현 게이오대학) 관계자를 위해 설립된 사교 클럽 고쥰샤(交詢社)의 벽화를 들 수 있다. 서양화가 오카다 사브로스케(岡田三郎助)가 1910년 연예실 내부 벽면에 설치한 〈9명의 뮤즈〉는[13]

10 철직은 서양의 태피스트리(tapestry)를 지칭하는 것으로, 위사에 2색 이상의 색실을 사용하여 회화적인 문양을 나타낸 직물이다.

11 아사히는 1905년 東宮御所造營局으로부터 본 타피스트리의 밑그림 제작을 의뢰 받았으며, 다음 해 5월에 완성했다. 이후 타피스트리가 완성된 것은 7년 뒤인 1913년 7월로, 그 이전까지는 아사히의 밑그림이 벽면에 부착되어 있었다.

12 佐藤道信, 『〈日本美術〉誕生—近代日本の「ことば」と戰略』, 講談社選書メチエ92, 1996, p.119.

1923년 관동대지진으로 소실되어 현재 남아 있지 않으나, 『美術新報』에 실린 오카다의 담화[14] 및 현존하는 사진 도판, 습작 등을 통해 태양신 아폴로를 중심으로 칼리오페, 클리오, 테르프시코레, 오이테르페 등 예술과 관련된 9명의 여신을 3개의 패널로 나누어 횡폭으로 구성한 것을 알 수 있다.(그림 4)

그림 4
岡田三郎助, 〈9명의 뮤즈〉 (『趣味』 1910년 3월호)

게다가 전술한 『美術新報』 기사에 의하면 연예실에는 오카다의 작품 이외에 무대 상부에는 와다 에이삭, 하세가와(長谷川), 쿠노리 시로(九里四郎)의 작품이, 그리고 무대 쪽 중앙에는 미타니 쿠니지로(滿谷國四郎)의 일본 神代를 주제로 한 〈岩戸神樂〉[15]가, 그리고 그 좌우에는 와타나베(渡辺)가 그린 덴표(天平)시대 풍속이 설치되어 있었다.

이들의 구체적인 도안은 현재 알 수 없으나, 전체적으로 일본 고대를 배경으로 하고 있는 점, 그리고 선행연구가 언급하고 있듯이 오카다의 〈9명의 뮤즈〉와 미타니의 〈岩戸神樂〉[16]은 신들의 춤과 노래를 주제로 하는 점에서

13 고쥰사는 1910년 건축가 요코가와 다미스케(横河民輔)에 의해 개축이 이루어지게 되는데, 이때 완성된 연예실의 벽화를 오카다에게 외뢰했다.

14 “한 가운데 아폴로가 있다. 아폴로 apollo는 유피테르와 레톤 사이에서 태어난 신으로, 고대 희랍인이 태양을 신격화한 것으로, 천연 숭배로부터 출현했다. 처음에는 남성적인 신으로 표현되었으나, 이후에 여성적으로 변모되었다. 아폴로의 왼쪽에 있는 것이 Caliope 그 아래 있는 것이 Clio, 아폴로의 오른쪽에 있는 것이 Terp□ichore, 그 아래 있는 것이 Euterpe이다.” 田三郎助氏談, 「九つのミュウズ」, 『美術新報』 제9권 7호, 1910. 5, p.12.

15 이와토 카구라(岩戸神樂)은 일본 건국신화에 등장하는 태양신 아마데라스 오가미(天照大神)가 동생인 스사노오노 미코토(須佐之男命)의 행패를 보다 못해 동굴 속에 은둔하자 세상이 어둠에 휩싸이게 되고, 이에 다른 여러 신이 그녀를 달래기 위해 연주했다는 민속음악이다.

공통되며, 이는 연예실이라는 공간의 특성을 고려한 선택이었다고 할 수 있다. 고쥰사 벽화에 보이는 역사, 신화적인 주제는 이후에도 지속적으로 등장하는데, 또 다른 사례로 오카다와 와다가 1911년에 제작한 제국극장 벽화가 있다.

제국극장은 파리의 오페라좌를 의식해 만든 프렌치 르네상스 양식의 건물로, 벽화는 관객석의 천정과 식당, 귀빈 휴게실에 설치되어 있었다. 본 벽화 역시 1923년의 관동 대지진으로 소실되어 현재는 남아 있지 않으나, 준공 다음 달인 1911년 3월호 『美術新報』에는 제작을 담당했던 두 화가의 담화가 게재되어 있어 대략적인 내용을 추정할 수 있다.

이 기사에 따르면 와다는 관객석 천정화로 "謠曲 羽衣"의 한 장면을, 그리고 2층 식당에는 "역대 풍속을 12개월로 나누어 나타낸 것"을 선정했는데, 이는 모두 극장이라는 장소를 고려한 오락과 관련된 주제였다.[17] 먼저 천정화는 중앙의 샹들리에를 중심으로 총 13개의 패널을 이중으로 배치하여 천녀가 승천하는 장면을 묘사했다.(그림 5) 특히 40여 명의 천녀들은 모두 덴표(天平)

그림 5
和田英作, 〈羽衣〉, 1911년, 제국극장 천정화, 소실

16 橋富博喜, 「岡田三郎助の壁畫制作—《九つのミューズ》を中心に」, 『日本近代洋畫の精華-岡田三郎助』, 佐賀縣立美術館, 1993, pp.120-125.

17 「天井及び食堂の裝飾畵」, 『美術新報』10권 5호, 1911. 3. 1.

풍의 복식을 하고 각종 악기, 향로, 장미꽃 등을 들고 천상을 부유하고 있는데, 이는 당시 급속히 진전되고 있었던 역사 고증의 성과를 반영한 것이었다.

일본은 1880년부터 쇼소인(正倉院)을 필두로 전국의 사찰과 신사의 건조물 및 유물에 대한 조사를 실시했으며, 이를 통해 아스카(飛鳥), 덴표시대를 중심으로 한 일본 고대미술의 양상들이 밝혀지기 시작했다. 제국극장 천정화의 천녀들은 이러한 성과를 바탕으로 당시 정착되었던 둥근 얼굴에 양옆으로 늘어진 髮型을 한 독특한 풍모의 덴표 부인상으로 재현되었다. 그리고 벽화에 등장하는 공후, 비파 등의 악기 역시 쇼소인의 유물 복원을 통해 고증된 이미지였다.[18]

한편, 2층 식당에는 놀이와 관련된 헤이안(平安)시대부터 메이지시대까지의 풍속이 12개월로 나누어 그려졌다. 와다의 담화에 의하면 세장형의 긴 벽면 좌우에는 각각 1~6월, 7~12월까지의 풍속이 설치되었으며,[19] 6월과 7월, 12월과 1월 사이에는 각각 에도시대 화가였던 고린(光琳)과 작추(若冲)를 혼합한 수법으로 四季의 꽃을 그렸다고 한다.(그림 6, 그림 7) 특히 식당의 벽화는 月次繪의 전통적인 화제를 "물론 유화이기는 하나 일본의 오랜 니시키에(錦繪)의 정취를 낼 예정으로 선 등을 사용"해서 평면적이며 장식성이 강한 작품으로 완성했다.[20]

---

18 제국극장 천정화 〈우의〉에 대해서는 다음 논문에서 구체적으로 다루었다. 졸고, 「근대 羽衣 天女 圖像의 변용-'일본'에서 '아시아'적 천녀로」, 『석당논총』76, 2020, pp.85-107.

19 벽화의 구체적인 주제는 다음과 같다. 1월부터 6월까지의 행사로 明治의 카드놀이(歌留多遊び), 아시카가(足利)시대의 接木, 文化文政의 히나마츠리(雛祭), 겐로쿠(元祿)시대의 花見, 가마쿠라(鎌倉)시대 가모(賀茂)의 경마, 明治의 梅雨晴를 배치하고, 반대편에는 7월부터 12월까지를 주제로 明治의 해수욕, 모모야마(桃山)시대의 觀月, 헤이안(平安)朝의 솜 덮개(着せ綿), 足利時代의 매사냥, 텐보(天保)시대의 雪見船, 明治의 새해 시장(歲市)이 설치되었다.

20 「天井及び食堂の装飾畫」, 앞의 잡지.

그림 6
제국극장 2층 식당 전경

그림 7
〈二月 足利시대의 接木〉, 제국극장 2층 식당벽화
(『美術新報』10권 5호)

이 외에 역사, 신화적인 주제와 관련해 오사카(大阪) 중앙공회당에 설치된 마츠오카 히사시(松岡壽, 1862~1944)[21]의 벽화가 주목된다. 오사카 나가노시마(中之島)에 건립된 중앙공회당은 1918년에 완공된 네오 르네상스 양식의 건물로, 벽화는 3층 귀빈실(현 특별실)의 남북 벽면과 천정, 서쪽 벽면(천정쪽 櫛型 벽면)에 설치되었다.[22] 1917년 가을에 당시 서양화단의 중진이었던 마츠오카에게 의뢰하여 1918년 7월 19일에 완성되었다.

벽화 주제 선정에 있어서는 동경제국대학의 미카미 산지(三上參次)와 구로이타 가츠미(黒板勝美) 교수의 의견에 따라 상공업도시 오사카에 어울리는 내용을 『古事記』와 『日本書紀』에서 구하기로 하고, 최종적으로 〈천지개벽〉, 〈仁德天皇〉, 〈工神 후도타마노미고토(太玉命)〉, 〈商神 스사노오노미고토(素盞嗚尊)〉의 4개 주제가 선정되었다.[23] 완성된 벽화는 중앙 천정에

21 마츠오카는 1876년 工部美術學校 창설과 함께 입학하여 이탈리아 풍경화가 폰타네시(Antonio Fontanesi)에게서 서양화를 습득하고 1879년에 이탈리아 유학, 로마미술학교에서 수학했다. 파리를 거쳐 1888년에 귀국하여 東京高等工業學校, 도쿄미술학교 교수로 부임하여 미술교육에 힘쓰는 한편, 아사이 츄(淺井忠) 등과 함께 메이지미술회를 결성하여 활약했다.

22 『特別展示 80年の歩み』, 大阪教育委員會, 1998.

23 다만, 처음부터 4개의 주제가 모두 결정된 것은 아니었던 것으로 보이는데 마츠오카는 당시 신문 인터뷰에서 〈천지개벽〉, 〈仁德天皇〉만으로는 "현재와 장래의 오사카를

그림 8
중앙공회당 3층 귀빈실, 1918년, 大阪

이사나기(伊邪那岐)와 이사나미(伊邪那美) 두 신이 일본을 창조하기 위해 아마츠(天)의 신에게서 하늘의 瓊矛(옥으로 만든 창)을 전달 받는 극적인 순간을, 서쪽 상부의 반원형의 벽에는 인가의 굴뚝에서 연기가 나지 않는 것을 보고 세금을 감면했다는 仁德天皇의 故事를 충실하게 재현했다.(그림 8)

〈商神 素盞嗚尊〉는 북측 벽면에 세 개의 패널로 완성되었는데, 바다를 배경으로 3명의 인물이 토기, 묘목 등과 함께 그려졌다.(그림 9) 특히 한반도 전래설이 있는 무를 비롯해 곡옥, 동경, 고분시대 출토 토기인 스에기(須惠器) 등은 고고학적인 성과를 반영한 것으로, 스사노오와 아들 이소타케루노카미(五十猛神)가 하늘에서 추방당해 신라국으로 강림하여 소시모리(曾尸茂梨)에 살았다고 하는 『日本書紀』의 기록에 의거한 것으로 보인다.

한편, 남측 벽면에 설치된 〈工神 太玉命〉는 하늘의 바위굴(石屋戶) 신화에 등장하는 비추기 나무 장식(サカキの飾り)을 주제로 하고 있다.(그림 10) 太玉命은 바위굴에 숨은 아마데라스(天照大神)에게 옥, 거울, 흰색과 청색의 비단으로 장식된 비추기 나무를 받쳤던 신으로, 화면에는 이러한 기물을 만드는 장면이 그려졌다. 이처럼 마츠오카는 『日本書紀』 등에 등장하는 신화의 내용을 동원하여 素盞嗚尊을 상업의 신으로, 太玉命을 공업의 신으로 변

표상하는데 충분하지 않다"라고 하여 상업의 신과 공업의 신을 상징하는 태고의 사례 가운데 상공업이 발달된 지금의 오사카를 축복하기 위해서 太玉命와 素盞嗚尊를 추가했다고 언급하고 있다. 橋爪節也, 「商工都市"大阪"を象徵する神話世界」, 「近代大阪の象徵—特別室天井畵·壁畵」, 1998.

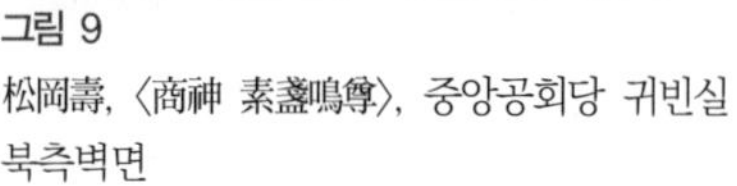

그림 9
松岡壽, 〈商神 素盞嗚尊〉, 중앙공회당 귀빈실 북측벽면

그림 10
松岡壽, 〈工神 太玉命〉, 중앙공회당 귀빈실 남측벽면

용함으로써 일본 최대의 상공업 도시 오사카를 상징적으로 나타내고자 했다.

그리고 이 같은 시대 고증에 대한 의식은 거의 같은 시기에 완성된 타이완총독부 벽화에서도 엿보인다. 1920년 오카다 사부로스케(岡田三朗助)가 타이완총독부 청사 정면홀을 위해 제작한 2점의 벽화는 타이완 全土를 평정하기 직전에 서거하여 타이완신사에 봉안된 기타시라가와노미야 요시히사신노(北白川宮能久親王, 1847~1895)를 주제로 삼은 작품이다. 현재는 소재불명으로 부분적인 밑그림 밖에 확인할 수 없으나 당시 『臺灣日日新聞』에는 벽화 제작에 관한 몇 가지 기록이 남아있다.[24]

時 期	滯在內容	出 典
1919.1.7.-17	岡田三郎助、총독부벽화제작을 위해 來台 澳底、淡水港、高雄에 사생	『台日』1919.1.7,9,10,11,14,15,18,20
1920.4	岡田三郎助、총독부벽화를 위해 체류 《北白川宮殿下澳底登陸》	『台日』1920.4.1,2
1921.1.8-24	岡田三郎助、총독부벽화 수정을 위해 來台 일주일 간 체류	『台日』1921.1.9

24 위 신문기사는 顔娟英編著, 『台湾近代美術大事年表』, 雄獅美術, 1998을 참조했다.

이를 통해 벽화가 완성된 것은 1920년 4월 초순경으로, 1919년에는 벽화 제작을 위한 취재여행으로 타이완을 방문한 것을 알 수 있다. 즉, 1919년 1월 7일부터 10일 정도 오카다는 기타시라가와노미야의 첫 상륙지인 타이완 북부의 아우디(澳底)에 여러 번의 사생여행을 가기도 했다. 유작전 도록에는 이러한 사생의 성과가 반영된 밑그림 〈北白川宮殿下之澳底登陸〉, 〈타이완 神社〉가 게재되어 있다.(그림 11) 흑백의 작은 도판이지만 사실적인 수법을 사용하여 역사적인 사실을 주제로 삼고 있었음이 확인된다. 현재 사가(佐賀)현립미술관에는 유작전에 출품된 것으로 보이는 〈타이완 神社〉가 소장되어 있다.

그림 11
岡田三郎助, 〈台湾神社〉, 〈北白川宮殿下之澳底登陸〉, 1920년경

기타시라가와노미야는 황족으로 처음 외지에서 전몰한 인물로, 출정지에서 병사한 야마토 다케루(日本武尊)에 비유되어 국장이 거행된 직후부터 타이완 鎭護의 신으로서 신사 봉안의 세론이 들끓었다. 이에 1901년 타이완 신사가 창건되자 개척 삼신과 함께 봉안되었다.[25] 이 밑그림은 1901년 10월 27일에 거행된 鎭坐祭의 광경으로 생각된다. 특히 밑그림에 보이는 본전 등의 모습은 당시의 사진자료와 거의 일치하고 있어, 오카다가 몇 번이고 현

25 타이완신사는 창립 준비단계에서는 「北白川宮殿下神殿」, 「北白川宮神社」 등으로 불리어 창건의 주안이 能久 奉齋에 있었음을 짐작하게 한다. 「台湾神社」라는 명칭은 이후 1900년 창립 발표에서 처음으로 공식적으로 사용되었다. 青井哲人, 「台湾神社の鎮座地域選定および設計の過程について」, 『日本建築學會大會學術講演概要集』, 1998. 9, p.403.

지를 답습하며 역사적인 사건을 사실적으로 재현하고자 했었음을 짐작하게 한다.

이상 주요 사례를 중심으로 1900~10년대 벽화의 양상을 살펴보았다. 이 시기는 대체로 메이지 초기의 화양절충 양식을 계승하는 한편 역사, 신화적인 주제들이 주요 건축물을 장식했던 것을 알 수 있다. 그리고 무엇보다 이들 벽화가 '일본적 주제'를 표현하고자 했다는 점에서 공통된다. 즉 화조계열이나 名所繪 등 전대에 유행했던 일본적인 화제가 지속되는 가운데 새롭게 등장한 것은 우의전설, 무사, 월차회 등 일본의 역사, 전설과 관련된 주제였다.

특히 1890년대부터 1900년대는 일본에 있어서 헌법 발포, 국회 개설로 대표되는 국민국가의 제도가 확립되는 시기로, "역사화는 국체사상의 발달에 따라 더욱더 진흥해야할 것"[26]으로 적극 권장되기 시작했다. 국민 의식 육성에 있어 일본의 역사, 전설 때로는 충군애국적인 혹은 훈계적인 의미 내용을 지닌 역사화는 필요 불가결한 주제였던 것이다. 예를 들어 하라다 나오지로(原田直次郎)의 〈騎龍觀音〉(1890), 혼다 긴키치로(本多錦吉郎)의 〈羽衣天女〉(1890)를 비롯해 후지시마 다케지(藤島武二)의 〈天平의 추억〉(1902), 아오키 시게루(青木繁)의 〈日本武尊〉(1906) 등 다수의 역사, 신화화가 제작되었다. 그리고 바로 이러한 시기에 구로다는 도쿄 중앙정차장 벽화에 착수하게 된다.

2. 도쿄 중앙정차장 벽화

중앙정차장은 일본 근대 건축을 대표하는 다츠노 긴고(辰野金吾)와 가사이 만지(葛西万司)가 설계하여 1908년부터 6년에 걸쳐 완성한 서양풍의 건물로, 구로다가 제작한 벽화는 황실 전용 입구의 안쪽 홀에 설치되어 있었

26 岡倉天心, 「發刊の辭」, 『國華』 1889. 10.

그림 12
중앙정차장 제실용 현관, 1914년

그림 13
〈운수 및 조선〉, 중앙정차장 제실용 현관 벽화, 소실

다.[27](그림 12) 1945년 공습에 의해 내부가 燒失되어 현재 작품을 실견할 수 없으나, 1914년 벽화 완성 직후 와다 에이삭이 『美術新報』에 게재한 기사에 의하면 도쿄미술학교 교수였던 구로다의 기획 아래 와다, 다나카 료(田中良), 고미 세이키치(五味淸吉) 등 도쿄미술학교 관련 인물들이 참여하여 단기간에 완성한 대사업이었다.[28]

벽화는 현대 산업 가운데 '바다의 산물'과 '육지의 산물'로 결정하고, 입구 좌측부터 순서대로 타수, 수산, 운수 및 造船(그림 13), 어업, 수난구조, 조차, 공업, 광업 및 임업, 농업, 기관수를 배치한 구조였다. 그런데 전술한 와다의 증언에 의하면 처음부터 이러한 주제가 선정된 것은 아니었던 것으로 보인다. 구로다는 "神代의 인물을 그리는 것에 그다지 찬성할 수 없다. 전체 안이었던 바다의 산물, 육지의 산물의 의미는 그대로 하되 풍속과 제

27 다츠노 긴코는 讀賣新聞과의 인터뷰에서 중앙정차창 실내 장식과 관련해, 대 홀의 "천정 네 모서리에는 四神인 용, 호랑이, 봉황, 거북이를 도안한 스탠드글라스를 부착하고, 4벽면 전부는 일본 고대신화의 벽화"를 비롯해 전반적으로 화양절충의 양식을 도입할 계획임을 밝히고 있어, 본 벽화 이외에 다수의 벽화 제작을 염두에 두고 있었던 것으로 보인다. 「眩ゆき貴賓室」, 『讀賣新聞』 1913. 12. 22.

28 철도원이 도쿄미술학교에 벽화를 의뢰한 것은 1913년 4월로, 1913년 말 경에는 대체적인 밑그림이 결정되었다. 이후 반년 정도의 제작 기간을 거쳐 1914년 7월에 현장에 부착되었다. 和田英作, 「竣工したる中央停車場の壁畵」, 『美術新報』제13권 제11호, 1914. 9.

재는 오히려 현대, 즉 다이쇼(大正) 오늘날의 모습을 택하는 것이 좋다"라고 하여 철도원의 요구를 변경한 것을 알 수 있다. 이처럼 구로다가 고대나 신화적 공간이 아니라 당대 풍속을 선택한 배경에는 9년간의 프랑스 유학을 통해 목도한 역사화의 쇠퇴와 당시 그가 추구했던 '구상화'의 실현이라는 현실적인 이유가 있었던 것으로 풀이된다.

1893년 파리에서 돌아온 구로다는 사실주의를 기반으로 한 기존 서양화단에 반기를 들고 1896년 청년화가들을 중심으로 구성된 하쿠바카이(白馬會)를 결성했다. 그리고 같은 해 도쿄미술학교 서양화과의 초대 교수로 부임하게 된다. 이후, 그가 재임하는 동안 중시했던 것은 서양 아카데미즘 가치관에 입각한 역사화의 제작 방식이었다. 도쿄미술학교가 신체 데생이나 역사화의 개념이었던 컴포지션(composition)을 교육방침으로 강조했던 것 역시 이러한 맥락에서였다.

그러나 이미 다수의 연구가 지적하고 있듯이 구로다가 일본에 이식하고자 한 것은 역사화 그 자체는 아니었다. 그는 "역사화를 과제로 한다고 해서 굳이 역사화를 중시할 필요는 없다. 가령 지식이라든지 사랑과 같은 무형적인 화제를 선택"[29]할 것을 강조하며, 어디까지나 추구하고자 했던 것은 "확실한 골격과 명확한 사상을 겸비한 컴포지션을 만드는 것, 다른 말로 회화에 사상을 전달하는 것"[30] 즉, '構想畫'였다.

구로다가 1898년 하쿠바카이 제3회전에 발표한 〈옛 이야기(昔語り)〉(그림 14)는 이러한 구상화의 실천이었다고 할 수 있다. 구로다에 의하면 본 작품은 고전 서사시인 헤이케 모노가타리(平家物語)에 등장하는 다카쿠라(高倉) 천황과 고고(小督)라는 여성의 비극적인 사랑 이야기를 들려주는 승려와 이를 듣고 있는 사람들을 그린 것이었다.[31] 그런데 실제 완성된 작품

---

29 黑田清輝, 「美術學校と西洋畫」(上), 『每日新聞』 1896. 6. 7, 「美術學校と西洋畫」(下), 『每日新聞』 1896. 6. 9.

30 高階秀爾, 『日本近代美術史論』, 講談社學術文庫, 1990, p.98.

그림 14
黒田清輝, 〈옛 이야기〉, 1898년, 消失

그림 15
샤반느, 〈휴게〉, 1863년, 아미안미술관

자체는 당대(메이지)의 풍속을 사실적으로 나타내고 있을 뿐, 〈옛 이야기〉라는 제목에서 언급하고 있는 12세기를 무대로 펼쳐지는 다카쿠라 천황과 고고의 '이야기'는 전혀 등장하지 않는다. 즉 본 작품은 역사화적 방법을 취하면서도 역사화가 아닌 당대 풍속화로 완성된 것이다.[32]

그런데 이처럼 엄격한 역사고증보다는 사상이나 관념이 투영된 풍속화적 경향은 프랑스의 경우 19세기 후반부터 현저하게 나타나기 시작한다. 예를 들어 구로다의 스승이었던 라파엘 콜랭(Raphael Collin)은 명확한 역사성, 종교성을 지니지 않는 온화한 화풍의 작품을 다수 제작했다. 게다가 〈옛 이야기〉의 구도나 주제는 프랑스 상징주의 화가 퓌뷔 드 샤반느(Puvis de Chavannes)의 〈휴게〉(그림 15)와 유사하다.[33] 실제로 구로다는 1893년 샤반느를 직접 만나기도 했는데, 샤반느 역시 구체적인 이야기의 배경이 되는 장소를 회피하고 우의성이 부여된 목가적인 고대 정경을 주로 제작했다. 결

31 黒田清輝, 「洋畵門答」, 『繪畵の將來』, 中央公論美術出版, 1983, pp.31-33.

32 喜多崎親, 「明治期洋畵のイコンとナラティヴ」, 『交差するまなざし—ヨーロッパと近代日本の美術』, 東京國立近代美術館, 1996, pp.127-128.

33 〈옛 이야기〉가 샤반느의 〈휴게〉를 본으로 삼았을 가능성에 대해서는 다음 논문에서 구체적으로 다루었다. 杉田益次郞, 「黒田清輝「昔語り」図」, 『美術研究』24, 1933. 12, pp.11-17; 三輪英夫, 「黒田清輝と構想畵-「昔語り」を中心に」, 『美術研究』350, 1991, pp.139-151.

국 구상화는 유학 당시 파리에서 역사화의 쇠퇴와 상징주의의 대두를 실감했던 구로다의 현실적인 선택으로 생각된다. 그리고 중앙정거장 벽화는 〈옛이야기〉에 이어서 그가 구상화를 실현할 수 있는 절호의 기회였던 것으로 보인다.[34] 다수의 스케치를 통해 구도를 정하고, 일본 식산흥업의 발전을 상징하는 당대 풍속이야말로 단순한 역사 재현에서 벗어나 그가 당시 고심했던 구상화의 모습이기도 했던 것이다.

그러나 이러한 구로다의 노력에도 불구하고 이를 받아들이는 정신적 풍토의 부재 속에서 결과적으로 구상화가 일본에 뿌리 내리지 못했던 것처럼, 동경정차장 벽화 역시 벽화 화제에 있어 "일본에서 언제까지나 12종의 화제에 묶여 있는 시대는 지나갔다"[35]와 같은 신기원을 제시한 새로운 화제가 호평을 받기는 했지만 논평 가운데에는 다음과 같은 혹평 역시 적지 않았다.

> "그려진 화면의 설명도 부족하고, 또한 장식화로서 회화적인 방면에서 관찰해도 건축의 각 요소와 벽화와의 조화라는 점에서 보아도 그다지 성공한 것으로는 수긍할 수 없다. (중략) 어수선하게 바다와 육지에 그려진 식산흥업의 의도로 상징되는 그림은 벽화로서 권위가 없는 설명화가 되었다."[36]

그 중에는 노동하는 인물들의 수고로움이나 진실이 그려지지 않은 점, 구도의 실패, 색채의 빈약함 등을 지적하고 나아가 벽화로서는 권위가 없는 설명화로 취급되기도 했다.

이러한 비평의 배경에는 전술했듯이 1900년대 이후의 국수주의적 분위기 속에서 역사화가 이를 뒷받침하는 주요 장르로 인식되고 있었던 점을

---

34 야마나시 에미코(山梨絵美子)는 종래 구로다 연구 중에 그다지 주목받지 못했던 중앙정차장 벽화를 '구상화' 실현의 기회로 평가하고 있다.「黑田清輝と公的な場の繪畵」,『美術史の六つの斷面』, 美術出版社, 1992, pp.461-474.

35『時事新報』1914. 7. 30.

36 大野要三,「東京驛の壁畵」,『日本新聞』1914. 12. 6.

들 수 있다. 우의전설이나 무사와 같은 신화, 역사의 극적인 전개를 기대했던 입장에서 중앙정차장 벽화의 정지한 듯한 자세에 무표정한 인물들과 일상적인 노동의 풍경이 상징하는 식산흥업의 모습은 "역사적 題材에 의해 국가의 명예를 표현하고 국민 도덕 교육에 이바지 하거나 역사의 참고자료로서의 의미를 가진 벽화"라고 하기에는 너무나 정적이며 빈약한 인상을 부여했던 것이다.

결국 구로다의 중앙정차장 벽화를 둘러싼 이러한 이중의 평가는 국민국가 형성에 있어 역사적인 주제가 직접적인 내셔널 아이덴티티의 표상으로서 요구되고 있던 당시의 상황을 대변하는 한편, 이미 프랑스에서 역사화의 쇠퇴를 경험하고 동시대의 국제적인 회화 개념(구상화)을 일본에 이식하고자 했던 구로다의 의지 사이의 간극을 여실히 보여준다고 할 수 있다. 이후, 일본 근대 벽화는 1920년대 회화 내부의 자율성을 중시하는 이른바 후기인상파의 유입과 더불어 역사화 자체가 쇠퇴되어 가는 가운데 새로운 국면을 맞이하게 된다.

3. 1920~1930년대 벽화

1920~30년대에는 백화점, 카페 등 개인적인 상업공간을 장식하는 벽화들이 새롭게 등장하는 한편, 여전히 국가 기관이나 대학, 식민지에 건립된 총독부 청사 등 공적 공간 내에도 다수의 벽화가 설치되었다.(〈표 1〉 참조) 이 시기의 대표적인 벽화로 1925년에 완공된 고스기 미세(小杉未醒)의 도쿄대학 야스다(安田)강당 벽화 〈湧泉〉, 〈採果〉를 들 수 있다.(그림 16) 야스다강당은 메이지·다이쇼를 대표하는 실업가 중 한 사람인 야스다 젠지로(安田善次郎)의 기부에 의해 1925년 7월 6일에 준공되었다. 고스기는 본 건물의 대강당 무대 및 복도 두 곳의 벽화를 1923년부터 2년에 걸쳐 완성했다. 그림의 주제와 관련해서 1924년 8월 26일 『東京朝日新聞』에는 다음과 같은

그림 16
小杉未醒, 〈용천〉. 〈채과〉, 1925년, 도쿄대학 야스다강당

내용이 게재되었다.

> "畵題는 대학 측과 합의한 결과 추상적으로 자연과 사람이라고 하는 화제를 근간으로 숙고한 끝에 일부 세 가지 동양미술의 특징을 가미하여 土, 泉, 成熟이라는 세 개의 화제를 결정했다. 土와 泉을 작게, 성숙을 크게 그려 강당 정면의 벽화로 할 것이다"[37]

즉 화제는 대학 측과 상의한 결과 학문의 생성, 발전을 의미하는 토, 천, 성숙으로 결정한 것을 알 수 있다. 이후 작품명과 화면 형태 등에 일부 변경이 있었던 것으로 보이나, 결과적으로 대강당 정면의 연단 좌우 벽면에는 샘과 포도나무가 있는 자연을 배경으로 인물들을 그린 〈용천〉과 〈채과〉가, 3층과 4층 복도에는 각각 말을 탄 소년을 포착한 〈動意〉, 물가를 관망하는 여성을 주제로 한 〈靜意〉가 선정되어[38] '사람과 자연'이라는 기본적인 구성

---

37 『東京朝日新聞』 1924. 8. 26.

38 고스기는 강당 무대의 〈湧泉〉, 〈採果〉 이외에 3층과 4층의 복도에 설치할 벽화로 말을 탄 소년을 주제로 한 〈動意〉와 水邊을 관망하는 여인을 그린 〈靜意〉을 제작했다.

그림 17
샤반느, 〈諸과학의 寓意〉, 1889년, 소르본느대학강당

에는 변화가 없었던 것으로 보인다.

특히 대강당 벽화인 〈용천〉과 〈채과〉의 인물 포즈와 모습은 19세기 프랑스 화가 샤반느[39]가 그린 소르본느대학 대강당의 벽화 〈諸과학의 寓意〉(1889)(그림 17)를 연상시킨다.[40] 예를 들어 〈용천〉의 물을 마시는 소년과 비스듬히 누워 이를 바라보는 여성, 〈채과〉의 노인은 샤반느의 작품과 일치한다. 게다가 '용천'이라는 주제 자체는 소르본느대학 벽화에 쓰여 있는 "知의 샘에서 솟아나는 물을 마시는 사람들"이라는 표현과 상통하는 것으로, '일본의 샤반느'라고 불린 고스기가 대학 벽화를 제작하는데 있어 소르본느대학의 사례를 의식했을 가능성은 적지 않아 보인다.

게다가 야스다강당 벽화에는 1910년대 유행했던 역사, 신화적인 주제들과는 달리 구체적인 시공간이 억제되어 있다. 예를 들어 〈용천〉과 〈채과〉에 등장하는 여성들은 당시 일반화되었던 둥근 얼굴에 양쪽 귀 옆으로 머리를

林洋子, 「東京大學·安田講堂內壁畵について: 小杉未醒と藤島武二の試み」, 『東京大學史紀要』제9호, 東京大學史史料室, 1991. 3, pp.1-10.

39 샤반느는 19세기 프랑스를 대표하는 화가 중 한사람으로써 전 생애에 걸쳐 정부 주도의 공공 건축 벽화를 제작했으며, 메이지부터 쇼와 초기 일본 근대벽화에 큰 영향을 미친 인물이다.

40 林洋子, 앞의 글, 1991, pp.5-9.

둥글게 말아 올린 髮髻과 상하가 분리되지 않은 긴 튜닉형의 의상으로 대표되는 덴표 이미지와는 차이가 있다. 오히려 이들의 복식, 배경을 통해서는 명확한 시간과 장소를 유추하는 것이 불가능한데, 이처럼 시대고증에서 벗어나 막연한 고대 풍경을 통해 관념적인 주제를 표현하는 것은 샤반느 벽화의 주요 특징이기도 했다.[41] 샤반느의 대표작인 〈성스러운 숲〉(1884)이나 〈諸과학의 寓意〉에는 상징성이 부여된 전원시적인 고대 정경이 펼쳐질 뿐 구체적인 스토리나 시대를 고증하는 것은 쉽지 않다. 비사실적 색채와 평면적 공간구성을 통한 벽화의 상징성, 장식성을 중시하는 샤반느 벽화에서 극적인 이야기나 시대 고증은 의미를 잃고 있었다.[42]

이처럼 야스다강당 벽화를 비롯해 일본 근대벽화는 서구의 새로운 사조가 유입되는 가운데 1920년대 이후부터 초기의 '일본'을 중심으로 한 역사, 신화적 공간에서 벗어나 구로다의 구상화와도 상통하는 상징적 공간으로 옮겨가고 있었다. 이러한 경향은 1930년대에도 지속된다.

1933년 아오야마 구마지(青山熊治, 1886~1932)가 제작한 규슈(九州)대학 공학부 회의실의 벽화는 같은 대학 공학부교수 니시가와 도라키치(西川虎吉) 박사의 퇴임을 기념하여 3년에 걸쳐 완성했다.(그림 18) 눈 쌓인 높은 산맥을 배경으로 반라의 인물들이 등장하는 본 작품에 대해 의뢰자였던 도

41 일본 근대 벽화의 샤반느 수용은 이미 1910년대부터 활발히 이루어지고 있었다. 전술한 와다 에이삭의 제국극장 천정화의 하늘을 나는 천녀의 모습이나 오카다의 〈9명의 뮤즈〉에 보이는 그리스풍의 여신이라는 구상은 〈성스러운 숲〉 등의 영향을 충분히 짐작케 한다. 그러나 어디까지나 이들 작품이 평면적 화면구성과 직접적인 모티프나 포즈의 차용에 그치고 있다는 점에서 이후의 샤반느 인식과는 차이를 보인다. 샤반느와 일본 근대 벽화의 관계에 대해서는 다음 논문을 참조했다. 藏屋美香, 앞의 논문, 1996, pp.74-79.

42 이러한 샤반느의 특징은 와다 에이삭의 다음 글에 잘 나타나 있다. "천정화라면 천정에서 사람이 떨어지지 않을까 하고 생각할 정도로 실물 같은 무거운 느낌이 드는 것이 그려진 것을 본 적이 있다. 그런데 퓌뷔의 것은 결코 그렇지 않다. 거기에 그려진 것이 현실이라고 생각케하는 사실주의는 벽화는 모두 버리지 않으면 안된다." 和田英作, 「壁面裝飾」, 『中央美術』2권 5호, 1916. 5, pp.109-110.

그림 18
青山熊治, 〈구주대학 공학부 벽화〉, 1933년, 福岡

라키치 박사는 다음과 같은 설명을 남기고 있어 주목된다.

> "벽화의 의미는 木, 火, 土, 金, 水의 五行을 工學에 속하는 원시적인 인물로 하고, 이들 직인이 바야흐로 山氣 神聖하는 입춘이 되어 萬木 草花 發芽開花하는 시기에 스스로의 英氣를 양성하며 잔설이 남아 있는 고원에 모여 목동의 피리를 들으며 휴양하는 모습으로 (중략) 오행의 조화로움을 통해 산업의 발달을 가져온다는 의미이다."

즉 벽화는 고대 인물들을 통해 목, 화, 토, 금, 수(만물의 근간으로서 동양의 오행)의 조화로 시작되는 산업의 발전을 표현한 것으로, 이는 공학부 회의실이라는 공간을 고려한 선택이었던 것으로 보인다.

그런데 습작 등을 참조하면 아오야마가 당대 일본의 풍속, 풍경을 고대풍으로 변경한 것을 알 수 있다. 예를 들어 작품의 무대가 된 신슈(信州) 아오키(青木) 호수의 정경은 어느 곳에나 있을 법한 雪山과 호수로, 그리고 가포기(割烹着)라는 일본 고유의 앞치마를 두르고 머리에 두건을 쓴 당대의 여성은 시공을 추정하기 힘든 복식으로 변형되었다. 이외에도 반라의 남성들의 모습에서 시공간을 추정하는 것은 불가능하다. 특정한 일본의 풍경과 풍속은 샤반느 벽화의 아르카디아를 연상케하는 보편적인 공간으로 탈바꿈된 것이다.[43] 유사한 사례는 1935년 나카야마 마사미(中山正實, 1898~1979)가 완성한 고베(神戶)상업대학(현 고베대학) 도서관 벽화에서도 엿보인다.[44]

〈청춘〉(그림 19)이라는 제목의 본 벽화는 눈 덮인 산과 호수를 배경으로 24명의 젊은이와 그들을 인솔하는 한 명의 노인을 통해 각각 희망, 謳歌, 우정, 學研, 勤勞, 휴게의 우의를 표현한 작품이다.[45] 특히 인물 포즈, 모티브 등에서 샤반느의 영향이 간취되는데, 예를 들어 화면 향좌측의 노인과 인물 군상은 〈휴게〉와, 향우측에 바위에 걸터앉은 인물의 자세와 화면 중앙에 옆으로 누워있는 인물은 〈고대의 풍광〉(1885)과 유사하다.

그림 19
中山正實, 〈청춘〉, 1934년, 고베대학도서관, 神戶

43 이 외에도 인물 포즈 등은 샤반느의 또 다른 작품인 〈휴식〉(아미안 미술관)을 차용한 것으로 보인다. 본 벽화에 대해서는 다음 논문이 상세하게 다루었다. 後小路雅弘, 「帝國大學のパブリックアート: 青山熊治「九州大學工學部壁畵」」, 『美術研究』389, 東京文化財研究所, 2006, pp.20-38.

44 두 작품의 상관관계에 대해서는 보다 상세한 검증이 필요할 것으로 생각된다. 실제 아오야마와 나가야마는 연령 차이는 있으나 同鄕인 효고(兵庫)현 출신이며 나가야마는 1932년에 사망한 아오야마의 동경 마고메(馬込)에 있었던 아틀리에를 빌려서 〈청춘〉을 제작했다. 시기적으로 벽화와 관련된 직접적인 교류가 있었을 가능성은 희박하나, 화면의 구성, 인물의 묘사 등에서 유사성이 간취된다.

45 田桐子, 「忘れられたその畵業-中山正實の壁畵制作」, 『ピロティ』109호, 1998. 12, p.6.

그런데 이처럼 나카야마가 샤반느의 작품을 다수 참조한 것은 분명하나, 일부에서는 동양적인 주제가 확인된다. 즉, 화면 좌측에 땔감을 짊어지고 있는 친구에게 물을 떠 주는 장면은 에도(江戶)시대의 유학자 히로세 단소(廣瀨淡窓)의 漢詩 「桂林莊雜詠示諸生」[46]의 한 구절인 "君汲川流我拾薪" (너는 물을 뜨고 나는 땔감을 줍는다) 와 상통한다. '우정'이라는 우의를 나카야마는 한시의 한 장면을 통해서 나타내고자 한 것이다.

1920~30년대는 여전히 샤반느풍의 벽화가 유행하는 가운데 오행설이라는 중국 기원의 범아시아적인 자연관을 주제로 삼았던 규슈대학 벽화나 동양 문학으로서 한시의 구절을 인용한 〈청춘〉, 그리고 후술할 한국과 일본의 공통된 선녀전설을 통해 새로운 아시아적인 천녀상을 창출한 조선총독부 벽화(1926)[47] 등의 사례는 일본 근대 벽화가 단순한 서구의 모방에서 벗어나 동양적인 사상, 관념을 내포한 새로운 벽화로 변모되고 있음을 보여준다.

이상 동경정차장 벽화를 기점으로 1900~1930년대 벽화의 흐름을 대략적으로 살펴보았다. 메이지의 역사주의 시대를 거쳐 미술의 조형성을 중시하는 새로운 미술사조가 이식되는 가운데 초기의 화양절충 및 일본의 역사, 전설을 사실적으로 재현하는 경향은 점차 이야기의 서사성을 배제한 장식적이고 상징적인 공간으로 변모되어 갔다. 구로다의 중앙정차장 벽화는 그러한 변화의 출발점을 알리는 작품으로, 귀국 이후 그가 도입을 고심했던 구상화의 실천이기도 했다.

그런데 이처럼 시간과 장소를 한정할 수 없는 관념적인 주제를 시각적으로 표현하는 것은 결코 쉬운 일이 아니었다. 고스기와 함께 야스다 강당 便殿의 벽화를 제작하기로 한 후지시마가 眞善美를 주제로 "인물도 나체 그대로 하면 좋으나, 여기에 의상을 입히면 시대라고 하는 개념이 관여하게 되

46 休道他鄕多苦辛/ 同袍有友自相親/ 柴扉曉出霜如雪/ 君汲川流我拾薪

47 조선총독부 벽화에 대해서는 다음 논고에서 자세히 다루었다. 졸고, 앞의 논문, 2008; 졸고, 앞의 논문, 2020.

므로 어떤 의상으로 할 것인가가 또 하나의 문제다'"[48]라고 고민하며, 결국 작품을 완성하지 못한 사례는 보편적인 관념을 표현하는데 특정한 시대성에서 벗어나는 것이 얼마나 곤란한 일이었는가를 상징적으로 보여준다.

이러한 가운데 화가들에게 '동양'은 새로운 자극과 가능성을 부여했다고 할 수 있다. 고스기의 야스다강당 벽화를 필두로 1920년대 이후에는 정확한 시간과 장소에 귀속되지 않은 융합적인 이미지들을 통해 동양의 사상이나 관념을 표출하는 벽화가 다수 제작되었다. 물론 이러한 동양에 대한 관심이 제국 일본의 아시아 진출과 무관한지 않았던 것은 분명하나, 한편으로 일본도 조선도 아닌 복장과 공간을 창출하고 이를 통해 어떠한 관념을 상징적으로 나타내는 것이야말로 구로다에서 출발한 새로운 근대벽화의 모습이기도 했던 것이다.

〈표 1〉 1900~1940년대 벽화 制作例

연도	작가 작품명	설치장소
1902	小林萬吾, 〈難破船救助圖〉	수난구제회
1903	小林萬吾	大阪 기타하마(北浜)은행 本店
1899~1906	淺井忠, 〈무사의 사냥〉 和田英作, 黑田淸輝, 岡田三郎助	東京御所의 실내장식
1906~1908	和田英作, 〈松林〉	이와사키 야노스케(岩崎彌之輔)저택 舞踏室 벽면·천정
1906~1910	岡田三郎助, 〈9명의 뮤즈〉 滿谷國四郞, 〈岩戶神樂〉 和田英作, 〈天平風俗〉	東京 銀座 交詢社
1910	和田英作, 〈羽衣〉, 〈時代風俗十二ヶ月〉 岡田三郎助 (朝, 晝, 夕, 夜) 一日	帝國劇場 관객석 천정, 식당 귀빈실
1913~1914	湯淺一郞, 山下新太郞 〈조선풍광〉	朝鮮호텔 중앙홀 및 식당
1913~1914	和田英作 이집트, 카이로 부근의 시가 일부, 사자와 그 외의 식물, 나일강 등의 풍경	아카사카(赤坂)離宮 끽연실

48 『帝國大學新聞』, 1925. 5. 25.

연도	작가 작품명	설치장소
1914	黒田清輝외 和田英作, 田中良, 五味清吉 〈바다의 산물〉, 〈산의 산물〉	동경역 황실전용 입구 홀의 벽면
1915	鹿子木孟郎	舊미츠이(三井)은행 京都支店 귀빈실 천정
1915	田中良, 安藤東一郎 〈비천〉	조선총독부 박물관 천정화
1917	和田英作, 〈安政初年 개항이전의 요코하마(横浜)村 眞景〉 〈大正六年三月 현재의 요코하마(横浜)시 眞景〉 〈白鳩 하늘을 날다〉	開港記念横浜會館 벽면 천정
1918	松岡壽, 〈天地開闢〉, 〈商神素戔嗚尊〉, 〈工神太玉命〉, 〈仁徳天皇〉	大阪中央公會堂 특별실 천정 벽면
1918	和田三造, 〈바다의 산물〉, 〈산의 산물〉	마츠모토 겐지로(松本健次郎) 저택 계단실
1919	岡田三郎助, 〈台湾神社〉 〈北白川宮殿下之澳底登陸〉	타이완총독부청사 정면홀 벽면
1924	小杉放庵, 〈採藥〉	大阪 南市民病院
1925	小杉放庵, 〈涌泉〉, 〈採果〉, 〈靜意〉, 〈動意〉	東京帝國大學 야스다(安田)강당
1926	和田三造, 〈羽衣〉, 〈金剛山伝説〉	조선총독부청사 중앙홀 벽면
1927	横山大觀·下村観山, 〈明暗〉 前田青邨, 〈羅馬使節〉	와세다(早稲田)대학 도서관
1928	長谷川路可, 〈聖母子〉, 〈教會의 부활과 聖미카엘〉, 〈순교자와 聖자비에르〉	카톨릭喜多見教會(東京)
1931	長谷川路可	早稲田大學 이공학부 건축학과 연구실
1933	長谷川路可, 〈狩猟図〉, 〈정물화〉	德川義親邸(東京) 식당
1933	青山熊治	구주(九州)대학 공학부 회의실
1932~1935	中山正實, 〈青春〉	고베(神戸)산업대학 도서관
1935	藤田嗣治, 〈大地〉	브라질커피 진열소
1935	藤田嗣治	大阪 소고(そうご)백화점
1935	野田英夫·寺田竹雄	東京 긴자(銀座) 코튼클럽
1936	岡田三郎助, 〈民族協和圖〉	滿洲 國務院청사
1936	藤田嗣治	京都 마루부츠(丸物)백화점
1936	메이지 천황의 업적(서양화·일본화 총80점)	明治神宮 外苑 聖德記念繪畵館

연도	작가 작품명	설치장소
1936	해군 전쟁 기록화(서양화 24점)	해군관
1937	神代~皇太子誕生(79점)	東京府 養正館
1938	中山正實, 〈光明〉, 〈富士〉, 〈雄圖〉	고베(神戸)산업대학 강당
1938	長谷川路可	尾張德川家納骨堂(瀬戸市定光寺)
1938	長谷川路可	文化服裝學院 大講堂
1939	長谷川路可, 〈啓示と創造〉, 〈科學と芸術〉	藤山工業図書館
1939~1940	中山正實, 〈阿騎野의 아침〉	大和國史館 万葉室
1940	杉本哲郎	브라질마루(丸) 선박 내
1940	長谷川路可, 〈藤山工業図書館 壁畵〉	藤山工業図書館
1940	山本倉丘, 〈아르젠티나食堂 壁畵〉	아르젠티나食堂
1940	横山大觀, 〈富士〉	요미우리(讀賣)신문사 강당
1941	中山正實, 〈정의와 평화〉	고베(神戸)재판소 조정회관 회의실
1941	長谷川路可	日本大學江古田校舍講堂
1942	小早川秋聲	國防館
1942	磯田長秋, 〈教育勅語御下賜之圖〉	대구府·國体明徵館
1944	中山正實	海軍 에다시마(江田島)해병학교

2장 조선호텔 벽화: 근대 '명소'의 탄생

조선호텔은 1914년 10월, 고종의 대한제국 황제 즉위식이 거행된 圜丘壇[49]과 석축의 일부를 허물고 조선총독부 철도국 직영 호텔로 개관했다. 이후 1967년 건물이 철거되기 전까지 1층 중앙 홀과 연회실에는 일본 근대 서양화가 야마시타 신타로(山下新太郞, 1881~1966)와 유아사 이치로(湯淺一郞, 1868~1931)가 제작한 벽화가 설치되어 있었다.[50] "조선의 風色"을 주제로 했다는 이들 벽화에 관해서는 소메야 시게루(染谷滋)의 〈조선호텔 벽화 밑그림〉(군마현립근대미술관 기탁)을 소개한 짧은 논고가 유일하며,[51] 현재까지 15점에 이르는 전체 작품이 소개된 적은 없었다.

---

49 圜丘壇은 당시 圓丘壇(원구단)으로 불리기도 하였으며, 圜丘壇의 한자 독음 역시 환구단과 원구단으로 혼용하여 사용해 오던 것을 2005년 문화재청에서 한자 표기는 『고종실록』에 기록된 '圜丘壇'으로, 한글 표기는 고종이 제사를 지낸 1897년 10월 당시 『독립신문』을 따라 '환구단'으로 정하였다. 따라서 본 논고에서는 당시 신문기사 등의 문헌자료를 제외하고는 환구단으로 통일하여 사용하기로 한다.

50 조선호텔은 1967년 현 웨스틴조선호텔의 신축을 위해 건물이 모두 철거되었으나, 연회실과 중앙홀에 설치되어 있던 벽화의 제거 시기는 각각 달랐던 것으로 보인다. 사진 등을 참조하면 연회실의 경우 1961년 교통부 인수 이후의 대대적인 수리 과정에서 우리나라 전통회화로 교체되었으며, 중앙홀의 벽화들은 1967년의 호텔 철거와 함께 소실된 것으로 추정된다. 국제관광공사 조선호텔처리위원회, 『조선호텔처리지』, 1967. 9.

51 染谷滋, 「京城朝鮮ホテルの壁畵」, 『群馬縣立近代美術館 硏究紀要』제2호, 2006, pp.15-16. 이 외에 조선호텔을 다룬 글로는 발레리 조레조 외, 『도시의 창, 고급호텔』(후마니타스, 2007; 도미타 쇼지, 『근대 문명의 상징 호텔』, 논형, 2008; 오인욱, 「근대 호텔 실내공간의 표현 특성과 실내디자인 사적의미에 관한 연구」, 『한국실내디자인학회 논문집』제5권 4호, 2006; 정영효, 「'조선호텔'-제국의 이상과 식민지 조선의 표상」, 『한국어문학연구』제56집, 2010; 서동제 외, 「京城都市構想圖」に關する硏究」, 『日本建築學會計畫系論文集』제78권 687호, 2013. 5 등이 있다. 그러나 이들 연구가 대부분 호텔의 설립 과정과 배경 등에 치우쳐져 있는 면이 강하고 호텔 내부의 구조나 배치 방식, 벽화 등에 대한 면밀한 연구는 아직 부재하다.

이에 소론에서는 먼저 당시의 사진, 미술 잡지, 설계도면 등을 참조하여 조선호텔 벽화의 전체상을 소개하고, 주제 선정의 경위를 당시 일본인들의 '조선취미'와 조선총독부 철도사업과의 관련 속에서 살펴보고자 한다. 실제 중앙 홀에 그려진 "수원, 경주, 전라북도, 금산사, 개성, 경성 창덕궁 비원, 우이동 및 금강산의 절경"은 1914년경 완공되는 철도노선과 일치하는 장소들이며, 일본에 의해 새롭게 '발견'된 명소들을 포함하고 있다. 이는 조선호텔 벽화가 단순히 벽면을 장식하는 심미성을 넘어 당시의 식민지 정책과 밀접한 관련 아래에서 제작되었음을 의미하는 것으로, 본 논의가 근대 벽화의 공적 기능을 재고하는 계기가 되기를 기대한다.

1. 벽화 개요

조선호텔은 1911년에 신설 계획안이 발표되어 1913년 현 소공동에 있던 환구단을 허물고 이듬해 완공되었다.[52] 환구단은 광무 원년인 1897년에 고종의 황제 즉위식이 거행되었던 장소로,[53] 환구단 조성 2년 후인 1899년에는 팔각 모양의 3층 지붕인 皇穹宇를 권내에 조성하여 여러 신들의 위패를

52 조선호텔 설립과정을 표로 정리하면 다음과 같다.

연 도	호텔 설립 과정
1911. 2	조선총독부 환구단 수용
1911. 11. 21	조선호텔 신설 계획 발표
1912. 11	호텔부지로 환구단 결정
1913. 3. 15	환구단 파괴
1913. 4. 17	본관 기초 공사 착수
1914. 9. 30	준공
1914. 10	개관

53 환구단은 원래 天子가 하늘에 제사를 드리는 祭天壇을 가리킨다. 제도화된 圜丘祭는 고려 성종(재위 981~997) 때부터라고 전해지며, 세조(재위 1455~1468) 때 왕권강화를 위해 환구제를 다시 부활시켰으나, 세조 10년에 폐지하였다. 이후, 고종이 대한제국의 황제로 즉위하면서 1897년 현재의 자리에 설치되었다.

그림 1
환구단과 황궁우 전경사진, 1897년경

그림 2
조선호텔과 황궁우 사진

모셨다.(그림 1) 조선호텔은 바로 이러한 조선왕실의 상징 공간인 환구단을 파괴하고 神位版을 모신 황궁우를 후원의 감상물로 남겨둔 채 1914년 9월 30일 완공되었다.(그림 2)

호텔은 지하 1층, 지상 4층 규모로, 당시 북유럽에서 유행하던 유겐트 스틸(Jugend stil) 양식에 '조선취미'를 가미한 절충적 양식의 건물이었으며, 벽화는 1층의 중앙 홀과 연회실에 설치되어 있었다.[54] 1967년 호텔이 철거되면서 현재 벽화의 구체적인 모습은 확인할 수 없으나,[55] 1913년 8월호『美術新報』에 실린 기사와 조선총독부 철도국이 1915년에 출간한『朝鮮ホテル新築工事概要』에 따르면 벽화는 "15매로 구성된 조선 風色을 주제로 한

54 조선호텔의 설계는 당시 일본에서 활약하고 있던 독일인 게오르그 데 라란데(George de Lalande, 1872~1914)가 맡았다. 그는 이 외에도 조선주차군사령부 관저, 조선총독부 청사(1914년 데 라란데가 사망함으로써 이후 일본인에 의해 수정), 평양 모란대공원 계획안 등 조선의 건축, 조경 계획에 다수 관여했다. 데 라란데에 관해서는 김정동, 「조선총독부 청사를 그린 게오르그 데 라란데」,『일본을 걷는다』, 한양출판사, 1997, pp.157-172; 서동제 외,「デ·ラランデの京城都市構想図と景福宮敷地平面図に關する研究」,『日本建築學會計畫系論文集』제79권 699호, 2014. 5 등을 참조..

55 벽화의 정확한 의뢰시기, 의뢰인, 의뢰내용 등은 알 수 없으나, 야마시타 신타로의 자필 연보에 의하면 벽화는 독일인 설계사 게오르그 데 라란데의 추천으로 조선철도국이 야마시타에게 의뢰했으며, 벽화의 규모와 촉박한 시일 때문에 유아사 이치로에게 협업을 부탁했다고 한다. 染谷滋, 앞의 글, p.15.

것"[56]이었으며 구체적인 내용은 다음과 같았다.

> 一, 중앙 홀
> 北歐 近世式의 장식을 주로 하며 이에 동양취미를 가미해 네 벽은 참나무에 색을 입히고, 수원, 경주, 전라북도, 금산사, 개성, 경성 창덕궁 비원, 우이동 및 금강산의 절경을 그린 유화를 상감해 장식하고 (중략)
>
> 一, 연회 홀
> 北歐 近世式의 장식으로 벽의 아랫부분에 두른 판자, 기둥, 벽면의 돌출부는 참나무를 사용해 흑갈색으로 칠하고 벽은 회칠하여 정면에는 평양 대동강의 풍경을 나타낸 대벽화를 삽입했다.[57]

즉, 위의 기록을 통해 중앙 홀에는 수원, 경주, 전라북도, 금산사, 개성, 창덕궁 비원, 우이동 및 금강산의 풍경이, 연회실에는 평양 대동강 풍경을 그린 벽화 1점이 삽입되어 있었던 것을 알 수 있다. 설치 장소는 『朝鮮ホテル新築工事概要』의 준공도 등을 참조하면, 중앙 홀의 경우 동서벽면에 설치된 벽난로 주위로 3개의 패널로 이루어진 벽화가 1점씩, 그리고 남북 벽면에는 4점씩 8점의 벽화가 설치되어 있었던 것으로 보인다. 이를 종합하면 벽화는 중앙 홀에 14점, 연회실에 1점으로 전체 15점이며, 이는 『미술신보』의 기사 내용과도 일치한다.

다음은 『조선호텔신축공사개요』에 게재된 평면도와 준공도, 호텔 팸플릿 등을 참조하여 작품을 좀 더 구체적으로 살펴보고자 한다. 먼저 연회실 벽화는 북쪽 벽면 전체를 활용해 설치되어 있었으며,(그림 3) 멀리 부벽루, 을

56 "야마시타 신타로, 유아사 이치로씨 이번 조선총독부 경영의 경성호텔의 벽화에 의촉되어 두 사람은 함께 5월 상순부터 재료 수집을 위해 조선 全道를 만유하고 6월 중순 귀경할 것이다. 벽화는 15매가 되며 조선의 풍색을 주제로 한 것으로 즉시 휘호에 착수할 것이다." 「消息」, 『美術新報』12권 10호, 1913. 8.

57 『朝鮮ホテル新築工事概要』, 조선총독부철도국, 1915. 9, pp.18-19.

밀대, 영명사 등의 건축물을 배경으로 유유히 흐르는 대동강의 모습을 담고 있다.(그림 4)

그림 3
조선호텔 연회실 북쪽 벽면(『朝鮮ホテル新築工事概要』, 조선총독부철도국, 1915)

한편, 중앙 홀은 동서남북 네 벽면에 모두 벽화가 설치되어 있었다. 이를 순서대로 살펴보면 동쪽 벽면에는 팔작지붕의 누각과 그 아래의 아치형 수문이 주위의 풍광과 함께 3개의 패널에 나누어 그려져 있다.(그림 5) 누각, 수문의 형태를 통해 수원 화성의 북쪽 수문인 화홍문을 그린 것을 알 수 있다.(그림 6) 서쪽 벽면 역시 3개의 패널로 이루어져 있으며, 화면 중앙을 가로지는 계곡과 그 사이에 흐드러지게 만개한 꽃나무들은 당시 벚꽃으로 유명했던 우이동 계곡을 연상케 한다.(그림 7) 북벽은 한 가운데 설치된 실내분수를 기준으로 좌우 2점씩 벽화가 걸려 있었던 것으로 추정된다. 현재 준공도에는 분수의 향우측에 있던 벽화 2점만이 확인되는데(그림 8), 첫 번째 보이는 삼층의 불전과 다각다층탑은 전라북도 김제에 위치한 금산사 미륵전과 탑을(그림 9), 그리고 두 번째 벽화는 누각의 기둥을 받치고 있는 십자형의 특이한 석주를 통해 불국사의 범영루와 자하문을 그린 것을 알 수 있다.(그림 10) 그리고 이 외에 북벽의 경우 분수의 향좌측 벽면을 촬영한 사진이 남아 있다. 흑백 사진으로 정확한 모습은 단언하기 힘드나, 중앙 분수 옆에는 점차 마름모꼴로 넓게 펼쳐지며 물보라가 이는 폭포를 벽화가 확인되며, 이는 개성의 명소, 박연폭포와 유사하다.(그림 11)

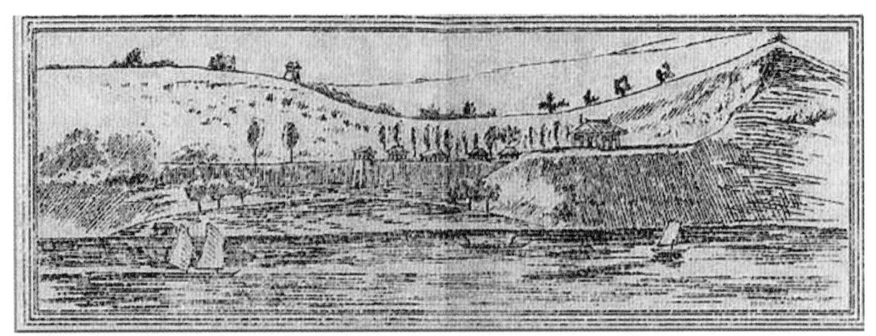

그림 4
조선호텔 연회실 벽화 준공도, 『朝鮮ホテル新築工事概要』, 조선총독부철도국, 1915

그림 5
조선호텔 중앙홀 동벽 벽화 준공도
(『朝鮮ホテル新築工事概要』, 조선총독부철도국, 1915)

그림 6
수원화성 사진

그림 7
조선호텔 중앙홀 서벽 벽화 준공도
『朝鮮ホテル新築工事概要』,
조선총독부철도국, 1915

그림 8
조선호텔 중앙홀 북벽 벽화 준공도 『朝鮮ホテル新築工事概要』, 조선총독부철도국, 1915

그림 9
금산사 미륵전과 다층탑 사진

그림 10
불국사 범영루와 자하문 사진

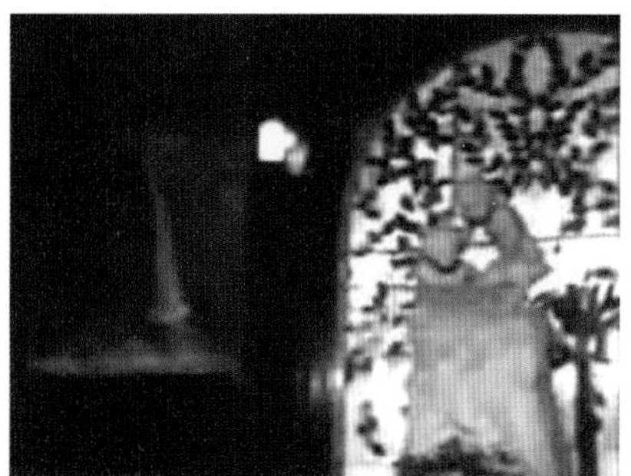

그림 11
조선호텔 중앙홀 북쪽 벽면 사진

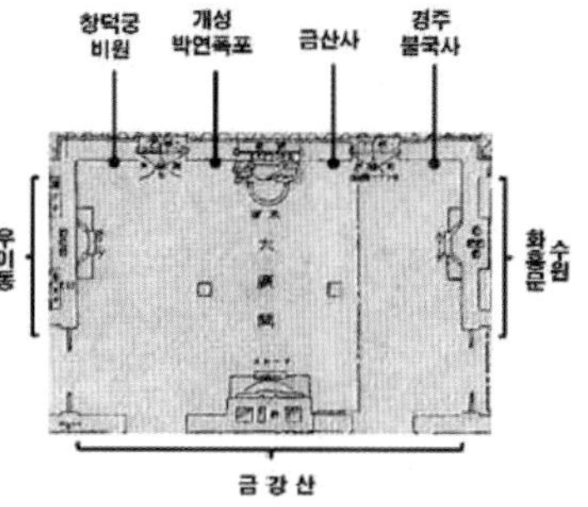

그림 12
조선호텔 중앙홀 벽화배치 예상도

그림 13
조선호텔 중앙홀 남벽 벽화 준공도(『朝鮮ホテル新築工事概要』, 조선총독부 철도국), 1915

이상 추정 가능한 중앙 홀의 벽화들을 정리하여 평면도에 옮겨 보면, 동쪽 벽면부터 수원 화홍문, 경주 불국사, 전라북도 금산사, 개성 박연폭포, 우이동 순이 된다.(그림 12) 이는 『조선호텔신축공사개요』에 "수원, 경주, 전라북도, 금산사, 개성, 경성 창덕궁 비원, 우이동 및 금강산의 절경을 그린 유화"라고 언급한 중앙 홀의 벽화 주제와 나열 순서가 거의 일치하고, 보고서의 저자가 동에서 북, 서, 남으로 일정한 방향성을 가지고 벽화의 순서를 기록했을 가능성을 전제로 한다면, 벽화는 최종적으로 북쪽 벽면에 창덕궁 비원이, 남쪽 벽면 전체에 금강산의 절경이 위치하게 된다. 특히 남쪽 벽면의 벽화는 현재 준공도를 통해 일부 모습이 확인 가능한데, 실제 이들 벽화는 다른 위치의 벽화들에 비해 경물이 작고, 높고 험준한 산을 배경으로 하고 있는 점이 공통된다.(그림 13) 따라서 정확한 장소를 특정하기는 힘들지만, 남쪽 벽면을 중심으로 금강산의 절경이 위치했을 가능성은 적지 않다. 이상의 내용을 통해 조선호텔 벽화의 전체상을 복원하면, 중앙 홀에는 동쪽에 화홍문, 북쪽에 불국사, 금산사, 박연폭포, 서쪽에 우이동, 그리고 남쪽에 금강산을, 그리고 연회실에는 대동강 풍경을 그린 대벽화가 설치되어 있었던 것을 알 수 있다.

이제까지 대략적이나마 조선호텔 벽화의 전체적인 모습을 당시의 문헌 및 사진자료, 준공도 등을 통해서 살펴보았다. 그리고 수원 화홍문에서 평양 대동강까지, 일제가 건립한 서양식 호텔의 내부는 언뜻 조선을 대표하는 풍광들로 채워진 것처럼 보인다. 그러나 이러한 주제가 어디까지나 일본인들에 의해 선정된 '조선적 풍색'이었다는 점에서 새로운 해석의 틀이 요구된다. 다음은 조선호텔 벽화의 주제 선정에 보이는 일본인들의 '조선취미'와 그들에 의해 새롭게 부각된 명소들을 살펴보고자 한다.

2. 朝鮮趣味와 명소의 탄생

〈표 1〉에 제시하고 있듯이 조선호텔 벽화로 선정된 대부분은 전통적인 명승지로 향유되던 지역들이다. 예를 들어 수원팔경의 화홍문을 비롯하여 송도삼절이자 송도팔경의 하나인 박연폭포, 금강산, 그리고 평양팔경의 을밀대, 부벽루, 영명사 등은 대표적인 기행사경의 탐승지이자 많은 문학과 예술이 탄생한 전통적인 승경지였다. 예부터 물 맑고 경치가 좋은 곳에는 이름난 명승지가 많고, 따라서 동일한 장소가 근대까지 계승, 향유되는 모습은 전혀 새로운 광경이 아니다.

〈표 1〉 조선호텔 벽화 주제와 전통적 승경지

조선호텔 벽화 주제	내용	전통적 승경지
수원(화홍문)	사적(건축물)	華城十六景 중 虹渚素練 水原八景 중 華虹觀漲
경주(불국사)	사적(건축물)	
금산사	사적(건축물)	湖南四景 중 母岳春景(또는 金山春景)
개성(박연폭포)	산수	松都八景 중 朴淵瀑布
창덕궁 비원	미상(확인 불가)	上林十景 중 逍遙流觴
우이동	산수	『耳溪集』 중 「牛耳洞九曲記」
금강산	산수/사적(건축물)	「關東別曲」 정선 《楓嶽圖帖》, 강세황 《楓嶽壯遊帖》, 조정규 《海嶽圖八曲屛》, 김하종 《海山圖帖》 등
대동강 (을밀대, 부벽루, 영명사)	산수/사적(건축물)	平壤八景 중 乙密賞春, 浮碧玩月, 永明尋僧

그런데 조선호텔 벽화의 내용을 표로 정리하면 흥미로운 점이 발견되는데, 즉 이들 벽화 대부분이 절, 누각 등 건물을 주제로 삼고 있다는 점이다. (〈표 1〉) 물론 명승지 대부분이 빼어난 자연경관과 오래되거나 유명한 건축물을 배경으로 한다는 점에서 당연한 결과일 수 있다. 그러나 예를 들어 경주의 경우, 당시 화제의 중심지는 불국사 보다 오히려 1909년경에 발견된

석굴암이었다.[58] 조선호텔 공사가 시작되기 직전인 1912년 11월, 데라우치 총독의 경주 방문과 석굴암에 대한 대대적인 개수 지시는 이러한 당시의 상황을 대변한다.[59] 석굴암은 1913년부터 2년간의 대규모 수리, 정비 사업을 통해 경주를 대표하는 '문화재'로 탈바꿈되었다.[60]

그럼에도 불구하고 조선호텔 벽화가 유독 수원 화성의 화홍문을 비롯해 불국사의 범영루와 자하문, 대동강변의 을밀대, 부벽루 등 성문, 누각과 같은 건축물에 주목한 이유는 어디에 있었을까? 이와 관련해 1918년 조선을 방문한 서양화가 나카자와 히로미츠(中澤弘光, 1874~1964)의 발언이 주목된다.

> "조선의 자연은 산이 민둥산이고, 산야 일대가 短調하여 山紫水明의 경관이라 부를만한 장소는 거의 없다고 해도 좋다. 따라서 그러한 자연미는 오직 궁전 樓門 등의 건물과 그 건물을 배경으로 한 조선인의 풍속 이외에는 없다."[61]

여기서 나가자와는 조선의 자연이 볼품없고 대신 전통적인 건축물과 이를 배경으로 한 풍속이야말로 가장 조선적인 美라고 언급하고 있다. 그리고 이러한 생각은 비단 나가자와 뿐만 아니라, 당시 조선을 방문한 일본인들에게서 공통적으로 보인다. 예를 들어 경성에 거주하고 있던 마츠오카 히사코

58 석굴암 발견과 관련해서는 다양한 설이 있으나, 1909년에 2대 통감인 소네 아라스케(曾禰荒助, 1849~1910)의 석굴암 방문으로 존재가 부각되기 시작했다. 석굴암 발견의 신화에 대해서는 강희정, 「'석굴'패러다임과 석굴암」, 『미술사학』22(2008)을 참조.

59 「데라우치 총독 경주행」, 『매일신보』, 1912. 11. 14.

60 불국사에 대한 개수는 석굴암보다 훨씬 늦은 1918년 10월부터 1925년 9월까지 이루어졌으며, 본격적인 수리는 1924년부터 25년 사이로 이 시기에 사원 전면의 석교, 석단 등이 복원되었다. 이주현, 「경주 불국사일대 문화경관의 해석」, 서울대학교석사학위논문, 2006, p.50.

61 中澤弘光, 「朝鮮の旅」, 『新日本見物』, 1918.

그림 14
湯浅一郎, 〈조선호텔벽화 밑그림〉, 군마현립근대미술관

(松岡久子)는 『美術新論』에 기고한 글에서 조선인들의 비위생적인 장면을 기술한 후에 한양도성을 둘러싸고 있던 성벽과 성문에서 비로소 꿈에서 본 조선의 역사를 떠올린다.[62] 이처럼 조선호텔 벽화가 조선의 고건축을 벽화의 주요 소재로 삼았던 데에는 조선의 누각, 성벽, 성문 등이 당시 일본인들이 생각하는 가장 조선적인 풍광이었던 점과 무관하지 않다.

실제 조선의 건축물에 대한 관심은 조선호텔 벽화를 그린 유아사 이치로에게서도 살펴진다. 현재 군마(群馬)현립근대미술관에는 수원 화홍문을 주제로 한 유아사의 조선 호텔 벽화 밑그림이 한 점 남아 있다.(그림 14) 앞서 언급한 준공도 상의 그림과도 거의 일치하는 작품으로, 유아사는 대각선 구도를 활용하여 화홍문과 방화수류정, 그리고 두 건물을 이어주는 성벽을 화면 가운데 배치하고 있다. 이는 전통적으로 화홍문을 「虹渚素練」[63], 「華虹

62 "성벽을 축조하고, 성의 내외를 통과하기 위해 여러 장소에 문을 만들었다. 만약 한 번 이 성벽에 올라 그 문을 빠져 나간다면 처음으로 꿈에 본 역사의 조선이 떠오를 것이다" 松岡久子, 「朝鮮を語る門と城壁」, 『美術新論』, 1927. 10, p.42.

觀漲」[64] 등으로 읊으며 화홍문 아래로 장엄하게 쏟아지는 물살을 감상의 주요 장면으로 삼았던 것과는 사뭇 다르다. 오히려 유아사의 작품에서 중요한 것은 화홍문의 세찬 물줄기보다 누각과 성벽이 있는 조선적 풍경이었다고 할 수 있다.

그리고 전술한 것처럼 유아사의 이러한 조선 고건축에 대한 관심은 그가 二科展에 출품한 조선관련 작품들을 통해서도 입증된다. 유아사는 1913년 5월 초 벽화제작의 자료 수집을 위해 조선을 처음 방문한 이래,[65] 이과전에 조선을 주제로 한 작품을 다수 출품했다. 그 가운데 평양의 모란대를 비롯해 수원 화홍문, 인왕문, 동대문, 광희문 등 적지 않은 수가 성곽, 성문, 누각이었던 사실은 그가 조선의 건축물에 대해 특별한 관심이 있었음을 뒷받침한다.[66]

한편, 일본인들의 조선풍경에 대한 이국적 시선은 연회실에 설치된 대동강 풍경을 통해서도 확인된다. 평양성과 그 주변의 풍광은 중국의 소주, 항주에 버금가는 비경으로 그 명성이 이미 오래전부터 알려져 있던 지역이다. 벽화에 등장하는 부벽루, 영명사, 을밀대는 평양팔경의 대표적인 주제이

63 「虹渚素練」은 화성16경 가운데 한 구절로 "흰 비단을 펼친 듯한 화홍문의 물살"을 의미한다. 화성16경은 화성 축조 이후 정조대에 화성의 절경을 春 8경과 秋 8경으로 선정하여 완성되었다. 정확한 비정 시기는 알 수 없으나, 1796년 10월 16일 화성 낙성연을 개최한 이후에 춘·추 8경을 16경 병풍으로 그려 화성행궁에 상설하였다함으로, 16경의 확정은 그 이전에 이루어진 것으로 보인다. 한동민, 「수원팔경의 확정과 전개-이원규의 '수원팔경가'를 중심으로」, 『수원팔경』, 수원박물관, 2014, pp.272-275.

64 「華虹觀漲」은 "화홍문 아래로 쏟아지는 힘찬 물줄기를 보다"라는 뜻으로, 1910년대 완성된 수원8경의 한 구절이다. 수원8경의 등장과 관련해서는 일본인 사카이 마사노스케(酒井政之助)가 1914년 경 처음 서술했다는 설이 유력했으나, 최근 그 이전부터 이미 화성16경의 전통을 잇는 수원8경이 존재했으며 일반인에게 유통되고 있었던 사실이 밝혀졌다. 한동민, 앞의 논문, pp.275-280.

65 「消息」, 『美術新報』12권 10호, 1913. 8.

66 유아사 이치로와 조선관련 논문으로는 졸고, 「1910년대 일본 근대화단의 형성과 조선: 유아사 이치로(湯淺一郞), 후지시마 다케지(藤島武二)를 중심으로」, 『문물연구』21호, 2012. 3.

자[67], 평양 감사의 부임을 환영하기 위해 부벽루에서 베풀어진 연회를 담은 〈부벽루 연회도〉의 무대가 되었던 장소이기도 했다. 특히 을밀대, 부벽루에 올라서서 바라보는 청벽류 아래로 유유히 흐르는 맑은 대동강물과 능라도의 들판, 크고 작은 산들이 만들어내는 경관은 오래전부터 아름답기로 유명했다.[68] 유아사 일행 역시 1913년 평양의 부벽루를 방문하고, 그 절경을 그린 〈부벽루〉라는 작품을 남기고 있다.

그런데 조선호텔 벽화는 "대동강변의 절경"을 이러한 을밀대, 부벽루와 같은 높은 누정에서가 아니라, 마치 대동강에 배를 띄워 놓고 바라보듯 부벽루와 그 주변의 경관을 담고 있다. 야마시타와 유아사가 이러한 구도를 선택하게 된 구체적인 연유는 알 수 없으나, 자연 경관만을 그리는 것에 비해 을밀대, 부벽루, 영명사 등의 건물을 배경으로 한 풍광이 보다 조선적 정취를 느끼게 했을 것은 쉽게 상상이 가는 대목이다. 1918년 경 평양을 방문한 서양화가 나카자와 히로미츠(中澤弘光) 역시

> "평양의 절경은 모란대, 을밀대에서의 전망이 아니라 대동강변에 띄운 배에서 보는데 있다. (중략) 영명사의 梨花, 부벽루의 벚꽃, 樓上의 白衣, 춤추는 기녀들, 황홀하게 四邊을 둘러본다."[69]

---

67 평양팔경은 15세기 경 조위(1454~1503)가 지은 「平壤八詠」에서 비롯되었을 것으로 추정하며, 을밀대, 부벽루, 영명사는 평양팔경 가운데 을밀상춘(乙密賞春: 을밀대에서 바라보는 봄 경치), 부벽완월(浮碧翫月: 부벽루의 달맞이), 영명심승(永明尋僧: 영명사를 찾아드는 중들의 모습)으로 등장한다. 특히, 18, 19세기에는 8폭이나 10폭의 병풍에 평양성의 전경을 한눈에 들여다 볼 수 있게 그린 대형 화면의 작품이 상당량 제작되었다. 박정애, 「조선후기 평양명승도 연구-《평양팔경도》를 중심으로」, 『민족문화』제39집, 2012.

68 부벽루의 뛰어난 풍광은 오랫동안 시의 주제가 되기도 했다. 이색의 「부벽루」를 비롯해 고려시대 유명한 시인 김황원은 너무나 아름다운 풍광에 시를 짓다가 더 이상의 시구가 떠오르지 않자 통곡하며 붓대를 꺾고 말았다는 일화가 전해지기도 한다.

69 中澤弘光, 「朝鮮の旅」, 『新日本見物』, 1918.

라며 대동강의 배 위에서 바라보는 황홀경을 언급하고 있다. 특히 여기서 나카자와가 말하는 대동강 뱃놀이는 당시 평양을 대표하는 관광 상품으로, 부벽루, 을밀대를 배경으로 기생을 태운 화려한 놀이 배는 관광책자의 표지를 장식하기도 했다.(그림 15) 일본여행협회 조선지부가 출간한 여행 안내서에는 대동강 유람을 다음과 같은 소개를 하고 있다.

> "유유히 흐르는 대동강, 물이 아름다운 대동강, 누구라도 배를 가운데 띄워 보고 싶다고 생각하지 않는 사람은 없을 것이다. 그 곳에는 호화로움을 자랑하는 그림배가 한 척 손님을 기다리고 있다. 그림에 보는 것처럼 극채색의 배에 아름다운 기생을 태우고 천 년의 옛날을 그리워 한다는 것이 멋지다."[70]

기생들과 함께 화려하게 채색된 놀잇배에 앉아 유유히 흐르는 대동강을 감상하며 천 년 전의 과거를 떠올리는 여행객들의 모습은, 조선호텔에서 성대한 연회를 베풀며 동양의 비경으로 불리는 대동강변의 절경을 바라보는 이들의 감흥과 크게 다르지 않았을 것이다. 그런 점에서 연회실에 걸린 대동강변의 모습은 전통적인 名所繪와는 다른 일본인들이 보고 싶고 기대했던 조선의 풍광이었다고 할 수 있다.

그림 15
『西鮮地方』, 조선철도국, 1939년

게다가, 조선호텔 벽화 가운데에는 전통적인 명승지와 더불어 우이동, 경주 등 일본인들에 의해 개발된 새로운 명소가 포함되어 있다. 1960~70년대 서울 근교의 유원지로 친숙한 우이동이 벚꽃의 명소로 이름을 알리기 시작한 것은 1912년 전후이다.[71] 원래 조선후기 실학

70 『반도의 인상』, 일본여행협회 조선지부, 1930년대.
71 "우이동의 사쿠라(櫻)는 3년 전 일본인이 처음 발견한 이후부터 앵화의 명승지로 경

사상가인 홍양호(洪良浩, 1724~1802)가 활을 만드는 재료에 쓰고자 수백 그루의 벚나무를 우이동에 옮겨 심었던 것이, 한일합병 이후 일본인들의 유입이 크게 늘면서 "일본인이라면 그 이름을 모르는 사람이 없을 정도로"[72] 벚꽃 관광의 명소로 각광 받게 된 것이다. 특히 1911년 경원선의 용산~의정부 구간이 개통되면서 일반인들도 손쉽게 우이동 꽃구경을 갈 수 있게 되었고,[73] 1915년 봄에는 수만 명의 인파가 몰려들기도 했다.[74]

경주 역시 근대기에 들어서 대중들에게 주목을 받기 시작한 곳이다. 1902년에 실시된 동경제국대학 건축과 교수 세키노 다다시(關野貞, 1868~1935)의 조선 고건축물 조사를 필두로, 경주 고적 발굴과 연구, 보존 사업이 활발히 이루어졌다.[75] 불국사가 1902년에, 석굴암이 1909년에 '발견', 소개되면서 1920년대 경주는 조선의 '古都'로 금강산과 더불어 조선 여행의 으뜸으로 등극하기에 이른다.

이처럼 조선호텔 벽화는 전통적으로 향유되던 명승고적을 포함하고 있기는 하나, 한편으로는 일본인 바라보고 개발한 새로운 명소였다고 할 수 있을 것이다. 그리고 이러한 지역들이 "조선의 풍색"으로 선정되게 된 배경에

성 내외에 이름이 널리 났다." 『매일신보』, 「우이동 櫻의 유래」, 1915. 5. 5.

72 "우이동이라는 곳은 북한산의 작은 부락으로 지금은 경성의 일본인 가운데 그 이름을 모르는 사람이 없을 것이다.(중략) 경성의 일본인은 매년 우이동에 벚꽃이 피는 날을 기다리게 되었다." 難波可水, 「日本人と櫻花; 牛耳洞紀行」, 『朝鮮及滿洲』51호, 1912. 5.

73 우이동까지는 주로 경원선 창동역에서 내려 도보나 버스를 이용했으며, 조선총독부 철도국에서 觀櫻열차를 운행하기도 했다.

74 "사람들의 발자취가 絡繹不絶하며 자동차, 마차, 인력거, 자전거가 연하여 왕래하여 하루에 그 수효가 기천에 이르고 사람의 수호는 기만 명을 가희 계산할지라." 『매일신보』 1915. 5. 7.

75 이 외에도 세키노는 1차적으로 1909년부터 1911년까지 3년간 조선의 지방도시 50개소의 고적, 고건축 조사를 실시하게 되는데, 조선호텔 벽화로 선정된 전라북도 김제 금산사, 수원 화성, 평양 부벽루, 영명사 등은 이 시기의 조사 대상이었던 지역들이다. 1911~13년 세키노의 조선 고적 조사 목록은 이순자, 『일제강점기 고적조사사업 연구』, 경인문화사, 2008, pp.47-60을 참조.

는 당시 총독부의 철도사업이 깊숙이 관여하고 있었던 것으로 보인다.

3. 주제 선정과 철도사업

조선병합 직후인 1911년, 조선호텔의 신설 계획안이 발표된 것은 "鮮滿연결의 완성 이래 각 나라의 사람이 조선을 통과하는 자가 다수 증가하니 여행객을 받아들이는데 있어 가장 필요함을 느끼는 것은 여관의 설비"[76] 때문이었다. 실제로 1911년 압록강 철교의 완성으로 일본의 시모노세키(下關)에서 경부선, 경의선을 통과해 하얼빈, 시베리아를 관통하는 대륙철도의 시대를 열게 된다. 조선호텔은 이러한 급속히 확장하는 철도건설과 이에 따라 급증하는 여행객들의 편의를 도모하기 위해 설립되었다.[77] 그런데 한편으로, 조선호텔이 1914년의 시점에 완공을 서둘렀던 데에는 이듬해 개최 예정인 施政5年記念朝鮮物産共進會가 중요한 요인이었던 것으로 판단된다.

공진회 보고서에 따르면 "조선 제1회 공진회를 계획하는데 있어, (중략) 경원철도 및 경성의 太平通路의 도로개수 공사, 조선호텔의 신축공사 등의 낙성을 보게 되었다."[78]라고 해서 조선호텔이 경원철도 및 경성의 태평 통로의 도로개수 공사와 더불어 공진회 개최의 주요 기반 사업으로 완공을 서두르고 있었던 것을 알 수 있다. 따라서 조선호텔은 조선물산공진회라는 대규모 정치 이벤트의 개최와 철도망의 확장에 따른 여행객들의 증가를 배경으로 구상된 것이라 할 수 있다. 그리고 이를 반영하듯 벽화의 주제 선정과 관련해서는 호텔이 완공되던 1914년을 전후한 시기의 철도사업이 깊이 관여하고 있었다.

---

76 『朝鮮鐵道史』, 조선총독부철도국, 1915.

77 1912년 7월 개관한 부산철도호텔을 필두로 철도 노선 및 관광지 개발에 따라 신의주(1912), 금강산(1915), 평양(1925) 등에 조선총독부철도국 직영의 철도호텔이 들어섰다.

78 『施政五年記念朝鮮物産共進會報告書』제1권, 조선총독부, 1915.

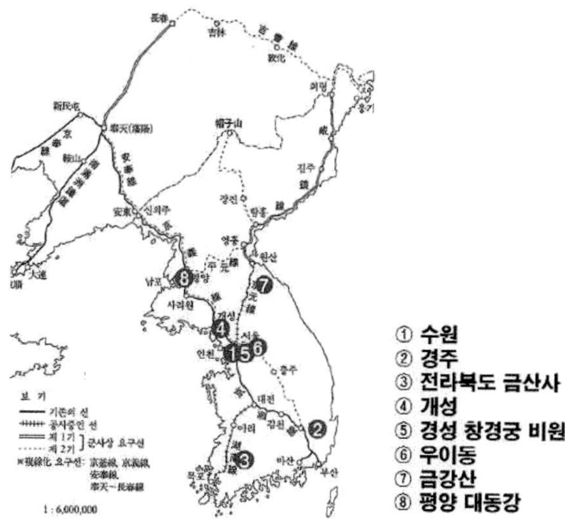

그림 16
1910년대 철도노선과 조선호텔 벽화 주제

1894년 8월, 朝日暫定合同條款에 따라 조선에서의 철도 시설권을 획득한 일본은 1899년에 개통한 경인선을 시작으로 1905년에는 경부선을, 다음해 1906년에는 러일전쟁의 군사운송을 목적으로 한 경의선을 완공한다. 그리고 1910년 조선 병합 직후부터는 호남선과 경원선 공사에 돌입하여 1914년 1월에 호남선이, 8월에 경원선이 완공되고 드디어 경성을 중심으로 전국을 연결하는 X자형의 철도망을 갖추게 된다.

그런데 조선호텔의 벽화로 선정된 수원, 경주, 전라북도 금산사, 개성, 경성 창덕궁 비원, 우이동, 금강산, 평양 대동강은 바로 이시기 완공된 철도노선과 거의 일치하는 지역들이다.(그림 16) 특히, 중앙홀에 설치된 벽화의 위치를 철도노선과 비교해 보면 동서 북벽의 수원, 경주, 비원, 우이동이 경부선 노선 상에, 그리고 나머지 지역들은 각 노선을 대표하는 명소들로, 예를 들어 호남선에 금산사, 경의선에 개성, 경원선에 금강산이 선정된 것을 알 수 있다. 즉, 조선호텔 벽화는 1914년 경 완공된 철도노선 상의 명승지들을 주제로 삼아 제작된 것이다.

철도국 직영호텔의 벽화로서, 철도와 관련된 조선의 풍광은 가장 적합한 주제였다고 할 수 있다. 게다가 조선호텔 벽화가 예를 들어 경주, 우이동 등 근대 철도사업의 확장으로 새롭게 부각된 명소들을 포함하고 있다는 점에서, 벽화에 그려진 "조선의 풍색"은 조선의 풍광이며 동시에 일제의 근대적 철도 기술로 새롭게 개척된 식민지 조선의 모습이기도 했다. 그리고 이렇게 개발된 조선의 명소는, 식민 통치 5년간의 치적을 선전한 대규모 공진회를 통해 대중에게 전시되었다.

총독부 철도국은 조선물산공진회에 첨탑이 솟아 있는 높이 3층의 철도국 특별관을 설치했다. 철도관 내부에는 관람객들이 모형 열차를 타고 경부선, 경의선, 호남선, 경원선을 둘러보는 코스가 마련되어 있었다.(그림 17) 특히 벽면에는 각 지역의 풍광을 그린 파노라마식의 유화가 설치되어, 관람객들은 새롭게 완공된 열차 노선을 따라 차창 밖으로 펼쳐지는 조선의 풍경을 경험하게 된다.(그림 18) 그리고 전국을 잇는 철도망의 완공과 이를 가능하

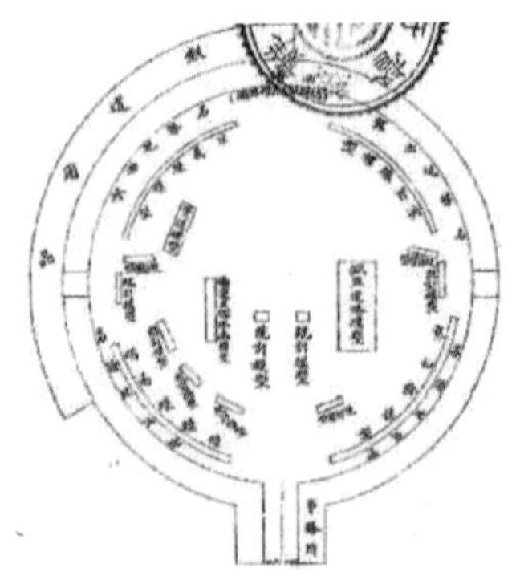

그림 17
조선물산공진회 철도관 내부 안내도

그림 18
조선물산공진회 철도관 내부 모습, 1915년

게 한 제국 일본의 힘을, 대중들은 모형 열차 사이로 빠르게 지나가는 이 새롭고 낯선 풍경을 통해 느꼈을 것이다.

이외에도 경주, 금강산, 비원 등이 공진회를 통해 새로운 명소로 고착되기 시작했다. 예를 들어 공진회장 내에 건립된 미술관에는 경주 남산의 약사불과 신라 석굴암의 불상을 본뜬 모형들이 진열되어[79] '古都 경주'의 이미지를 시각화하는 한편, 평소 일반인들의 출입이 제한되었던 비원이 공진회 기간 중 공개되기도 했다.[80] 국내외에서 116만 명 이상의 대규모 인원이 참가했던 공진회를 통해 일본에 의해 개발된 새로운 명소는 점차 대중적인 '조선의 관광지'로 변모되기 시작한 것이다.

이제까지 조선호텔 벽화를 총독부의 철도사업과의 관련 속에서 살펴보았다. 이를 통해 벽화로 선정된 주제는 1914년 경에 완공된 철도 노선 상에 위치하는 명소들이었으며, 이러한 선택의 이면에는 식민통치 하에 기획된 철도의 확장과 이에 따른 명소의 생산과 재배치의 과정이 있었다. 이는 조선호텔 벽화가 단순히 벽면을 장식하는 심미적 기능을 넘어, 당시의 식민정책과 무관하지 않았음을 의미하는 것으로, 호텔 내부를 장식한 "조선의 풍색"은 조선의 풍광이며, 동시에 일본인 바라보고 개발한 새로운 명소였다고 할 수 있을 것이다.

4. 환구단에서 조선호텔로

끝으로 조선호텔 벽화의 공적 의미를 조선호텔 설립 과정을 통해서 살펴보고자 한다. 호텔 부지 선정과 관련해서는 계획 초기부터 여러 가지 異見이 이었던 것으로 보인다. 호텔 신축계획안이 발표된 것은 1911년 11월이

79 "미술관에는 중앙 전열실에 경주 남산의 약사불을 안치하고 계단 위 중앙과 계단 아래 좌우에는 경주 석굴암의 불상을 본뜬 모형이 전시되었다." 서병협, 『공진회 실록』, 박문사, 1916.

80 「가을의 비원을 기쁘게 개방한다」, 『경성일보』 1915. 9. 6

그림 19
조선호텔 집회실(『朝鮮ホテル新築工事概要』, 조선총독부철도국, 1915)

며 최종적으로 환구단이 호텔 부지로 확정된 것은 1년이 지난 1912년 11월이었다. 당시 『매일신보』 기사 등을 참조하면 "환구단이 후보지로 유력하기는 하나, 남대문에서 거리가 멀고, 평수도 육천 평에 불과해" 고심했던 정황을 알 수 있다.[81] 이후에도 이러한 철도국의 고민은 계속되는데, 1912년 8월 31일 기사에는 첫 번째 희망지로 철도역이 인접한 경성역 부근이 언급되기도 했다.[82] 그럼에도 불구하고, 경성역에서 다소 거리가 먼 환구단이 최종적으로 선정된 데에는 다음과 같은 이유가 있었던 것으로 보인다.

> "이 땅은 임진왜란 때 우키다 히데이에(宇喜田秀家)의 군대가 本陣을 두고 군정을 펼쳤던 유서 있는 토지이며, 또한 고려 숙종왕의 南別宮이 있던 장소이며, 1897년 10월 12일 고조대왕이 한국으로 새로 제정을 선포하고 이곳에서 즉위의 대전을 올린 장소로, 지금 호텔 건물이 있는 주변은 당시 원구단이 있던 곳이다."[83]

81 "京城의 鐵道호테루의 位置에 關하야는 各種의 風說이 有하되 得聞한 바에 의하면 長谷川町 환구단도 그 후보지로 유력한 자 中 一이라 다소 남대문정거장에서 거리가 遠한 嫌이 有하되 평수도 육천여 평이라… 爲先 敷地는 원구단으로 假定하여도 無妨하겠다더라" 『매일신보』, 1912. 5. 14.

82 "京城鐵道호테루 건설지는 旣報와 如히 長谷川町 환구단을 適當으로 하야 대략 內定하얏다더니 更히 철도측의 희망으로 第一은 停車場前의 大屋長官官邸附近 第二는 南大門通의 荒井度支部長官官邸附近 第三은 大觀亭 及 경성수비대를 합한 지구를 희망하야 부득이하면 원구단으로 決코저하난 모양인데…" 『매일신보』, 1912. 8. 31.

83 『大京城案內』, 경성도시문화연구소, 1936.

즉, 이곳이 호텔 부지로 선정된 것은 중국 사신을 접견하던 남별궁이 있던 자리이자, 고종이 황제 즉위식을 거행한 곳, 그리고 무엇보다 임진왜란 때 장군 우키타 히데이에가 진을 치고 있었던 일본의 입장에서도 유서 깊은 장소였기 때문이었다.

그리고 이러한 조선호텔이 가지는 장소성은 호텔 내의 다양한 공간을 통해서도 드러난다. 실제 조선호텔 실내에는 순수 서양식의 외관과는 달리 和洋절충의 공간이 구비되어 있었다.(그림 19) 호텔 1층의 중앙 홀을 기준으로 좌측에 위치한 집회실은 일본과 서양의 실내장식을 절충한 방으로, 『호텔신축공사개요』에 따르면 천정에는 헤이안(平安)식의 보상화문양이, 정면으로 난 창에는 일본의 謠曲 하고로모(羽衣), 즉 선녀 전설에서 주제를 가져온 스테인드글라스가 설치되어있었다.[84](그림 20) 이처럼 서양과 일본의 전통이 혼합된 공간을 마련한 것은 조선호텔의 이용자 대부분이 일본인 상류층과 외국인이었기 때문으로 풀이된다. 이에 비해 조선적 취미는 호텔 뒤뜰에 남겨진 황궁우를 통해 대변된다. 전술했듯이 조선호텔은 북유럽 스타일에 조선취미를 가미해, 설계에 있어서는 "배면의 양익을 돌출시켜 재래의 팔각당과 조응하여, 조선에 흔히 그 예가 있는 內庭을 구상케"[85] 하였다. 즉 호텔은 황제의 즉위식이 거행된 환구단을 허물고, 제신의 위판을 봉안하던 황궁우를 후원의 감상물로 남겨 둔 채 완공된 것이다. 그리고 여기에 조선왕실의 권위공간을 박탈하고, 몰락한 왕조의 일부를 전시함으로써 제국의 위용을 과시하려는 정치적 의도가 있었음은 "다소 남대문정거장에서 거리가 遠한 嫌이 有하되 평수도 육천여 평"[86]인 이곳을 굳이 호텔 부지로 삼은 점을 통해서도 입증된다.

---

84 一, 집회실
和洋 절충을 활용하여.. 천정에는 헤이안(平安)식의 보상화문양이, 정면으로 난 창에는 일본의 謠曲 하고로모(羽衣)에서 주제를 가져온 스테인드글라스가 설치되어 있었다.

85 『朝鮮ホテル新築工事概要』, 조선총독부철도국, 1915. 9.

86 『매일신보』 1912. 5. 14.

그림 20
집회실 스테인드글라스
준공도 〈羽衣〉

이처럼 조선에 건립된 최초의 본격적인 서양식 호텔인 조선호텔 내부에는 조선과 일본의 요소들이 함께 공존하고 있었다. 和洋절충의 공간이 서양과 어깨를 나란히 할 수 있는 근대화된 일본의 전통을 보여주는 장소였다면, 후원에 남겨진 황궁우는 원래의 기능을 잃어버린 채 호텔의 일부로, 여행객들의 "동양취미를 賞玩하는 기회"[87]를 제공하기 위한 상품으로 전락되었다. 그런 점에서 조선 최고의 서양식 호텔이었던 조선호텔은 단순한 숙박시설을 넘어, 식민지를 보유한 '근대 일본의 힘'을 보여주는 장소였다고 할 수 있을 것이다.

한편, 전통을 단절시키고 새로운 의미를 부여하는 일은 일본이 조선을 식민지화하는데 있어 중요한 과제였다. 실제 1910년 한일합병 이후 본격화되는 도시개조를 통해 조선왕실의 상징공간은 제국의 권력과 질서를 재현하는 공간으로 변모되어 갔다. 그 대표적인 예가 1926년 경복궁 근정전 정면에 완공된 조선총독부 신청사이다.

이 건물 1층 중앙 홀에는 일본과 조선의 선녀전설과 풍속을 주제로, 양국의 친연성을 강조한 벽화가 설치되어 있었다. 그리고 이들 벽화가 內鮮一體 등으로 구체화되기 시작한 同化이데올로기를 반영하고 있음은 주제뿐만 아니라, 시공을 초월한 등장인물들의 융합된 이미지를 통해서도 입증된다.[88] 특히 조선시대까지 도교, 유교의 聖山으로 많은 선비들에게 숭배되어왔던 금강산은 내선일체의 지배 이데올로기를 뒷받침하는 선녀전설의 주요 무대

87 『朝鮮鐵道史』, 조선총독부철도국, 1915, p.401.

88 졸고, 「조선총독부 벽화에 관한 고찰: '내선일체'의 표상에서 '근대 벽화'로」, 『미술사논단』26호, 2008.

로 변용되었다.[89]

이처럼 과거의 권위와 전통을 단절시키고 새로운 이미지를 덧입히는 작업은 환구단을 허물고, 제신의 위판을 봉안한 황궁우를 후원의 완상물로 삼으며 건립된 조선호텔에서도 동일하게 확인된다. 제국 일본에 의해 새롭게 조명된 조선의 명소를 주제로 한 조선호텔 벽화는 이런 점에서 단순히 벽면을 장식하는 심미적 기능을 넘어, 새로운 공적 역할을 부여받게 되었다고 할 수 있지 않을까.

환구단과 경복궁이라는 조선왕실의 권위공간이 파괴되고, 그 자리에 근대문명을 상징하는 서양식 건물이 들어서는 광경은 조선의 수도 한양이 제국의 일부, 경성으로 편입되어 가는 과정과 맞물린다. 조선왕조에서 식민지 조선으로, 한양에서 경성으로 변화하는 길목에서 조선호텔 벽화는 제작된 것이다.

89 당시 조선에 전승되던 선녀전설의 수는 상당히 많으며, 대부분은 구체적인 장소를 언급하지 않고 있다. 1910년에 출한된 다카하시 도오루(高橋亨)의 조선의 이야기 이후, 금강산은 조선 선녀전설의 주요한 배경으로 정착한다.

3장 성덕기념회화관 벽화 〈일한합방〉
: 사실에서 성덕으로

1912년 7월 30일 메이지(明治)천황의 붕어가 공식 발표되었다. 이후, 천황을 기념하기 위한 사업이 대대적으로 추진되기 시작하는데, "御陵에 버금가는 것으로, 大恩을 베풀어 주신 先帝를 기념할만한"[90] 시설로 완공된 것이 메이지천황과 쇼켄(昭憲)황태후를 제신으로 하는 메이지신궁이었다. 일반적인 신궁과는 달리 메이지신궁은 社殿이 위치한 內苑과 공원 형식의 外苑이라는 이원 공간으로 구성되었다.[91] 천황과 황태후의 일대기를 다룬 성덕기념회화관(이하 회화관)은 이러한 외원의 중심 건물로 설립되었다.

천황의 〈御降誕〉에서 〈大葬〉에 이르는 총 80점의 작품을 시간 축으로 나열한 본 회화관에 대해서는 종래 다수의 논고가 있었다.[92] 미술사적 관점에

90 阪谷芳郎, 「明治神宮奉讃會經過」, 『明治神宮奉讃會通信』제4호 부록, p.1135 (박삼헌, 「근대일본 국체 관념의 공간화」, 『인천학연구』11, 2009. 8, p.37 재인용). 능묘조성은 천황의 유지에 의해 교토 모모야마(桃山)로 결정되었다.

91 메이지신궁은 도쿄 시부야(澁谷)구 요요기(代々木)에 위치하며, 1920년에 완공되었다. 외원은 가스미가오카마치(霞ヶ岡町)에서 미나토구(港區) 아오야마(靑山)에 걸쳐 있다. 외원에는 성덕기념회화관을 비롯해 헌법기념관(현 메이지기념관), 육상경기장(현 국립경기장), 신궁야구장, 스모경기장 등의 스포츠 시설이 있다.

92 회화관에 대한 학문적 관심이 본격화되는 것은 1990년대 중반부터로, 역사 및 미술사분야에서 다양한 연구 성과가 있었다. 林洋子, 「明治神宮聖德記念繪畵館について」, 『明治聖德記念學會紀要』11, 1994; 林洋子, 「明治神宮聖德記念繪畵館の成立経緯をめぐって」, 『近代畵說』8, 1999; 佐藤道信, 「明治神宮聖德記念繪畵館の日本畵について」, 『近代畵說』8, 1999; 川合知子, 「明治神宮聖德記念繪畵館硏究」, 『哲學會誌』21, 1997; 高柳有紀子, 「『歷史畵』としての明治神宮聖德記念繪畵館壁畵」, 『芸術學學報』8, 2001; 今泉宜子, 『明治神宮: 「伝統」を創った大プロジェクト』, 新潮社, 2013; 鄭ニョン, 「明治聖德記念繪畵館壁畵考」, 『年報地域文化硏究』18, 2015. 국내의 경우, 성덕기념회화관을 단독으로 다룬 논문은 전무하며, 부분적으로 언급한 연구로는 박삼헌, 앞의 논문; 박규태, 「메이지신궁과 화혼양재」, 『한국종교』제43집, 2018 등이 있다.

서 처음으로 회화관을 검토한 하야시 요코(林洋子)의 논고를 필두로 이들 선행연구는 벽화제작의 경위나 천황 眞影의 표현, 역사화로서의 의의 등을 밝히고 있으며, 대체로 회화관 조성이 "메이지천황과 쇼켄황태후를 기념하고 메이지신궁에 대한 숭경의 신념을 깊게 만들어 자연스럽게 國體 정신을 자각하도록 만드는"[93] 국민 교화의 장소였다는 점에는 일치하고 있다. 본 소론 역시 회화관이 메이지천황을 중심으로 구축된 역사 기념관인 동시에 천황의 성덕과 萬世一系의 국체를[94] 체득하는 교화의 공간이었다는 점에 주목하여 종래 구체적으로 언급된 적이 없는 회화관 벽화 〈일한합방〉[95]을 검토하고자 한다.[96]

서양화가 츠지 히사시(辻永, 1884~1974)[97]가 1927년 완성한 본 작품은 "明治43년(1910) 8월 22일, 당시 조선정부의 동의를 얻어 병합조약에 조인" 했던 "당시의 경성 남대문 부근 풍경"[98]을 주제로 한 작품으로, 가로 2.7m,

---

93 『明治神宮外苑志』, 명치신궁봉찬회, 1937, p.153.

94 萬世一系의 국체는 태양신 아마데라스(天照)의 후손인 진무천황(神武天皇)이 B.C 660년부터 일본을 다스린 이후 천황의 혈통이 한 번도 단절된 적 없이 2천 년 이상 이어져 일본을 통치해 왔다는 의미로, 대일본제국헌법(1889) 제1조에는 "대일본제국은 만세일계의 천황이 통치한다"라고 되어 있다.

95 논고에서는 작품 제목일 경우에 한해 '일한합방'을 그대로 사용했다.

96 기존 연구가 회화관 전체 구성에 주목했던 것에 비해, 최근 들어 벽화에 대한 개별 연구가 진행되고 있다. 飯尾由貴子, 「金山平三〈日清役平壤戰〉について」, 『兵庫縣立美術館硏究紀要』8, 2014; 藤井正弘, 「大久保作次郎の揮毫資料について-聖德記念繪畫館の壁畫〈グラント將軍と御對話〉」, 『神園』15, 2016. 5; 藤村是清, 「描かれた外輪船と太平洋認識-聖德記念繪畫館所藏岩倉大使出立図によせて」, 『神奈川大學アジアレビュー』 5, 2018. 3.

97 츠지 히사시는 산양을 잘 그려 '산양의 화가'로 불리기도 했던 인물이다. 히로시마시(廣島市) 출신으로 도쿄미술학교 재학 중부터 두각을 나타내 문전, 제전을 중심으로 활약하였다. 1920년 1년간의 유럽 유학 이후에는 주로 밝은 색채의 풍경화를 다수 제작했다. 1925년부터 27년까지 3차례 조선미전 서양화부 심사위원을 역임했으며, 戰後에는 제국예술원 회원, 日展의 초대이사장에 취임하며 昭和시기 서양화계 중진으로 활약했다.

98 그림의 내용에 관해서는 『明治神宮聖德記念繪畫館壁畫』, 明治神宮外苑, 2001, p.161

세로 3m의 캔버스에는 병합을 축하하듯 일장기가 휘날리고 숭례문[99]을 배경으로 조선인과 일본인들의 평화로운 일상이 펼쳐진다.(그림 1)

그런데 회화관 벽화 대부분이 정치, 외교, 군사 등의 구체적인 '사건'을 고증을 통해 사실적으로 재현하고 있는 것과 달리, 〈일한합방〉은 그날의 정황만이 펼쳐질 뿐 역사적 사건을 알기 힘들다. 실제 시기도 명확하지 않는데, 설명문에 언급된 8월 22일은 내각총리대신 이완용과 일본 통감 데라우치가 한일합병조약을 조인한 날이었다. 일반인들에게 병합의 소칙이 공표된 것은 일주일 뒤인 29일이었다. 그리고 무엇보다 유일하게 시공을 나타내는 장치인 숭례문조차 1910년 합병 '당시의 남대문'이라고 단정하기에는 현판의 부재, 벽면을 뒤덮은 담쟁이 넝쿨 등 납득하기 어려운 점들이 있다. 이러한 의문은 본 작품이 사실의 기록 이외에 또 다른 목적이 있었음을 시사한다.

따라서 논고에서는 먼저 성덕기념회화관의 성격을 화제 선정을 통해 살펴보고, 〈일한합방〉의 제작 과정 및 내용을 구체적으로 검토하고자 한다. 이를 통해 본 작품이 단순한 事實의 전달을 넘어 한일 강제 병합을 정당화하고 천황의 성덕을 기념하는데 목적이 있었음을 밝히고자 한다.

1. 성덕기념회화관 조성 과정

메이지 천황을 기념하는 회화관 조성에 대한 안이 제출된 것은 1914년 5월경이었다. 미카미 산지(三上參次) 도쿄제국대학 교수는 『神社奉祀調査會特別委員會報告』에 실린 제안서에서 "메이지 태평성대의 역사를 배우고, 일생의 위업을 仰慕하며 새롭게 성은에 감사"[100]하는 국민 교화공간으로서

을 참고했다.

99 숭례문은 1398년 건립되어, 한양도성 4개 대문 가운데 남쪽에 있어 남대문이라 칭하기도 했다. 현재는 2010년 9월 문화재청 지정명칭 변경에 따라 '서울 숭례문'으로 사용되고 있다. 이에 논고에서는 사료 인용을 제외하고 숭례문으로 통일하여 사용했다.

'메이지시대 역사화기념관' 설치를 피력했다. 결과적으로 이러한 미카미의 의견은 성덕기념회화관으로 결실을 맺게 되나, 그 과정은 결코 순탄치 않았다. 벽화 전체가 일반 공개된 것은 회화관 설립을 위해 1917년 위원회가 조직되고 20년이 지난 1937년이었다.(〈표 1〉 참조)

〈표 1〉 성덕기념회화관 건립 연력[101]

연도	내용	비고
1915. 5. 1	명치신궁봉찬회 발족	
1917. 2. 1	회화관위원 임명	10명으로 구성
1917. 5. 25	회화관위원회 결성	
1917. 7	제1회 위원회 개최	
1918. 1. 25	第1聖案(85제) 결정(제11회 위원회)	
1918. 1	二世五姓田芳柳 화제 고증도 제작 의뢰	
1918. 6	회화관 설계 공모	
1918. 9	회화관위원회 특별 소위원회 발족(제12회 위원회)	5명으로 구성
1919. 8	小林正紹의 설계안 결정	
1919. 10	회화관 공사 착수	
1921. 8	二世五姓田芳柳 화제 고증도 완성	
1921. 8. 5	第2聖案(80제), 최종 결정(제13회 위원회)	
1923. 7	회화위원회, 벽화조성위원회 조직	총 23명으로 구성
1923. 12	1-40 일본화, 41-80 서양화로 결정 화면 크기 획일주의 채용	
1926.3	회화관 준공	
1926.3	벽화 제작자 최종결정	
1926. 10. 22	회화관 정초식 거행	
1926. 10. 23	일반공개(단 1일)	서양화 4점, 일본화 1점 납입
1927. 10. 1	일반공개(토, 일, 축일만)	서양화 10점, 일본화 1점 납입
1936. 4. 21	회화관벽화 완성 기념식	총 80점 납입
1937. 4	일반공개	

회화관 설립은 1917년 회화관위원회가 결성되면서 본격화된다. 이들은

100 「외원에 메이지시대 역사화기념관을 건설하는 考案」, 『神社奉祀調査會特別委員會報告』, 1914 (박삼헌, 앞의 논문, pp.50-51 재인용).

101 『明治神宮外苑志』, 명치신궁봉찬회, 1937; 今泉宜子, 앞의 책을 참조해서 작성했다.

같은 해 7월 제1회 위원회를 개최하고 畵題 선정에 착수했다. 특히 위원은 도쿄미술학교장 마사키 나오히코(正木直彦)를 제외하면 전원이 維新史料編纂委員과 臨時帝室編修局 관계자로 구성되었는데,[102] 이는 회화관이 천황을 축으로 메이지의 역사를 시각화한 공간이라는 점에서 화제와 고증이 무엇보다 중요했음을 뒷받침한다. 그리고 이듬해인 1918년 먼저 85건의 주제가 선정되었다.[103] 이 시점에 위원회는 엄정한 고증과 해설서 작성을 위해 특별 소위원회를 조직하고 현지조사를 통한 참고자료 및 관련 증언을 수집하는 한편, 서양화가 二代 고세다 호류(二世五姓田芳柳, 1864~1943)를 촉탁으로 발탁하여 고증도(밑그림)을 제작했다.

고세다가 선정된 배경에는 그가 어느 미술단체에도 소속되지 않은 직업 화가로서 인물풍속화를 잘 그렸고 천황가와도 깊은 인연이 있었던 점[104], 그리고 무엇보다 "밑그림으로는 洋畵 쪽이 事實의 眞相을 나타내는데 적당"[105] 했기 때문이었다. 실제 고세다는 특별위원들과 함께 현지를 방문하는 등 "정세한 사실"에 근거한 화제 고증도 제작에 노력했다. 이러한 과정을 거쳐 1921년에 천황의 다방면의 업적과 신영토를 포함한 안배[106]를 고려한 화제

---

102 今泉宜子, 앞의 책, p.258 표4-2 참조. 유신사료편찬회는 유신자료 모집, 편찬을 위해 1911년 문부성내에 설치된 조직이었으며, 임시제실편수회는 『明治天皇記』(1933)를 편수하기 위해 1914년 궁내성에 설치되었다.

103 화제안은 1916년 회화관위원회 의장이었던 가네코 겐타로(金子堅太郞)의 55제를 필두로, 1917년 임시제실편수국의 54제, 유신사료편찬회의 64제 등 다수의 안이 상정되었으며, 1918년 위원회를 거쳐 第1聖案인 85제가 결정되었다. 今泉宜子, 앞의 책, p.263 표4-3 참조.

104 황실과의 관계는 초대 고세다 호류(五姓田芳柳, 1827~1892)로 거슬러 올라간다. 고세다는 그의 아들 요시마츠(五姓田義松, 1855~1915)와 사실적인 유화로 인기를 끌었던 인물이었다. 1874년 메이지천황의 초상화 제작을 필두로, 1878년에는 아들 요시마츠가 천황의 순행을 기록화를 제작하는 등 다수의 황실 관계 작품을 남겼다. 二代 고세다는 이러한 계승자로서 회화관 고증도 제작에 선발되었다고 할 수 있다.

105 水上浩躬, 「畵題選定ノ經過及其成果」, 『明治神宮奉贊會通信』66호 부록, 1921. 1.

106 최종 선정된 80건은 종류별로는 宮廷, 大政, 외교, 군사, 敬神, 애민, 교육, 자선, 덕행, 文事, 권업, 재정, 교통이, 지방별로는 京都, 東京, 近畿, 本州中部, 關東, 奧羽, 中

80건이 최종 선정되었다.

이후, 메이지신궁봉찬회는 1923년에 회화위원회와 화가들로 구성된 벽화 조성위원회를 조직하여 제작자와 봉납자, 화면 크기, 재료 등 제반 사항에 대한 선정에 들어갔다. 그리고 그해 12월에 천황의 전반생을 다룬 40점을 일본화로, 근대화된 메이지를 살았던 후반생 40점을 서양화로 제작하기로 결정하고, 화면의 크기는 세로 3m, 가로 2.7m로 일괄 통일할 것을 발표했다.[107] 이후 1926년에 80점에 이르는 벽화 제작자가 모두 결정되었으며, 일본화 가운데 몇몇 화가를 제외하고 대체로 1인 1점이 할당되었다.(〈표 2〉 참조) 제작자 선정 이후에도 현지조사를 비롯해 각종 참고자료의 수집 및 고증, 규격화된 화면 크기에 따른 구도 설정의 곤란[108] 등의 난항을 겪으며 1936년 드디어 전체 벽화가 납입되었다.

國, 九州, 沖縄, 北海道, 樺太, 臺灣, 日本海, 黃海, 朝鮮, 滿州, 美國이 포함되었다.

107 처음 85건의 경우, 내용과의 조화를 고려하여 화면을 大小 2종류로 나누어 대형은 폭 12척 35점, 소형은 폭 6척 50점으로 하고 대소의 크기는 사건의 경중에 따른 것으로 계획했었다. 『明治神宮外苑志』, 1937, p.468.

108 서양화가 이시이 하쿠테이(石井柏亭)는 처음 56건을 예상했던 화제가 80건으로 늘어나면서 横幅의 작품이 1점도 없이 전체 장방형으로 규격화됨으로써 예를 들어 일본가옥의 실내를 배경으로 하는 화제의 경우, 필요 없는 천정부분이 화면의 대부분을 차지하는 등 다수의 문제점을 지적하고 있다. 石井柏亭, 「聖徳記念繪畫館に就いて」, 『石井柏亭集』上, 平凡社, 1932, p.60.

〈표 2〉 성덕기념회화관 벽화 주제 및 제작자[109]

연번	주제	화가	연번	주제	화가
1	御降誕	高橋秋華	41	그랜드장군과 御對話	大久保作次郎
2	御深曾木	北野恒富	42	北海道巡幸屯田兵御覽	高村眞夫
3	立親王宣下	橋本永邦	43	山形秋田巡幸鉱山御覽	五味清吉
4	踐祚	川崎小虎	44	兌換制度御治定	松岡壽
5	大政奉還	邨田丹綾	45	軍人勅諭下賜	寺崎武男
6	王政復古	島田墨仙	46	條約改正會議	上野廣一
7	伐見鳥羽戰	松林桂月	47	岩倉邸行幸	北蓮藏
8	御元服	伊東紅雲	48	華族女學校行啓	跡見泰
9	二條城太政宮代行幸	小堀鞆音①	49	東京慈惠医院行啓	滿谷國四郎
10	大總督熾仁親王京都進發	高取稚成	50	樞密院憲法會議	五姓田芳柳
11	各國公使召見	廣島晃甫	51	憲法發布式	和田英作
12	五箇條御誓文	乾南陽	52	憲法發布觀兵式行幸啓	片多德郎
13	江戶開城談判	結城素明①	53	歌御會始	山下新太郎
14	大阪行幸諸藩軍艦御覽	岡田三郎助	54	陸海軍大演習御統監	長原孝太郎
15	卽位祀	猪飼嘯谷	55	教育勅語下賜	安宅安五郎
16	農民收穫御覽	森村宜稻	56	帝國議會開院式臨御	小杉未醒
17	東京御着輦	小堀鞆音②	57	大婚二十五年祝典	長谷川昇
18	皇后册立	菅楯彥	58	日清役平壤戰	金山平三
19	神宮親謁	松岡映丘	59	日清役黃海海戰	太田喜二郎
20	廢藩置縣	小堀鞆音③	60	廣島大本營軍務親裁	南薰造
21	岩倉大使歐米派遣	山口蓬春	61	廣島予備病院行啓	石井柏亭
22	大嘗祭	前田青邨	62	下關講和談判	永地秀太
23	中國西國巡幸長崎御入港	山本森之助	63	台湾鎭定	石川寅治
24	中國西國巡幸鹿兒島着御	山內多門	64	靖國神社行幸	清水良雄
25	京浜鐵道開業式行幸	小村大雲	65	振天府	川村清雄
26	琉球藩設置	山田眞山	66	日英同盟	山本鼎
27	習志野之原演習行幸	小山榮達	67	赤十字社總會行啓	湯淺一郎
28	富岡製糸場行啓	荒井寬方	68	對露宣戰御前會議	吉田苞
29	御練兵	町田曲江	69	日露役旅順開城	荒井陸男
30	侍講進講	堂本印象	70	日露役奉天戰	鹿子木孟郎
31	德川邸行幸	木村武山	71	日露役日本海海戰	中村不折

109 위 표는 『明治神宮聖德記念繪畵館壁畵』, 2001년; 『明治神宮外苑志』, 1937을 참조해서 작성했다.

연번	주제	화가	연번	주제	화가
32	皇后宮田植御覽	近藤樵仙①	72	포츠머스講和談判	白瀧幾之助
33	地方官會議臨御	磯田長秋	73	凱旋觀艦式	東城鉦太郎
34	女子師範學校行啓	矢澤弦月	74	凱旋觀兵式	小林万吾
35	奧羽巡幸馬匹御覽	根上富治	75	樺太國境畫定	安田稔
36	畝傍陵親謁	吉田秋光	76	觀菊會	中澤弘光
37	西南役熊本籠城	近藤樵仙②	77	日韓合邦	辻永
38	內國勸業博覽會行幸啓	結城素明②	78	東京帝國大學行幸	藤島武二
39	能樂御覽	木島櫻谷	79	不豫	田辺至
40	初雁の御歌	鏑木淸方	80	大葬	和田三造

* 옅은 색은 천황이 직접적으로 등장하지 않는 작품
* ①②③은 동일 작가의 제작 횟수를 나타냄

그러나 20년이라는 세월과 식민지를 포함한 전국 각지에서 모금한 670만 엔에 달하는 거비가 사용된 회화관의 작품들은 봉찬회 상임이사였던 미나가미(水上浩躬)가 언급했던 것처럼 종류에서는 대정, 외교, 군사가, 지역으로는 도쿄, 교토가 절반 이상을 점했으며,[110] 화풍에 있어서는 재현성이 강조되는 가운데 회화로서는 "전혀 흥미롭지 않은"[111] 창의성이 결여된 작품들이 대부분이었다. 게다가 화제 선정에는 다음과 같은 방침이 전제되었다.

> "一, 화제 선정은 메이지 천황 事歷의 梗槪를 나타내어 성덕 대업을 奉頌하고 더불어 皇后宮의 坤德을 顯揚하는 것을 목적으로 한다.
> 二, 사항의 성질에 따라서는 이를 정면에서 그리는 것보다 오히려 측면에서 모사하는 방식이 좋고 그 眞相을 나타내는데 적당할 수 있으며, 따라서 身邊의 접촉을 멀리하는 화제 또한 적지 않다.
> 三, 史實에서 보면 매우 중대한 사항이라도 회화로서 그 題材를 구하기 쉽지 않으면 부득이 이를 생략한 경우가 있다."[112]

110 水上浩躬, 앞의 글.
111 石井柏亭, 앞의 글, p.60.
112 「畵題選定ノ方針」, 『明治神宮外苑奉納槪要報告』, 明治神宮奉讚會, 1926. 10, p.103.

즉, 화제 선정은 천황과 황후의 성덕을 기리고 널리 알리는 것을 목적으로 하되, 사항에 따라서는 정면이 아닌 측면을 그리거나 심지어 "國運 발전의 대관계가 있는 것은 身邊에서 멀다 하여도 이를 채용"[113]했던 것이다. 실제로 전체 80건 중 23건에 천황은 등장하지 않는다. 예를 들어 〈西南役熊本籠城〉, 〈日清役平壤戰〉, 〈日露役日本海海戰〉 등 국내·외에서 발발한 전쟁이나 〈일영동맹〉, 〈포츠머스講和談判〉, 〈일한합방〉과 같은 외교 장면은 천황의 직접적인 출현 없이도 제국 일본의 확립을 보여주는 주요 사건으로 화제에 포함되었다.

그런 점에서 회화관은 메이지 천황의 개인적인 사건보다는 천황을 중심으로 구축된 새로운 국사 기술의 공간이었으며,[114] 최종적으로는 "이곳에 입장하는 자는 관내를 한 바퀴 도는 동안 메이지 태평성대의 역사를 배우고, 나아가 일생의 위업을 앙모하며 새롭게 성은에 감사"[115]하도록 구상된 국민교화의 장소였다고 할 수 있다. 실제 〈일한합방〉 역시 초기에는 이러한 외교적 사건을 중심으로 구상되었다.

2. 〈일한합방〉 제작 과정

회화관 구상에 있어 한일합병은 처음부터 중요 화제로 다루어져[116] 1921년

113 水上浩躬, 「壁畵題選定ノ經過及其成果」 (『明治神宮叢書』제3권, p.1169 수록).

114 일본은 신정부 수립 다음 해인 1869년부터 국사편찬국을 설치하고 국사편찬 사업에 힘썼다. 이러한 국사의 필요성은 1891년 「소학교 校則大綱」 제7조에 자세히 기술되어 있다. 즉, "일본 역사는 일본국 국체의 대요를 알리고 국민다운 지조를 기르는 것을 요지로 한다. (중략) 건국의 체제, 皇統의 무궁, 역대 천황의 성업, 忠良賢哲의 사적, 국민의 武勇, 문화 유래의 개략을 받아서 국초부터 지금에 이르는 事歷의 대요를 알려야 한다." 탄오 야스노리, 「국사화의 전개-昭和期의 역사화」, 『조형』20권, 서울대학교 미술대학, 1997, pp.81-82.

115 『神社奉祀調査會特別委員會報告』 (『明治神宮叢書』제17권, p.225 재수록).

116 한일합병은 전술했던 가네코 겐타로(金子堅太郎)가 1916년 제안한 55제에도 포함되어 있었다.

그림 1
辻永, 〈일한합방〉, 1927년, 성덕기념회화관

그림 2
二世五姓田芳柳, 〈일한합방〉 고증도, 1921년

전체 80제 중 77번째 주제로 최종 결정되었다. 이후 봉납주최인 조선총독부가 1924년 9월에 츠지 히사시를 휘호자로 추천하여 메이지신궁봉찬회의 동의를 얻어 이듬해 정식 임명했다. 1925년부터 본격적인 작품 제작에 착수한 츠지는 2차례의 경성 방문과 밑그림 품평회 등을 거쳐 1927년 10월에 숭례문을 배경으로 한 〈일한합방〉을 완성했다.(그림 1) 그런데 본 작품이 처음부터 숭례문 광경을 주제로 한 것은 아니었다. 사실 1921년 경에 고세다가 완성한 고증도는 1910년 8월 22일 오후 4시 경, 통감관저에서 있었던 한일합병 조약식의 장면이었다.(그림 2)

고세다의 고증도에는 그림자가 길게 드리운 늦은 오후, 통감관저의 일실을 배경으로 당시 일본 통감이었던 데라우치와 내각총리대신 이완용, 농상공부대신 조중응이 마주보고 앉아 있는 장면이 그려졌다. 특히 테이블 위에는 2개의 인장함과 붓과 벼루, 한·일 양국어로 쓰였을 것으로 추정되는 2건의 조약문이 놓여 있어, 병합조약에 기명날인하기 직전의 역사적인 순간을 담고자 한 것을 알 수 있다. 게다가 전체적인 방의 구조, 가구, 벽면에 걸린

그림 3
『동아일보』1920년 8월 29일

그림 4
시정기념관, 『조선』1940년 1월호

족자 등은 병합 10주년을 기념해 『동아일보』에 실렸던 조인식 장소의 사진(그림 3)을 비롯해 조선총독부박물관장이었던 사세 나오에(佐瀨直衛)의 다음 설명과도 일치한다.

> "다시 階上으로 올라와서 그 東南偶의 一室은 明治 43년(1910) 8월의 역사상 특필할 만한 일한병합조약이 조인된 방인데, 이 방에는 당시 사용됐던 탁자, 의자, 벼루 등 예전 그대로 보존되어 있는 외에 伊藤公의 초상화를 비롯하여 同公이 통감의 요직에서 물러나 歸東할 제에 椽大의 붓을 휘둘러 「南山脚下綠泉亭」의 칠언절구를 지어 揮毫한 大扁額 및 이것의 유래를 적어 놓은 魯庵 寺內正毅 백작의 대편액이 걸려있는 것이 눈에 띈다."[117]

총독부는 1940년에 기존 통감관저를 역대 통감과 총독의 업적을 기리는 시정기념관으로 개관하게 되는데,[118] 이때 설치된 합병 조인실에 대한 사세의 위 설명 및 당시 사진(그림 4)과 고세다의 고증도는 거의 일치한다. 특히 고증도의 벽면에 걸려있는 7언 절구의 묵서 족자 말미에는 이토 히로부미(伊藤博文)의 호 春畝山人이 확인되어, 사세가 언급한 「南山脚下綠泉亭」의

117 佐瀨直衛, 「朝鮮總督府始政記念館の開設に就て」, 『조선』1941년 1월호, 조선총독부, 1941, p.61.

118 통감관저의 역사에 대해서는 다음 책에서 구체적으로 다루었다. 이순우, 『통감관저, 잊혀진 경술국치의 현장』, 하늘재, 2010.

편액을 모사한 것으로 추측된다. 이처럼 고세다는 철저한 고증을 통해 한일 합병 조인의 그날을 재현했다고 할 수 있다.

그러나 이러한 조인식의 장면은 최종 단계에서 숭례문을 배경으로 한 경축의 장면으로 변경되게 되는데, 이와 관련해 벽화 제작의 경위를 기술한 「壁畵謹製記錄」의 다음 내용이 주목된다.

> "화백은 남대문을 중심으로 일한 양 국민이 오늘부터 서로 힘을 합해 동양의 前途에 大多한 희망을 품으며 일한병합을 경축하고 있는 광경이 인심을 자극하지 않고 영구히 남는 그림으로서는 어떠할까라고 생각했는데 예상대로 메이지신궁봉찬회와 조선총독부 관계자도 같은 의향으로 화기애애한 광경이 바람직하다는 贊意를 표했으므로 화백은 1925년 4월 경성으로 향해 조선총독 사이토 마코토(齋藤實), 정무총감 시모오카 주지(下岡忠治)의 양해를 얻어 마침내 본 화고를 그리는 것으로 했다."[119]

즉, 기록에 의하면 츠지의 안에 정부 관계자들이 동의하여 기존의 한일 합병 조인식이라는 민감한 장면 대신 인심을 자극하지 않고 벽화로서의 영구성 등을 고려한 경축의 장면으로 변경했다는 것이다. 그러나 화제 선정과 고증도 제작에 4년 가까운 시일과 전문가들이 동원되었던 점을 고려하면 츠지가 먼저 사견을 개진했다고는 보기 힘들다. 실제 1차 안으로 먼저 85건의 화제가 결정되고 고세다가 고증도 제작에 착수한 것은 1918년 1월이었으나, 이후 3.1 독립운동이 전개되고 총독부의 통치정책이 문화정치로 변경되는 등 국내 정세가 급변했다. 따라서 벽화 내용의 변화는 이러한 당시 상황 및 정책을 반영한 결과로 추측된다.

다만, 숭례문이라는 장소는 츠지가 휘호자로 선정된 1924년 이후였을 가능성이 크다. 1925년 5월 1일, 경성에 도착한 직후 그는 경성일보와의 인터뷰에서 다음과 같이 언급했다.

---

119 「壁畵謹製記錄」, 앞의 책, pp.878-879.

"총독부의 부탁으로 일한병합을 주제로 한 9尺 4方의 벽화를 그리기 위해 왔습니다. 畵材를 찾기 위해 평양, 인천 그 외 각지를 돌아다닐 예정입니다만 鮮人 모델도 찾아지는 대로 사용해 볼 생각입니다. 화실은 巴城館에 적당한 방이 있어서 약 한달 간 체재하고 밑그림만 완성할 생각입니다."[120]

위 기사를 참조하면 츠지가 당시 경성뿐 아니라 평양, 인천 등 각지를 염두에 두고 있었던 것을 알 수 있다. 숭례문으로 확정한 것은 그로부터 10여일이 지난 시점으로, "벽화는 드디어 남대문으로 결정하여 10일 정도 매일 오전 5시부터 스케치를 위해"[121] 조선신문사 앞 광장을 방문했다.

〈표 3〉 츠지 히사시 〈일한합방〉제작 과정

일자	내용	출처
1924.9	제작자로 츠지 결정	「壁畵謹製記錄」
1924.11	회화관 양화부 모임, 회화관 시찰 출석	「壁畵謹製記錄」
1925.4	남대문으로 주제 변경	「壁畵謹製記錄」
1925.5~6	경성 체류(40일간)	『경성일보』1925. 5. 2
1925.10	벽화 밑그림 논평	『조선신문』1925. 10. 26
1926.5	경성 체류	『경성일보』1926. 5. 6
1926.12.10	밑그림 봉찬회에 제출	「壁畵謹製記錄」
1927.5~6	경성 체류	『매일신보』, 『경성일보』
1927.10	벽화 납입	『明治神宮外苑志』

이렇게 40여 일 간의 체류를 통해 완성한 밑그림은 같은 해 10월 24일 헌법발표기념관에서 개최된 논평회에서 기타 렌조(北蓮藏)의 〈岩倉邸行幸〉와 더불어 주목을 받았다.[122] 특히 기타의 작품이 왕정복고의 공신이었던 이

120 「일한병합의 대벽화를 그리다」, 『경성일보』 1925. 5. 2.
121 「남대문 앞에서 메이지신궁의 벽화를 찾아서」, 『조선신문』 1925. 5. 20.
122 이 논평회에는 서양화 집필자 36명과 위원들이 참가했으며, 각자가 제작한 밑그림 2, 3종을 지참하여 비평을 교환했다. 「神宮의 벽화 드디어 本式에 彩筆」, 『조선신문』

와쿠라 도모미(岩倉具視)가 임종하기 직전에 처소를 찾은 천황의 감동적인 장면이었다는 점에서, 본 작품 역시 한국과 일본인이 함께 "동양의 前途에 대다한 희망을 품으며 일한병합을 경축"하는 상징적인 내용이 높은 평가를 받은 것으로 추측된다. 이후, 츠지는 숭례문 사생을 위해 1926년 5월에 재차 경성을 방문했으며,[123] 일 년 뒤인 1927년 10월에 〈일한합병〉을 완성했다.(〈표 3〉 참조)

3. 성덕의 시각화: 숭례문과 남산

한편, 작품 제작에 있어서는 무엇보다 기록화로서 고증이 중요했다. 이를 위해 츠지는 적어도 2차례 이상 경성을 방문했으며,[124] 체류 기간 중에는 "총독부 서류와 당시의 일을 알고 있는 사람들을 만나 남대문의 모습을 조사"[125]하는 등 한일합병 당시의 광경을 사실적으로 재현하고자 했던 것을 알 수 있다. 본 작품에 등장하는 한국과 일본인들의 어떠한 동요도 없는 일상경 역시 1910년 8월 29일 병합 공표 당일의 모습을 전하는 신문기사 내용과 다르지 않다.

> "합병조약이 발표되면 다소의 동요가 발생할 것으로 모든 사람들이 예상했으나 사실은 이와 반대로 그 靜穩함에 놀랐다. 당국자가 公布의 방법으로 전 황제의 칙유와 데라우치 통감의 諭告를 시가지 주요지역 수십 곳에 게시했으며, 왕래하는 韓人들은 한데 모여 이를 관람하는데 그 중 한 사람이 高聲大讀하고 다른 사람들은 듣다가 字句의 요점에 달하면 '좋소, 좋소' 하고

1925. 10. 26.

123 「남대문을 메이지신궁 벽화로」, 『경성일보』 1926. 5. 6.

124 〈표 3〉에 표기했듯이 츠지는 벽화제작을 위해 1925년 5월, 1926년 5월 2차례 방문했으며, 같은 시기 조선미전 심사에도 참여했다. 조선미전 심사는 1927년 5월까지 이어졌다.

125 「壁畵謹製記錄」, 앞의 책, p.879.

서로 수궁하여 만족한 태도를 표하며, 그 외에 시가의 광경을 보면 모두 활발한 기상으로 嬉嬉自若함으로 모 외국인은 이 현상을 보고 조선인들이 時勢를 따라 明敏善變함을 본국에 보고하였더라."[126]

총독부 기관지인 『매일신보』의 기사라는 점에서 윤색되었을 가능성이 크나, 츠지가 이러한 기록과 증언 등을 참조해 상황을 재현하고자 한 것은 분명해 보인다. 특히 숭례문은 본 작품에서 시공간을 드러내는 중요한 장치이자 조선을 대표하는 이미지로,[127] 공포와 단청, 2층 창문의 태극무늬 개수, 지붕에 설치된 화재와 액을 막아 준다는 잡상에 이르기까지 세밀한 고증이 이루어졌다. 실제 작품에 등장하는 좌우의 성벽이 완전히 훼철된 채 원형의 석축으로 단장된 숭례문의 모습은 1910년대 사진과 흡사하다.

예를 들어 1911년 『日本之朝鮮』에 실린 숭례문은 한양 도성의 정문으로서의 기능을 상실한 채 좌우의 성벽이 완전히 철거된 상태이다.(그림 5, 그림 6) 대신 주변에는 1910년에 새롭게 조성된 원형의 석축과 서양식 가로등이 보이는데, 이러한 외관은 〈일한합방〉의 숭례문과 같다. 게다가 지붕에 보이는 잡상의 수도 사진과 거의 비슷한데, 원래 숭례문에는 잡상이 1층 지붕에 7개, 2층에 9개씩 있었으나 1층 지붕의 경우, 1910년대가 되면 2~3개가, 1920년대가 되면 전체가 소실된다. 따라서 본 작품 1층 처마에 그려진 4개의 잡상은 1910년 무렵의 상황을 재현한 것으로 볼 수 있다. 게다가 츠지는 이러한 정세한 숭례문의 묘사뿐 아니라 일본과 조선 양쪽 관계자들의 검증을 거치는 등 역사 기록화로서 〈일한합방〉을 염두에 두고 있다고 할 수 있다.[128]

---

126 「조선인의 靜穩」, 『매일신보』 1910년 8월 31일.

127 숭례문의 상징성과 관련해서는 다음 논문에서 자세히 다루고 있다. 목수현, 「관광 대상과 문화재 사이에서: 숭례문, 황궁우, 경회루를 통해 본 근대 '한국'표상 건축물의 위상」, 『동아시아문화연구』제59집, 2014. 11.

128 「壁畵謹製記錄」, 앞의 책, p.880.

그림 5
숭례문, 1907년 이전

그림 6
숭례문, 『日本之朝鮮』, 1911년

그럼에도 불구하고 본 작품의 숭례문을 1910년 한일합병 당시의 모습이라고 단정하기에는 몇 가지 불분명한 점이 있다. 먼저 담쟁이 넝쿨로 뒤덮인 외벽은 1907년 요시히토(嘉仁) 황태자 순방 당시의 숭례문 사진이나 원형의 석축을 조성하고 정비를 막 끝낸 1911년 사진에서는 찾아 볼 수 없다. 츠지가 작품 제작에 앞서 다수의 사진과 기록, 증언 등을 참조했다는 점을 떠올리면 단순한 실수라기보다는 의도적인 선택이었을 가능성이 크다.

사실 숭례문의 훼철은 1907년 통감부 내부차관으로 취임한 기우치 쥬지로(木內重四郞)를 위원장을 한 성곽처리위원회를 조직하고 본격화된다.[129] 1908년에는 좌우 성곽 철거와 도로 공사가 완료되었으며, 1910년에는 숭례문 주변으로 석축과 가스등이 설치되었다.[130] 특히 성곽의 철거가 도시의 근

129 1899년 숭례문 홍예 하부를 관통하는 전차 선로가 개설되자, 전차와 사람, 우마차 등이 뒤섞여 교통사고가 자주 발생했고, 이를 계기로 성벽 철거 논의가 시작된다. 1907년 3월에 의정부 참정대신 박제순이 이를 요청하여 고종의 허가를 얻었으나 실행되지 못했다. 일제강점기 한양도성 성곽 훼철과 관련해서는 다음 논고를 참고했다. 오오타 히데하루, 「근대 서울 성곽의 보존과 諸相」, 『서울학연구』제47호, 서울시립대학교 서울학연구소, 2012. 5, pp.126-128.

130 숭례문의 훼철 과정은 다음과 같다.

연도	내용
1907. 4	좌우 성첩 8칸 훼철
1907. 4~9	주변 가옥 매수, 800칸 정리
1907. 9	북측 성벽 우선 철거, 신도로 개설

대화를 상징하는 한편, 대한제국이 일본의 지배하에 들어갔음을 보여주는 시각적인 증좌이기도 했다는 점에서 〈일한합방〉에 보이는 근대적 석축과 가스등, 그리고 좌우 성곽이 훼철된 채 담쟁이 넝쿨로 뒤덮인 숭례문의 기묘한 조화는 마치 대한제국의 쇠망과 제국 일본의 힘을 보여주는 듯하다.

이러한 정치적 메시지는 현판의 부재를 통해서도 이해된다. 〈일한합방〉에 등장하는 숭례문에는 현판이 그려져 있지 않은데, 이는 츠지가 숭례문의 정면이 아닌 후면을 그렸기 때문이다. 현판이 '경성 남대문'이라는 장소를 적극적으로 드러낼 수 있는 유일한 단서임에도 불구하고 그가 후면을 택한 것은 무엇보다 남쪽에서 떠오르는 아침 해를 그리기 위해서였던 것으로 보인다. 실제로 츠지는 매일 아침 5시, 조선신문사 앞 광장에서 숭례문을 스케치했는데,[131] 이러한 그의 의도는 다음 기록에 잘 드러나 있다.

> "화백이 의도한 남대문을 아름답게 비추는 아침 햇살은 여명의 조선이 일본의 두루 미치는 빛을 받아 장래의 복리 증진을 계획하여 문화의 향상, 산업 발전으로 나아가는 開幕의 날인 日韓合邦 경축의 정황을 화면에 담고 있는 것을 拜觀者는 볼 수 있을 것이다."[132]

즉, 숭례문을 비추는 아침 햇살은 여명의 조선을 깨우는 일본(천황)을 의

연도	내용
1907. 10. 16	요시히토(嘉仁) 황태자 순방
1908. 3	남쪽 성벽 훼철
1908. 10	숭례문 좌우 도로 완공
1909	성곽 철거 완료
1910	숭례문 주변 원형 석축 조성
1921	경찰관 파출소(齊藤기념탑) 건설
1932. 5	홍예 폐쇄
1937. 12	일체 교통 금지
1939	남대문 주위에 지하도, 로터리 설치

131 『조선신문』, 앞의 기사, 1925. 5. 20.
132 「壁畫謹製記錄」, 앞의 책, p.880.

그림 7
〈일한병합〉 안내도 성덕기념회화관

그림 8
숭례문 정면에서 남산(남산타워)을 바라본 모습, 필자 촬영

미한다. 한일합병은 천황의 두루 미치는 은혜를 받아 문화와 산업 발전의 근대화로 나아가는 경축의 첫 날인 것이다. 그리고 이러한 아침 태양과 더불어 주목되는 것이 남산이다. 건립초기부터 벽화 내용의 이해를 돕기 위해 설치된 그림 안내도에는 '남대문'과 더불어 '남산'의 지명이 기입되어 있는데, 숭례문 뒤편으로 펼쳐진 나지막한 산이 바로 남산이다.(그림 7) 태양이 떠오르는 남쪽을 의식한 결과 자연스럽게 남산이 그려졌을 수도 있으나, 별도로 지명을 기입할 만큼 중요한 장소로 인식한 것은 분명해 보인다.

게다가 남산은 숭례문의 동남쪽에 위치하고 있어, 이를 한 화면에 그려 넣기 위해서는 정면보다는 뒷면이 유리했다. 실제 필자가 찍은 사진을 보면 정면의 경우 숭례문과 남산의 거리가 멀고 두 모티브를 동시에 화면에 그리기가 쉽지 않다.(그림 8) 결국 건물의 정체성을 드러내는 현판을 포기할 만큼 남산과 아침 해가 가지는 의미는 컸다고 할 수 있다.

남산은 조선 태조가 한양으로 도읍을 정할 때 풍수지리설상으로 안신에 해당하는 중요한 산으로, 수호신당인 국사당을 세우기도 했다. 그런데 이러한 남산에 1885년 일본인 거류지가 들어서면서 통감부, 통감관저, 남산대신궁(이후 경성신사) 등 식민 지배를 상징하는 각종 시설물들이 들어서기 시작한다. 게다가 츠지가 경성에 도착한 1925년 4월 경 남산에는 일본 건국신화의 주신인 아마데라스 오미카미(天照大神)와 메이지천황을 제신으로 삼은 조선신궁이 거의 완공되고 있었다. 한양 도성의 남쪽 산으로 우리민족에게 신성하고 친근했던 남산이 異國왕의 신령이 봉안된 조선통치의 상징적 공간으로 탈바꿈하고 있었던 것이다.

그런 점에서 작품에 등장하는 떠오르는 태양과 남산은 만세일계의 천황을 상징한다고 할 수 있다. 이처럼 여명의 빛으로 천지를 일깨우는 천황의 치세는 이후에도 반복되는데, 예를 들어 1940년대 초등음악에서는 다음과 같이 노래되었다.

> 아시아의 동쪽 해 뜨는 곳/ 現人神 천황이 나타나시어/ 오랫동안 천지를 가린 안개를/ 거룩한 빛으로 구석구석 비추어/ 가르침 온 땅에 도를 밝히시어/ 다스리신 천황의 치세 존엄하여라.[133]

한편, 한일합병을 천황의 은덕으로 묘사하는 방식은 1942년 개관한 도쿄부 양정관[134] 벽화 〈한국병합〉에서 더욱 노골화된다.(그림 9) 남녀 아동이 높은 산 정상에 올라 경성 시내를 바라보며 일장기를 흔들고 있는 본 벽화는 "남녀 아이들이 손에 흔들고 있는 일장기에 동양 평화의 약속을 견고히 하며, 반도가 널리 천황의 은혜를 입게"[135]된 장면을 표현한 것이었다.

게다가 뒤 늦게 산을 오르는 갓을 쓴 노인과 달리 천황의 새로운 신민인

---

133 「明治節」, 『초등음악』제3학년, 조선총독부, 1943, p.6; 번역은 김순전 외, 『초등학교 창가교과서 대조번역』하, 제이앤씨, 2013, p.373을 따랐다.

134 양정관은 도쿄부가 황태자(平成天皇)의 탄생을 기념하기 위해 청소년 및 그 교육을 담당하고 있는 자에게 국체, 일본정신의 앙양을 목적으로 건설한 수양도장이다. 국사회화는 양정관 내부 국사회화관에 전시되었다. 양정관 국사회화에 대해서는 다음 논문에서 자세히 다루었다. 박삼헌, 「국체 관념의 시각화-도쿄부 양정관의 국사회화를 중심으로」, 『동아시아 세계의 일본사상』, 동북아역사재단, 2009.

135 國史繪畵會編, 『(東京府養正館)國史壁畵集』, 1942, p.139.

아이들이 밟고 있는 장소는 "남산, 지금의 경성신사의 진좌가 있는 곳"이었다. 일본의 황조신인 아마데라스를 제신으로 한 경성신사 경내에서 경성 시가지를 내려다보며 천황의 은혜를 기뻐하는 모습은 츠지의 〈일한합방〉이 발신하는 메시지와 다르지 않아 보인다.

그림 9
永地秀太, 〈한국병합〉, 1942년, 도쿄 양정관 국사회화관

결국 〈일한합방〉에 보였던 역사화로서 모순된 다수의 의문들은 강제 병합을 정당화하고 천황의 성덕을 표현하는 과정에서 발생한 결과였다고 할 수 있다. 그럼에도 여전히 본 작품은 메이지 시대를 대표하는 史實로서 회화관에 전시되고 있다.

본 소론은 서양화가 츠지 히사시가 성덕기념회화관 벽화로 제작한 〈일한합방〉을 대상으로, 회화관이 메이지천황을 중심으로 구축된 역사 기념관인 동시에 성덕에 감화하는 교화의 공간이었다는 점에 주목하여 작품의 제작배경을 추적하였다. 이를 통해 본 작품이 초기의 한일합병 조인식이라는 외교적 사건에서 숭례문을 배경으로 한 경축의 장면으로 변경되었을 뿐 아니라, 단순한 사실을 넘어 대한제국의 쇠망과 메이지천황의 성덕을 표현하는데 목적이 있었음을 밝혔다. 특히 메이지천황의 신령이 깃든 남산과 도성관문으로서의 당당한 자태를 잃어버린 채 담쟁이 넝쿨로 뒤덮인 숭례문이야말로 망국의 시대상과 제국의 힘을 대변하는 것이기도 했다.

그리고 이렇게 시각화된 한일합병의 이미지는 이후 국정교과서 등을 통해 史實로 유포되었다. 실제 츠지의 〈일한합방〉은 제4차 국정역사교과서 삽화로 게재되어[136] 일본 학생들에게 "이것은 경성 남대문의 실경이므로 조선

136 『尋常小學國史』下, 1934 이 외에도 『尋常小學國史繪圖』하권, 동경, 학습사, 1935 등

풍물을 아동에게" 알리는 한편, "병합의 詔勅 발표 당일은 각 가정에서 국기를 걸어 이를 경축하고, 또한 일본과 조선 남녀가 상호 왕래하는 너무나 화기애애한 정경"[137]이었던 것으로 소개되었다. 대한제국과 일본 간에 강제로 체결된 한일합병이라는 외교적 사건은 이제 천황의 성덕 아래에서 한국과 일본 국민이 같은 동포로서 지속적인 행복을 향유하는 그 날로 각인되기 시작한 것이다.

에도 "남대문 근처에서 한일합방에 환희하는 한일백성들"의 모습이 삽화로 게재되었다.

137 탄오 야스노리, 앞의 논문, 재인용, p.84.

4장 조선총독부 벽화

1926년 서양화가 와다 산조(和田三造, 1883~1967)가 완성한 조선총독부 벽화는 일본의 식민지 통치를 대변하는 '민족 수난의 증거물'로 일괄된 평가를 받아왔다.[138](그림 1, 그림 2) 여기에는 法宮인 경복궁의 일부를 허물고 조선왕조의 정통성을 부정하듯 세워진 총독부의 벽화였다는 점, 그리고 선정된 주제가 당시의 통치 이데올로기, 특히 '內鮮一體'를 표상하는 친연성을 강조한 양국의 전설과 풍속이었다는 점이 강하게 작용했다고 할 수 있다. 그런데 이미 선행연구가 지적하고 있듯이 실제 작품에 이러한 논리를 대입하는 데는 몇 가지 석연치 않은 점이 존재한다.[139] 조선총독부 건축과장 이와이 초자부로(岩井長三郞)가 총독부 기관지 『朝鮮』에 게재한 보고서에 따르면 와다에게 벽화 제작을 의뢰한 것은 1922년 9월이며, 선정된 주제는 다음과 같은 것이었다.

"부드럽고 깊은 인상을 주어야 하는 까닭으로 역사 전설 모두에 걸쳐 여러 대가들의 의견을 청한 결과, 일본과 조선의 유사한 전설에 天女를 畵題로 삼은 것이 있습니다. 內地를 나타내는 것에는 후지(富士)를 배경으로 한 미호(三保) 마츠바라(松原)의 하고로모(羽衣), 조선을 대표하는 것에는 금강산을 배경으로 어떤 나무꾼이 상처 입은 노루를 구해 준 덕에 천녀가 하늘로 올라가지 못하게 되었다라는 이들 두가지 대표 전설을 회화화하고, 이 외에

---

138 「內鮮一體표현: 총독부 벽화와 동일소재 벽화 2점 日에도 있다」, 『경향신문』, 1995. 8. 11; 『구 조선총독부 건물 실측 및 보고서(上)』(국립중앙박물관, 1997), pp.388-389; 金惠信, 『韓國近代美術研究: 植民地期「朝鮮美術展覽會」にみる異文化支配と文化表象』ブリュッケ, 2005, pp.49-51 등.

139 木下直之, 「ソウルに殘る和田三造壁畵」, 『ピロティ兵庫縣立美術館ニュース』No.63, 兵庫縣立美術館, 1987, pp.8-9; 手塚惠美子, 「和田三造作朝鮮總督府壁畵について-「平和の繪」の意味をめぐって」, 『文化學研究』第8號, 日本女子大學文化學會, 1999, pp.89-119.

일본과 조선의 풍속 교섭을 나타내는 것이 있어 이를 그리게 되었습니다. 현재 밑그림 구도 중으로 9월에는 완성될 것으로 보입니다."[140]

즉, 총독부 벽화의 화제로는 최종적으로 여러 학자들의 의견을 수렴하여 후지산을 배경으로 하는 미호 마츠바라의 우의전설과 조선을 대표하는 금강산 선녀전설, 그리고 조선과 일본의 교섭을 보여주는 풍속일반이 선정되었으며[141], 이러한 '친연성'을 강조하는 화제의 선택이 조선과 일본의 '同祖論' 또는 兩 문화의 '同源論'으로 구체화되기 시작한 同化이데올로기를 반영하고 있음은 명백하다. 게다가 주제 선정에 결정적인 역할을 했던 동경제국대학의 구로이타 가츠미(黑板勝美, 1874~1946)와 하기노 요시유키(萩野由之, 1860~1924) 교수가 각각『朝鮮史』편찬과 국어, 역사교과서 집필에 적극적으로 참여하며 '內鮮一體論'이나 '日鮮同祖論'에 역사적 이론적 근거를 제공한 인물이었던 점은 본 벽화 주제 선정의 정치적 의도를 충분히 가늠케 한다.

그러나 문제는 이러한 '내선일체의 표상'으로 추호의 의심도 없는 본 작품이 실제 그려진 내용에 있어서는 몇 가지 설명 불가능한 요소를 지니고 있다는데 있다. 즉 일본의 우의전설을 그렸다는 남벽 벽화에서 이야기 내용과 상관없는 모티프들이 다수 관찰되기 때문이다. 좌우 패널에 보이는 아이들과 여인, 지팡이를 짚고 있는 남성, 그리고 그 뒤에 보이는 수탉 등이 그

140 岩井長三郎,「總督府新廳舍の計劃及實施に就いて」,『朝鮮』, 朝鮮總督府, 1926. 4, pp.19-20.

141 이 외에 주제 선정과 관련해서는 거의 동일한 내용이기는 하나 와다 본인의 다음과 같은 증언이 있다. "大홀에는 조선의 문화정치와 딱 들어맞도록 평화의 그림을 그렸다. 齊藤총독도 畵題 선정에는 대단히 마음을 쓰셔서 주제 선택에 있어서는 구로이타 가쓰미(黑板勝美) 博士와 故 하기노 요시유키(萩野由之) 博士의 의견을 따르게 되었다. 구로이타 박사는 우리나라(일본) 최고의 전설인 하고로모(羽衣)의 소나무와 금강산 전설이 매우 유사함으로 이를 주장하였고, 하기노 박사는 현재의 조선과 후지와라(藤原)시대부터 겐페이(源平)시대의 풍속이 매우 닮아 있으므로 이를 그릴 것을 권장하였기에 이들 의견을 참작하여 그리게 되었습니다."「壁畵になつた"羽衣"」,『週刊朝日』, 1926. 10. 24, p.31.

러한데, 이 외에 일본의 상징이자 이야기의 중심 배경이 되는 후지산조차 소나무에 가려져 있다. 조선총독부 벽화 제작의 정치적 의도를 고려한다면 쉽게 납득하기 어려운 이러한 모티프들은 무엇을 의미하는 것일까. 본 소론은 이러한 의문에서 출발했다.

1. 주제선정과 內鮮一體

조선총독부는 1912년 총독부 신청사 건립 계획을 수립하고, 시정 5주년 기념 조선물산공진회 폐회 직후인 1916년부터 본격적인 공사에 착수했다. 그리고 1922년, "실용적인 것과는 직접 교섭이 없다 하더라도 건물의 품위를 높여 좋은 인상을 주고, 출입하는 사람들의 기분을 지배하여 자연스럽게 미치게 될 영향을 생각해서"[142] 서양화가 와다 산조에게 중앙홀을 장식할 벽화를 주문하게 된다. 이후, 주제 선정에는 총독부도 상당히 고심했던 것으로 보이는데, 전술한 내용 이외에도 와다의 증언에 의하면 다음과 같은 다수의 논의가 있었던 것을 알 수 있다.

> "벽화의 畵題 선정에 대해서는 사이토(齋藤) 총독을 필두로 미즈노(水野) 정무총감도 늘 고심했는데, 첫 번째로는 지질학상으로 보아 일본과 조선은 동일한 땅이 이어지고 있다. 즉 『고사기』에 있는 이야기가 사실이라 하니, 태고로 거슬러 올라가 일종의 이상적인 천지창조를 그리고자 했다. 이 외에 단군, 스사노오노 미고토(素戔嗚尊)의 설도 나왔으므로, 이를 구로이타 가즈미(黑板勝美), 하기노 요시유키(荻野由之) 두 박사와 상담한 결과, 위의 안을 반대했다. (중략) 하기노 박사는 우의 전설에 내선 공통의 것이 있으므로, 전설이 같다는 것은 同種을 이야기하는 것이라는 견지에서 일본의 전설 중 가장 오래되고 훌륭한 미호 우의의 근본 내용과 줄거리를 같이 하는 금강산 전설을 반원형 형태의 벽면에 그리는 것으로 화제를 결정했다."[143]

142 岩井長三朗, 「朝鮮總督府の計畫及實施について」, 『朝鮮』, 1916. 4.
143 「平和と善政の象徵 描かれた傳說「羽衣」」, 『京城日報』, 1926. 9. 7.

그림 1
조선총독부 중앙홀 북벽

그림 2
조선총독부 중앙홀 남벽

즉 사이토 총독을 비롯해 총독부 관료들을 중심으로 처음부터 언급된 것은 『古事記』에 전거한 천손 강림[144]의 장면이나, 당시 동일 인물로 언급되던 단군과 스사노오노 미고토(素戔嗚尊)[145]와 같은 인물들이 등장하는 고대 신화의 세계였다. 결과적으로 양국의 유사한 날개옷 전설(금강산 선녀전설과 미호의 우의전설)과 당대 조선과 과거 일본의 풍속이 최종 확정되었으나, 벽화에는 초기의 이러한 조선과 일본의 고대사를 둘러싼 요구들이 상당부분 반영된 것으로 보인다. 이를 전제로 벽화를 새롭게 고찰하고자 한다.

---

144 『고사기』에 의하면 신대 지상 왕국의 시조로 등장하는 천손 니니기(邇邇藝)가 하늘에서 내려와 지상을 다스리게 되는데, 큐슈의 다카치호(高千穗)의 구시후루다케(久士布流多氣)에 하강하여 "이 곳은 한국을 향하고"라고 언급한 구절이 나온다.(於是詔之 此地者向韓國) 이 구절은 일제강점기 내선일체의 증좌로 자주 언급되었다.

145 단군이 일본의 皇祖神인 아마데라스오미카미(天照大神)의 동생, 스사노오와 동일인이라는 인식은 일제강점기 내선일체를 바탕으로 적극적으로 수용되었다. 이는 스사노오의 신라 강림신화에 뿌리를 두고 이를 조선의 시조로 확대해석한 결과였다. 특히 일본 신도계를 중심으로 조선신궁의 제신으로 단군이 검토되기도 했다. 노성환, 「한국의 단군과 일본의 스사노오-일선동조론에 이용된 한일신화」, 『동북아문화연구』26집, 2011.

벽화는 크게 4개의 주제로 구성되어 있었다. 남, 북벽 천정의 가까운 곳에 각각 양국의 날개옷 전설이, 그리고 남벽 아래에 조선의 당대 모습과 일본의 고대가 위치했다.(그림 1, 그림 2) 그 중 금강산 선녀 전설을 그린 북벽의 경우, 이야기의 무대가 되는 금강산을 배경으로 화면 중앙에 선녀를, 왼쪽에 노루와 창을 든 사냥꾼, 오른쪽에 도끼로 나무를 베고 있는 나무꾼을 배치하여 내용을 충실히 전달하고 있는 것을 알 수 있다.(그림 3)

반면, 미호 우의전설은 후지산이 보이는 마츠바라의 해변을 배경으로 날개옷(羽衣)을 잃어버린 天女와 늙은 어부 伯龍이 등장한다. 날개옷을 가보로 삼으려던 어부가 결국 잘못을 뉘우치고 날개옷을 돌려주자 천녀가 약속했던 天人의 춤을 보여주며 승천하는 것으로 이야기는 끝을 맺는다. 그러나 남벽벽화에는 화면 중앙의 천녀와 왼쪽에 어부로 보이는 남성 이외에도 수유하는 母子와 여성, 아이, 곡식 다발을 머리에 인 여성과 닭, 토기 등 이야기와 직접적인 관련이 없는 모티브들이 다수 등장하고 있다.(그림 4) 이러한 이유에 대해서는 필자를 포함해 다수의 논의가 있어 왔다.[146]

그런데 주제와 관련된 총독부의 초기 의견을 전제로 하면 한 가지 흥미로운 사실을 알 수 있다. 즉 남벽 벽화의 경우 소나무 숲의 해변을 배경으로 어부가 등장하는 일반적인 우의전설의 작품들과 달리, 본 작품에서는 멀리 보이는 돛단배를 제외하면 바다와 관련된 모티브를 찾기 힘들다는 점이다.

예를 들어 서양화가 시라타키 이쿠노스케(白瀧幾之助)의 〈우의〉(1913)에는 그물과 낚시대를 든 어부들뿐 아니라 바닥에는 조개껍질들이 놓여 있어 해변을 강조하고 있다. 그러나 총독부 벽화의 경우, 바다와는 직접적인 연관이 적은 귀가 달린 연질의 고대 토기나 곡물을 머리에 얹고 가는 여성이 등장한다.(그림 4중 타원 부분) 이러한 모티브는 일본 우의전설의 주요한

146 手塚惠美子, 「和田三造作朝鮮總督府壁畵について」, 『文化學研究』8號, 日本女子大學文化學會, 1999; 졸고, 「조선총독부 벽화에 관한 고찰-내선일체의 표상에서 근대벽화로」, 『미술사논단』26호, 2008.

그림 3
和田三造, 〈금강산 선녀전설〉, 1926년, 국립중앙박물관

그림 4
和田三造, 〈미호 우의전설〉, 1926년, 국립중앙박물관
* 그림 내의 타원은 필자가 임의로 표시한 것임

배경인 '해변가'보다는 오히려 농경과 토기의 제작으로 대표되는 역사시대 이전의 정경을 상징적으로 드러낸다고도 할 수 있다. 이러한 관점에서 북벽을 살펴보면, 금강산 전설의 사냥꾼과 나무꾼 역시 이야기의 등장인물인 동시에, 수렵과 채집이라는 고대인들의 생활상을 대표하는 것이기도 하다. 특히 고대 토기, 곡옥, 동경 등은 고대 신화를 역사적 공간 속에 재현하기 위해 종종 사용되던 모티브이기도 했다.

이상의 관점을 전제로 한다면 결과적으로 총독부 벽화는 양국의 천녀 전설을 묘사하는 한편, 그 배경이 역사시대 이전을 무대로 하고 있다는 점에서 종래 구전되어 오던 "옛날"이나 "어느 날"과 같은 전설의 시공간을 넘어 오히려 태곳적 신과 인간이 최초로 만났던 신화의 공간을 상상하게 한다. 그리고 이러한 정경이야말로 초기 총독부 관료들이 주장했던 神代의 모습이기도 했다.

게다가 이러한 상고시대를 재현하기 위한 고심은 복식에서도 살펴진다. 남북 벽면에는 검게 그을린 피부에 터번을 쓴 남성들과 인도의 사리와 같은 튜닉형의 옷을 입은 천녀들이 등장한다. 이들의 모습은 당시 일반적이었던 보살형과도 덴표 복식과도 거리가 있는 것이나, 와다 역시 제작 초기에는 기존의 보살형 천녀상을 염두에 두고 있었던 것으로 보이다. 실제 개인소장의 〈조선총독부벽화 화고〉에는 양국 모두 천의를 걸치고 영락으로 장식한 천녀들이 등장하고 있다.[147] 백색과 화려한 오색으로 일본과 조선의 천녀를 구분하고 있으나, 복식에 있어서는 기존의 불교적 천녀상을 따르고 있었던 것을 알 수 있다. 그러나 완성작은 보살형도 덴표 복식도 아니며, 두 국가의 구분 역시 모호한 의복으로 변경되었다. 종래 예가 없었던 이러한 애매한 복장에 대해서는 실은 제작 당시부터 논란이 있었던 것으로 보인다.

와다는 1926년 제7회 제국미술전람회에 조선총독부 벽화의 밑그림 〈壁畫畫稿 羽衣〉를 출품하게 되는데, 이에 대해 帝展 종합합평회에는 다음과 같은 의견들이 개진된 것이다.

> 石井 꽤 좋아 보이네요. 밑그림인 만큼 단숨에 그려. 자유롭게 그리고 있는지는 모르겠으나 꽤 흥미로워 보입니다. 저것은 인도지요
> 川路 인도 같네요. 양쪽에 있는 것은 인도 사람처럼 보이네요. 그리고 가운데 것은 羽衣구요.
> 木村 일본의 태고적 복장이라 할 것 같기도 하고…
> 石井 저것은 복장 그린 건 상관없이 그린 것 일 겁니다.[148]

147 이러한 보살형의 천녀는 1925년 12월 28일자 『매일신보』에 게재된 사진에서도 확인되어 완공 직전에 변경되었을 가능성이 있다.

148 石井柏亭, 川路柳虹, 木村莊, 「帝展總合合評會」, 『中央美術』12권 11호, 1926. 11, p.44

인도, 혹은 일본의 태고적 복장 같기도 하다는 당시의 평론대로 실제 와다는 작품 제작에 있어 인도의 복식을 참조했던 것으로 보인다. 1914년부터 15년까지 2차례 인도를 방문했던[149] 와다는 이 지역의 문화, 기후 등에 크게 감명을 받아 다음과 같이 술회하기도 했다.

> "인도는 정말 좋다. (중략) 주름 있는 긴 옷을 입고 물을 긷는 여성! 그 취향이 정말 시와 같다. 일본의 물 긷는 사람들과는 맛이 다르다. 삼천년 이전의 원시생활의 상태, 이것이 내가 좋았던 부분이다."[150]

> "인도에서는 한걸음만 밖으로 나가도 모든 풍속, 습속이 옛날 오래전부터의 계통이 있는 것 같아서 우리들 선조의 모습을 접하는 것 같은 기분이 들어 재미있다."[151]

그에게 인도는 3000년 전의 원시생활 상태가 현재에도 남아 있는 장소였으며, 근대화되지 않은 인도의 풍습, 습속에서는 태고의 일본인들의 모습을 발견하기도 했다. 이처럼 인도에서 일본 문화의 연원을 찾은 와다는 조선총독부 벽화를 위해 인도의 사리를 걸친 일본인 모델을 스케치하는 등[152] 인도를 매개로 일본, 조선을 융합한 새로운 고대 이미지를 창출하고자 했던 것으로 보인다. 사리와 같은 긴 옷자락을 나부끼는 아시아적 천녀상은 그러

이외에도 "남국 기분이 넘쳐나는 시정 풍부한 작품"(坂崎坦, 「美術界一年」, 『早稲田文學』 1916. 12), "왼쪽 그림은 이그조틱한 느낌이 과하다"(足立源一郎, 「帝展洋畫合評」, 『國民新聞』 1926. 11. 2) 등의 유사한 논평이 다수 게재되었다.

149 1914년 유럽에서 귀국하는 도중 인도와 인도네시아 자바, 미얀마 등지를 여행하고 크게 감명을 받아, 1915년 겨울에 재차 인도를 향해 출발하여, 1916년 10월 귀국했다.

150 「ヨーロッパからインドを回って歸國」, 『大阪毎日新聞』 1915. 3. 26.

151 「歸國雜話」, 『美術新報』 1915. 5.

152 "여성은 그 때 인도의 사리와 같은 의상을 입고 바구니 같은 것을 어깨에 올려놓고 연못의 수면에 얼굴을 비춰보는 포즈를 취했다. 와다는 그 모습을 스케치했다." 手塚惠美子, 앞의 논문, 1999.

한 결과물이었다. 산과 바다라는 각 지역의 특성을 대변했던[153] 금강산과 미호의 천녀 전설은 이제 이러한 새로운 천녀상을 통해 민족적 차이를 넘어 동일한 신화-역사적 공간으로 동화되어 갔던 것이다. 결과적으로 총독부 벽화에는 양국의 차이를 넘어 신과 인간이 공존하는 평화로운 고대의 정경이 펼쳐진다.

그러나 문제는 와다가 창출한 이 '평화로운 고대'가 어디까지나 당시 일선동조론의 근거로 언급되던 고대 해석의 틀을 그대로 재현하고 있다는 점이다. 구메 구니다케(久米邦武) 등과 함께 일선동조론과 임나일본부설을 통한 한반도 남부경영설을 주장했던 대표적인 역사학자 호시노 히사시(星野恒)는 『사학잡지』에 다음과 같은 설을 피력하고 있다.

> "나는 이전부터 우리나라(일본)의 고적과 일한 교섭에 대해 조사했는데 두 나라는 원래 하나의 지역으로 국경이 없었다. 나중에 각각의 나라로 바뀐 것은 덴치천황(天智天皇) 이후에 시작된 것이다. 그렇다면 상대시기에 이미 조선 땅을 통치하고 있었다고 하는 것과 한일의 인종과 언어가 동일하다고 말하는 것은 국체를 더럽히는 혐오스러운 점이 조금도 없는 것이다."[154]

결국 역사 이전을 무대로 두 민족의 차이를 제거한 평화로운 정경은 조선과 일본이 동일한 선조 아래 국토의 구분이 없었고, 상대시대부터 일본의 지배아래 인종, 언어, 풍속이 같았다는 이들 일본 학자들의 주장과 크게 다르지 않다. 게다가 벽화는 천녀 전설을 통해 이러한 친연성을 강조하는 한

153 "羽衣 전설과 같은 것은 그들(조선)과 우리(일본)에 따른 국민성의 異同을 表白하고 있다. 즉 우리는 이 전설을 해안을 배경으로 한 것으로 보나 그들은 산간을 배경으로 하고, 그들은 선녀의 승천을 쫓아 하늘로 올라가려 하나 우리는 그러한 집착이 없이 담백한 곳에 국민성이 엿보인다." 萩野由之, 「序」, 『朝鮮の物語集』, 日韓書房, 1910. 9, p.2.

154 星野恒, 「본국의 인종, 언어에 대해 고찰하고 세상의 진정한 애국자에게 묻는다」, 『사학잡지』제11호, 사학회, 1890, pp.19-22.

편, 문명의 선후를 명확히 제시하고 있다.

즉 남쪽 벽화에는 전술했듯이 이야기와 무관한 토기, 곡물 등의 모티브들을 통해 농경사회로 발전된 일본을 상징하는 한편, 북벽의 금강산 선녀전설에 등장하는 사냥꾼과 나무꾼은 수렵, 채집 단계에 머물러 있는 조선을 표상하는 장치이기도 하다. 이러한 극명한 대비야말로 유사성을 주장하며 한편으로 조선의 정체성, 후진성을 이유로 식민 통치의 정당성을 뒷받침했던 일선동조론의 궁극적 모습이기도 했다. 그런 점에서 조선도 일본도 아닌 새로운 아시아적 천녀의 창출은 일선동조론을 기반으로 한 조선총독부의 초기 요구를 충실히 이행한 결과였다고 할 수 있다.[155]

그런데 흥미로운 점은 이 같은 국적불명의 천녀 작품이 화단 내에서 높은 평가를 받았다는 사실이다. 다음은 당대 벽화의 흐름 속에서 본 작품의 의미를 살펴보고자 한다.

2. 일본 근대 벽화의 전개와 조선총독부 벽화

와다는 같은 해 개최된 제7회 제국미술전람회에 하고로모 전설의 밑그림 〈壁畵畵稿 羽衣〉(그림 5)를 출품했다. 보다 선명히 보이는 후지산의 모습을 제외하고는 완성작과 거의 흡사한 이 작품은 당시 아오야마 구마지(青山熊治, 1886~1932)의 〈高原(壁畵)〉[156]과 더불어 대단한 화제를 불러 모았다. 특히 이 시기의 帝展評을 살펴보면 풍부한 색채 사용과 함께 "옛 전설에 씨의 신해석을 더해"[157], "종래의 습성을 벗어난 부분, 아무나 따를 수 없는 와다

155 조선총독부 벽화와 조선총독부의 문화통치와의 관계에 대해서는 다음 논문을 참고. 정미연, 「〈선녀와 나무꾼〉 및 〈하고로모(羽衣)〉의 제작과정과 내선융합의 표방」, 『국립중앙박물관 소장 일제강점기 공공건물 벽화』, 국립중앙박물관, 2018, pp.76-77.

156 〈고원〉은 처음부터 '벽화'라는 타이틀을 붙인 채 출품되었으나 실제 벽화로서의 사용을 염두에 두고 제작했던 것은 아니었다고 한다. 石井柏亭, 川路柳虹, 木村莊八, 앞의 글, 1926. 11, p.36.

157 金井紫雲, 「帝展の印象 (六)」(青木茂 감수, 『近代美術關係新聞記事資料集成』1926年

그림 5
和田三造, 〈벽화화고 羽衣〉, 1926년, 제7회 제국미술전람회 출품, 소실

씨다운 妙所일 것이다."[158]라며 기존의 하고로모 이미지를 벗어난 점이 높이 평가되고 있었음을 알 수 있다. 이야기 내용과 모순된 모티브의 차용과 변형은 그다지 문제가 되지 않았던 것이다. 오히려

> "다음에 와다 산조씨의 벽화 습작 〈羽衣〉가 있다. 색채의 풍만한 표현은 그 노력을 존경하지 않으면 안되겠으나 그 전설, 畵因에 대해서는 우리들 생활에는 이미 불필요한 부류에 속해 있는 것을 여기서 되풀이해 말하지 않을 수 없다."[159]

라며 전설과 같은 시대착오적 주제 선택이 혹평을 받았다. 이 해 제전에서 와다를 제치고 특선을 차지한 아오야마의 〈고원〉이 전설이나 신화를 근거로 한 구체적인 이야기의 전달이 아니라 숲 가운데 멈춰 서있는 7명의 나부였다는 점은 충분히 시사적이라 하겠다. 실제 이러한 서사성에서 벗어나 주제를 추상화하고 장식성을 강조한 새로운 경향이 1920년대를 전후한 일본

10月(下) (ゆまに書房, 1991))

158 中澤弘光, 「列品漫評」, 『美の國』2권 11호, 1926. 11, p.93.

159 前田寛治, 「帝展洋畵部總論」, 『美の國』2권 11호, 1926. 11, pp.81-82.

근대 벽화에서 엿보인다.

이미 일본 근대벽화의 흐름에서 살펴보았듯이 1910년대 와다 에이삭(和田英作)의 제국극장을 위한 천장화 〈羽衣〉(1911)를 비롯해 마츠오카 히사시(松岡壽)의 오사카중앙공회당의 벽화, 천정화(1918), 오카다 사부로스케(岡田三郞助)의 타이완총독부 벽화(1920) 등 신화, 전설을 사실적으로 그려내던 벽화는 전위미술의 움직임이 활발해 지는 1920년대가 되면 회화 내부의 자율성을 중시하는 이른바 후기 인상파의 이입과 역사적인 주제 자체가 쇠퇴되어 가는 가운데 새로운 국면을 맞이하게 된다.

이러한 변화에 지대한 영향을 미친 인물이 19세기 프랑스 화가 퓌뷔 드 샤반느(Puvis de Chavannes)이다. 리옹미술관의 〈성스러운 숲〉(1884)이나 소르본느대학 벽화(1886~1889) 등으로 잘 알려진 샤반느의 벽화는 주로 고전고대를 연상케하는 인물을 배치하여 구체적인 이야기의 전달보다는 어떤 이념이나 寓意를 상징하는 것을 특징으로 한다. 조선총독부 벽화에 보이는 평화로운 정경은 이러한 샤반느의 고전적인 아르카디아와 유사하다.

실제 샤반느의 〈성스러운 숲〉과 일본의 우의전설을 그린 남벽과는 나무에 걸터앉아 있는 인물, 천공을 부유하는 천녀, 담소를 나누는 여성의 자세 등에서 영향 관계를 짐작할 수 있다. 게다가 정확한 시대고증이나 극적인 이야기의 서술성에서 벗어나 '평화의 그림'[160]을 그렸다는 와다의 증언은 그가 샤반느풍의 벽화를 제작하고자 했음을 뒷받침한다. 이처럼 메이지의 역사주의 시대가 끝나고 벽화의 장식적 의미가 중요시 되던 시기에 조선총독부 벽화는 제작된 것이다.[161] 그리고 이러한 '장식성'은 유럽 유학 이후 와

---

160 "대 홀에는 조선의 문화통치에 꼭 들어맞는 평화의 그림을 그렸다." 『週刊朝日』 1916. 10. 24.

161 19세기에서 20세기 초두에 프랑스에 있어 '장식(decoration)'은 국가주도의 시설과 궁전을 장식하는 아카데미 화가의 고귀한 작업으로서, 한편으로는 전통적으로 낮게 취급되었던 일상생활을 위한 응용미술이라는 두 가지 의미를 가지고 있었다. 샤반느 벽화의 장식성은 응용미술로서 저급하게 취급되었던 '장식'을 둘러싼 미술의

다가 추구하고자 했던 조형의식이기도 하였다.

3. 도안가 와다산조(和田三造)

와다가 장식미술에 관심을 가지게 된 것은 5년간의 유럽 유학과 두 번의 인도, 南洋 漫遊를 계기로 한다.[162] 제1회 문전에서 〈南風〉(1907)이, 다음해 〈煒燻〉(소실)이 연거푸 최고상을 받으며 일약 명성을 얻은 와다는 문부성 장학생으로 1909년 유럽 유학길에 올랐다. 그러나 정작 유럽에서의 경험은 유화보다 장식미술에 눈 뜨는 기회가 되었던 것으로 보이는데, 후일 와다는 다음과 같이 술회하고 있다.

> "도안에 뜻을 가진 것은 역시 미술학교 입학 이후로 특히 파리 유학 초기에 저의 눈은 루브르, 룩셈부르크의 명화 진열 보다도 그들의 장식미술관의 그리스, 페르시아 등의 장식에 집중되었다. 귀국 도중 南洋 인도에서 暑炎의 여행을 계속한 것도 결국은 건축 장식이라든지 풍속 의상의 시찰에 중점을 둔 까닭이다. (중략) 그 즈음부터(1914, 1915) 상업미술이라는 것이 현저히 대두하는 한편 또한 생활미술, 공예미술이라는 방면이 매우 번성하여 다방면에 관심이 많던 나는 거듭 그 일에 종사할 기회가 많아져 붓을 잡을 시간이 적었다."[163]

와다가 유학했던 20세기 초두의 파리는 코뮌 후의 대 개조와 세 번의 만국박람회를 거치며 역사화의 쇠퇴가 현저해지는 한편, 예술과 산업의 융화가 대두되고 있었다. 이 같은 새로운 움직임을 경험한 와다는 귀국 도중 들

히에라르키를 전도시킬 표상으로 취급되었다. 藏屋美香, 「壁畵とタブロー: 一九〇〇~一九四〇年代」, 『講座日本美術史』6, 東京大學出版部, 2005, pp.120-121.

162 와다는 1914년 유학을 마치고 귀국하던 도중 미술공예 연구를 목적으로 인도네시아 자바섬, 미얀마, 인도 등에 체재했다. 이후 1915년 일시 귀국했다가 다음해 다시 인도를 방문, 같은 해 귀국했다. 『和田三造展』, 北九州市立美術館, 1979, pp.134-135.

163 和田三造, 「私の事·繪の事など」, 『三彩』26號, 三彩社, 1949, p.35.

렀던 인도와 동남아시아 각지에서 장식미술과 공예의 새로운 가능성을 발견한 것으로 보인다. 그리고 그러한 가능성은 1917년 유학생활을 지원해 주었던 후쿠오카(福岡)현 도바다(戸畑)시의 재산가 마츠모토 겐지로(松本健次郎, 1870~1963)의 자택(현 西日本工業클럽)에 걸 두 장의 태피스트리 〈바다의 산물〉, 〈육지의 산물〉(그림 6, 그림 7)로 구체화되었다고 할 수 있다. 각각 文祿 慶長期의 히라도(平戶)항의 광경과 무로마치(室町)말기의 산지 풍속을 주제로 한 이 작품은 와다가 사라사[164]연구를 거듭한 끝에 무명에 염색을 하여 완성한 것으로, 특히 어느 정도 거리감을 두어야 전체적인 도안이 드러나는 서양의 태피스트리나 고블랭직과는 달리 화면을 가득 메운 작고 촘촘한 모티프와 그림의 테두리를 두르고 있는 장식적 草化文은 사라사

그림 6
和田三造, 〈바다의 산물〉, 1918년, 명주에 염색, 서일본공업클럽

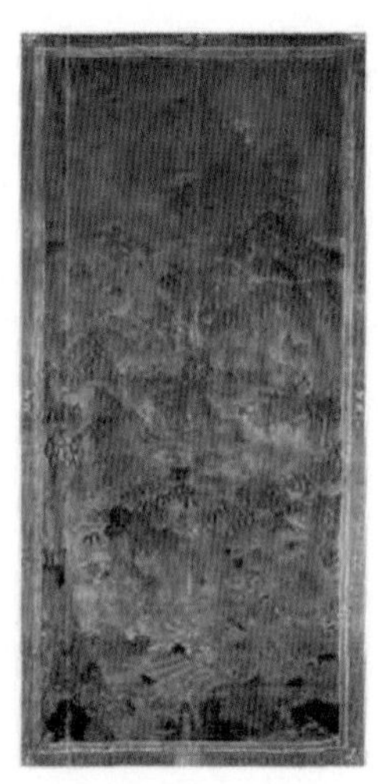

그림 7
和田三造, 〈육지의 산물〉, 1918년, 명주에 염색, 서일본공업클럽

---

164 포루투칼어 saraça에서 온 것으로 면직물, 명주에 꽃이나 새 따위의 무늬를 손으로 직접 그리거나 목판이나 동판을 이용해 나염한 것을 말한다.

특유의 효과를 보여준다. 이를 위해 와다는

> "이 같은 것을 표현하는데 있어 畵趣의 분방과 사료의 평면적 서술을 위해 일부러 事實을 무시하는 점이 복장, 지형 및 식물의 性狀 등에 나타나지만 나의 목적이 딴 곳에 있으므로 오히려 그러한 비난을 달게 받을 생각이다."[165]

라며 사실의 재현보다 전체적인 화면의 조형성을 우선시하였음을 강조하고 있다. 즉, 와다에게 있어 '벽화'는 "국가의 명예를 표현하고, 국민 도덕 교육에 이바지 하거나 역사의 참고자료"라기보다 벽면을 장식하는 '장식화'로서의 의미가 강했던 것으로 보이는데 이러한 그의 생각은 조선총독부 벽화 제작에도 반영된 것으로 보인다.

1970년대 조선총독부 청사 개보수공사 때 폐기되어 현재 구체적인 모습은 알 수 없으나 남벽 벽면 중앙에는 양국의 풍속을 주제로 한 두 점의 벽화가 나란히 걸려 있었다. 둘레에 장식문양이 시문된 긴 세장형의 화면에 모티브를 빈틈없이 채워 넣은 모습은 붓으로 캔버스에 그렸을 뿐 마츠모토 저택의 태피스트리를 연상케한다(그림 8). 이 그림에 대해 와다는『京城日報』에 다음과 같은 설명을 싣고 있다.

> "또한 먼 곳도 가까운 곳도 같은 크기로 그린 집 속에 있는 사람은 대단히 작게 그리고 나무 위를 나는 새는 엄청 크게 그렸다. 여하튼 세로로 긴 短册形 화면에 여러 가지 사건과 다양한 인물을 그리기 때문에 이러한 필법으로 그리지 않으면 안되었다. 이러한 필치가 엇나가면 갈수록 나는 그림이 성공하고 있다고 생각한다."[166]

원근법을 무시하면 할수록 성공했다는 와다의 주장은 그가 사실의 재현

---

165 和田三造,「『南蛮繪更紗』に就て」,『美術新報』17권 7호, 1918. 5, p.20.

166「平和と善政の象徴 描かれた伝説「羽衣」」,『京城日報』, 1926. 9. 7.

그림 8
和田三造, 〈鎌倉시대의 풍속〉, 『週刊朝日』 1926. 10. 24

보다 건축물을 장식하기 위해 색채와 디자인을 우선시하려 했음을 단적으로 보여준다. 그런 점에서 하고로모 전설에 보이는 모티프의 삽입과 변이는 당시 총독부의 정치적 메시지를 발신하는 한편, 장식성을 추구하고자 했던 와다의 의도와도 맞닿아 있다고 할 수 있다. 제7회 제전평에 "벽화라고 하기보다는 그림 도안의 방면을 노렸다"[167]는 조선총독부 벽화에 대한 언급은 이처럼 내러티브를 억제하고 단순화된 모티프와 원근법을 무시한 평면적 공간 표현을 통해 이해될 수 있을 것으로 생각한다.[168]

1918년 염색연구소를 설립한 이래 1925년에 일본염색공업협회를, 1927년에는 벽화 대금으로 받은 7만 엔을 자금으로 일본표준색협회를 개설하고[169] 조선총독부 벽화 완성 직전인 1926년 3월에는 『創作圖案集』(第一書房)을 발간하는 등 조선총독부 벽화는 와다가 염색과 색채, 도안연구를 통해 새로운 장식에

167 "와다 산조씨의 〈하고로모〉는 벽화의 밑그림이라고 하나 우리가 생각하고 있던 하고로모의 정경과는 사뭇 다른 듯하다. 벽화라고 하기보다는 그림 도안의 방면을 노렸다고 하는데 기교는 화려하며 하고로모 씨에게 적합한 일이라고 생각한다." 横井禮市, 「帝展洋畫部入選畫批評」, p.91.

168 이와 관련해 와다가 총독부의 공식 의뢰가 있기 전인 1922년 봄 전설, 신화 등에 비해 장식적 요소가 강한 금강산의 경치를 화제로 삼아 작품 구상을 하고 있었던 점은 시사적이라 하겠다. "동양 제일의 벽화를 일년 반이나 踏破 跋涉하여 아직 화가들이 그리지 않은 방면을 모은 금강산의 大景 小景으로 메워 天長節의 夜會를 비롯해 일본과 조선인의 대회합 등에 적합하도록 식민지로서의 색채가 풍부한 시설로 그 역할을 다할 것이다." 「和田三造氏が新事業を」, 『讀賣新聞』, 1922. 4. 23.

169 川上元朗, 「ソウルで和田三造先生描く壁畵を見る」, 『Color』no.80, 1988. 6, p.1.

술을 위해 노력하던 시기에 제작되었다. 그런 점에서 조선총독부벽화에 보이는 변형과 왜곡은 한편으로 서양화의 틀에서 벗어나 "새로운 장식화, 구상화의 모범을 보이고자 했던"[170] 도안가 와다 산조의 고심의 흔적이기도 했던 것이다. 그런 점에서 종래 벽화 개념을 일신하여, 독자의 양식과 수법을 통해 완성한 조선총독부 벽화는 일본 근대 벽화의 흐름 속에서 새롭게 평가할 필요가 있을 것으로 생각된다.

이상 '내선일체'의 표상으로 평가되어 왔던 조선총독부 벽화를 화가 개인의 畵歷과 근대 벽화의 흐름 속에서 살펴보았다. 결과적으로 총독부벽화에 보이는 모순된 모티프의 차용은 일선동조론과 통치의 정당성을 기반으로 한 조선총독부의 초기 요구를 충실히 이행한 결과였다고 할 수 있다. 다만, 과도한 모티브의 삽입과 사실의 재현에서 벗어나고자 했던 노력은 1920년대를 전후로 변모하는 벽화의 흐름과 무관하지 않았던 것으로 풀이된다. 메이지의 역사주의 시대를 거쳐 미술의 조형성을 중시하는 새로운 화풍이 이식되는 가운데 벽화에서도 전통적으로 일상을 위한 장식미술, 응용미술로서 저급하게 취급당한 '장식성'이 보다 적극적인 의미를 띠게 된 것이다.

결국, 조선총독부 벽화의 모호성은 이처럼 통치의 정당성이라는 공적 메시지를 전달하면서도, 이야기의 극적 서술성을 억제하고 장식성을 추구하던 당시 벽화의 흐름 속에서 해석될 수 있을 것으로 생각한다. 다만, 이러한 내러티브의 배제가 인물과 모티프를 특정 시간과 공간에서 해방시켜 '일본'에서 '아시아'로 새로운 융화적 이미지의 창출을 가능하게 한 것이 사실이다. 전술했던 후지시마를 비롯해 고스기, 와다, 아오야마의 작품에서 공통으로 보이는 언제 어디에도 귀속되지 않는 보편적이며 융화적인 동양이미지는 일본과 동양의 일체화가 전개되고 있던 당시의 시대상과 일치하는 것이기도 하다. 청일·러일전쟁을 승리로 이끌고 1910년 조선을 식민지로 삼은 일본은 대륙 진출의 꿈을 현실로 했다. '내선융화'에서 이후의 '大東亜共

170 「和田三造畵伯日本畵の新精神を再興する意氣で最初の個展を開く」, 『讀賣新聞』, 1923. 1. 11.

榮圈', '八紘一字'로 확장하는 일본의 제국화 속에서 일본 근대 벽화는 새로운 국면을 맞이하고 있었던 것이다.

결론: 타자에서 자기 표상으로

이 책은 일본 근대회화에서 조선이 어떻게 표상되었는가라는 문제를 일본 근대 화단의 흐름 가운데 새롭게 고찰하고자 한 결과물이다. 그 과정에서 일본인 화가들의 작품과 언설에 보이는 차별적 시선을 규명하는 한편, 조선 체험이 그들의 작품 세계에 어떠한 영향을 주었는지 고찰하고자 했다.

실제 조선이 일본의 식민지가 되는 1910년대는 정치적인 측면에서는 일본의 아시아 지배가 본격화되는 가운데 차별에 근거한 제국주의의 구조가 형성되는 시대였으나, 문화적인 영역에서는 보다 혁신적인 창조력이 넘쳐나고 있었다. 이케다 시노부(池田忍)가 지적하고 있듯이 이 시기 화가들은 사회와 개인에 대한 기존의 가치관에서 벗어나 새로운 화제, 표현 방법을 찾아 타자, 여성, 식민지, 노동자(프롤레타리아)에 접근하고 있었다.[1] 필자가 주목한 것은 이러한 창조의 원천으로서 타자가 지니는 의미에 있다.

앞서 살펴보았듯이 식민지 조선을 주제로 한 창작 활동이 오리엔탈리즘의 차별적 타자상을 보완, 재생산한 것은 부정하기 힘드나, 일본 근대회화에 적지 않은 자극과 가능성을 부여한 점 역시 사실이다. 이러한 사례는 조선표상의 문제를 이항 대립의 단선적 구조 속에서 해석할 수 없음을 보여준다. 오리엔탈리즘적 어휘의 긍정적인 측면은 서구의 오리엔트에 대한 차별적 언설을 이용하면서도 이를 변용하여 일본이 일본 스스로를 그리는 경우, 보다 명확하게 드러난다.

일본 근대 서양화의 거장, 구로다 세이키가 어린 藝妓를 그린 〈마이코(舞妓)〉(그림 1)는 그러한 대표적인 사례라 할 수 있다. 이나가 시게미(稲賀繁美)가 본 작품에 대해 "제롬이 이슬람세계를 빙자하여 그렸던 오리엔트 풍물의 일본판을 다름 아닌 일본인 화가가 일본의 풍속을 선택하여 복사한

---

1 池田忍, 「「支那服の女」という誘惑」, 『歷史學硏究』765호, 2002, p.1.

그림 1
黑田清輝, 〈舞妓〉, 1893년, 도쿄국립박물관

것에 지나지 않는다"[2]라고 평가했던 것처럼 일본 특유의 화려한 복식을 한 마이코는 일본취미의 판에 박힌 주제였다. 이와 유사한 사례로 휴양지로 유명한 하코네(箱根)에서 자신의 부인을 모델로 제작한 〈호반〉을 들 수 있다. 본 작품은 원래 〈피서〉라는 제목이었으나, 서구인들을 의식해 파리만국박람회에 〈호반〉(Au Bord du Lac)으로 출품되었다.[3]

결국 이러한 작품들은 구로다가 서구인들의 오리엔탈리즘 시선에 영합하는 형태로 일본 서양화의 확립을 추구한 사실을 뒷받침한다. 그럼에도 외광파 특유의 밝은 색채와 필치로 완성된 이들 작품은 오리엔탈리즘의 차별적 시선이 완전히 제거된 채 근대 일본을 대표하는 서양화의 '수작'으로 국민들에게 받아들여졌다. 이러한 현상을 노만 브라이슨은 "토착화된 오리엔탈리즘(nativised orientalism)"으로 부르고 있다.

그는 오스만 제국의 국민화가 오스만 함디(Osman Hamdi Bey, 1842~1910)의 〈독서하는 남자〉(Walker Art Gallery)를 예로 들어, 제롬이 상상의 오리엔트에 대한 특권으로 부여했던 매력과 밝은 색채가 환골탈태하여 오스만의 국민적 회화로 변모된 사실을 밝히고 있다. 여기서는 오리엔탈리즘의 부정적인

2 稲賀繁美, 「《他者》としての「美術」と「美術」の《他者》としての「日本」-「美術」の定義を巡る文化摩擦」, 『美術史と他者』, 晃洋書房, 2000, p.172.
3 稲賀繁美, 앞의 논문, p.173.

측면과 마이너스 기호가 배제된 것이다.[4] 이와 유사한 현상은 식민지를 겪고 1945년 독립한 우리에게도 적용된다. 책에서는 1930년대를 전후해 조선미술전람회를 중심으로 널리 유행했던 조선 향토색[5]이 해방 이후 민족적 정체성으로 확립되어 과정을 살펴보는 것으로, 결론을 대신하고자 한다.

조선미술전람회(이하 조선미전)는 조선총독부가 주최한 유일한 공모전으로, 1922년 제1회를 시작으로 23년간 지속되었다. 심사위원으로는 매회 3명 이상의 일본인 화가들이 선정되었으며 처음부터 그들이 일괄되게 요구한 것은 중앙화단의 추종에서 벗어난 조선적인 것(로컬칼라, 지방색, 향토색, 朝鮮色 등)의 발현이었다. 이러한 요구에 호응하듯 실제로 조선미전에는 조선의 여인들이나 아이들, 한적한 농촌풍경 등 과거의 향수를 자극하는 목가적이며 이국적인 모습들이 반복적으로 출품되었다. 그리고 이미 다수의 선행연구가 밝히고 있듯이 이러한 이국취미적인 향토적 소재의 유행이 식민지 현실에 대한 무관심을 유도하고, 민족적 취지를 망각한 채 제국의 지방으로서 조선의 모습을 고착시키는데 일조한 것은 분명하다.[6]

---

4 노만 브라이스, 「フランスのオリエンタリズム繪畵における「他者」」, 『美術史と他者』, 晃洋書房, 2000, p.84.

5 향토색이라는 용어는 19세기말 20세기 초 독일에서 유행한 향토예술(heimatkunst)에서 유래한 것으로 예술에 투영되는 그 지방의 기후, 색채, 민속사상, 감정 등을 특색으로 규정했다. 일본에서는 지방색으로 번역된 로컬칼라(local color)와 동일한 의미로 간주되었다. 우리나라에는 일제강점기를 전후한 시기에 일본을 통해 들어온 것으로 추정되며, 향토색은 미술뿐 아니라 문학, 민요, 영화 등에 폭넓게 사용된 용어였다. 향토색 용어 및 논쟁에 대해서는 다음 논문에서 자세히 다루고 있다. 최유경, 「한국근대미술의 향토론의 유행과 일본의 조선무속연구」, 『종교와 문화』21호, 서울대학교 종교문제연구소, 2011.

6 조선미전의 지방색에 관한 연구로는 박계리, 「일제시대 '조선 향토색'」, 『한국근대미술사학』제4집, 1996; 문정희, 「동아시아 官展의 심사위원과 지방색: 대만미술전람회를 중심으로」, 『한국근대미술사학』11, 2003; 김현숙, 「日帝時代 동아시아 官展에서의 地方色: 조선미술전람회를 중심으로」, 『한국근대미술사학』제12집, 2004; 김현숙, 「조선전람회의 관전 양식: 동양화부를 중심으로」, 『한국근대미술사학』제15집, 2005 등이 있다.

실제로 조선미전 서양화부의 특선작을 살펴보면 초기에는 꽃과 과일 등의 정물화나 도시풍경, 양복 차림의 인물 등 비향토적 주제가 확인되나, 전운이 감도는 1930년대 중반 이후부터는 조선을 소재로 한 그림이 증가하는 양상을 보인다.(〈표 1〉) 이미 다수의 연구가 밝히고 있듯이 풍경화의 경우 대부분이 초가집, 기와지붕, 성곽, 고궁 등의 전통적인 건축물을, 인물화에서는 빨래하는 여인, 물동이를 인 여인, 젖을 주는 여인, 지게꾼, 담뱃대를 문 노인 등 전근대적이고 서민적인 생활모습이 '조선적 주제'로 다루어졌다.[7]

〈표 1〉 조선미전 서양화부 특선작 중 조선 주제 작품 비율[8]

일시	풍경	정물	인물	누드	비율(%)
2회(1923)	4(2)	1		1	33.3
3회(1924)	5(2)	1	4(4)	1	54.5
4회(1925)	5(4)	4	2		36.3
5회(1926)	6(1)	4(1)	1		18.2
6회(1927)	6(2)	5	4		13.3
7회(1928)	7(2)	2	4(2)		30.8
8회(1929)	4(1)		2		16.7
9회(1930)	1	2	2(2)	1	33.3
10회(1931)	3(1)	2	3(3)		50.0
11회(1932)	3(2)	5	5(2)		30.8
12회(1933)	3(1)		5(1)	2	20.0
13회(1934)		1(1)	4(1)		40.0
14회(1935)	1(1)		6(4)		71.4
15회(1936)	4(3)		3(1)		57.1
16회(1937)	2(1)		5(3)	1	50.0
17회(1938)	3(1)		5(3)		50.0
18회(1939)	4(3)	2(2)	4(3)		80.0
19회(1940)	7(5)		6(2)		53.8

* ( )안의 숫자는 조선을 주제로 한 작품수를 의미하며, 인물화의 경우 의복에 따라, 풍경화의 경우는 도시 풍경을 제외한 초가집, 기와지붕, 성곽, 고궁 등을 조선적 주제로 간주했다.
* 풍속 인물은 인물에 포함시켰다.

---

7 김현숙, 앞의 논문, pp.67-68.

8 표에서는 도록이 발간된 1940년까지를 대상으로 했다.

그런데 흥미로운 사실은 다수의 심사원들이 지방색으로 규정한 조선적 모티브에서 자신들의 과거를 발견하고 있다는 점이다. 예를 들어 1928년부터 심사원으로 수차례 조선을 방문한 다나베 이타루(田邊至)에 의하면 조선은 다음과 같은 장소였다.

"대체로 內地(조선)의 로컬칼라라고 하는 것은 기차 沿道에서 보는 모습이 人家가 드문드문 있고 지붕이 낮아 눈에 띄지 않는 것, 토지가 넓게 펼쳐진 것, 그리고 대체로 녹색 등이 농후하지 않은 회색의 느낌으로, 전체적으로 잠들어 있는 듯한 인상이었다. …옆으로 늘어선 나무 아래에서 白衣의 인물이 지게를 짊어지고 느긋이 나무 그늘 아래에서 누워 뒹굴고 있는 것 등이 기분으로 말하자면 원시적이며 태평스러운 느낌이다."[9]

여기서 다나베는 조선 로컬칼라를 "회색조의 잠들어 있는 듯한", "원시적", "태평스러움" 등으로 서술한다. 이처럼 조선을 고요하고 적막한, 문명화에서 남겨진 과거의 유물로 인식하는 모습은 대부분의 화가들의 기행문에서 공통적으로 엿보이는 장면으로, 제1회 조선미전의 심사원으로 방한한 오카다(岡田) 역시 조선을 "잃어버린 일본의 과거"로 언급하기도 했다.

"지방 혹은 경성 시내의 民家 형식, 그리고 성 아래의 모습을 보면 헤이안(平安)시대를 실로 잘 연상시킵니다. 뭐랄까 에마키(繪卷物)의 일종을 현재 펼쳐놓고 보는 것 같은 재미를 느끼게 합니다. 실로 천년 전후 일본의 오래 전 생활 상태를 어느 점까지 현실에서 볼 수 있어 제 스스로는 대단히 좋은 견학을 했다고 생각합니다."[10]

즉, 이들에게 조선은 "잠들어 있는 듯한" 고요하면서도 "천년 전후의 일본의 오래된 생활 상태"가 남아 있는 과거와 같은 공간이었고, 이러한 시선

9 田邊至, 「朝鮮」, 『美術新論』제6권 7호, 1931. 7.

10 「入選後の感想 : 東京美術學校 岡田三郎助」, 『朝鮮』제88호, 1922. 7, pp.5-14.

은 조선미전 심사원들의 작품에서도 동일하게 드러난다. 제1회 조선미전이 개최되었던 1922년부터 일본의 중앙 관전에는 다수의 심사원이 조선을 주제로 한 작품을 출품하였다. 이들 작품은 대부분 심사원으로 조선을 방문했을 때 제작한 것으로, "선전 심사원 諸氏는 심사가 끝났으므로 올 가을의 帝展 작품을 준비하고자 유키 소메이(結成素明)씨는 금강산으로, 미나미 군조(南薫造), 츠지 히사시(辻永) 兩氏는 開城으로 사생여행을"[11] 떠나기도 했다.

이들의 작품은 대부분 미나미 군조의 〈野道〉, 〈소녀〉처럼 대체로 전통 의상을 입은 여성이나 조선의 풍물, 풍경을 주제로 삼은 작품들이었다. 그 중에는 전술했듯이 황량한 벌판을 배경으로 한 가와아이 교쿠도(川合玉堂)의 〈황량〉, 자욱한 안개로 덮여 있는 조선인 시장을 그린 야마구치 호우슌(山口蓬春)의 〈시장〉과 같이 고요하면서도 잠들이 있는 듯한 조선의 모습이 등장하기도 한다. 이 같은 애상적 감성은 때때로 일본적 정서로 해석되기도 하는데, 조선 향토색의 유행 속에서 일본적 감성은 수용, 재생산되었다고 할 수 있다.[12]

게다가 이러한 조선의 모습은 때로는 잃어버린 일본의 과거로 읽히기도 했다. 예를 들어 1928년 제9회 제전에 출품된 다나베의 〈籬落〉은 한적한 성곽을 배경으로 조선 여성을 그린 그림으로, 당시 평론은 "낙엽 떨어지는 성 밖에서 누군가를 기다리는 조선 乙女의 얼굴은 헤이안(平安)시대의 이야기를 읽는 것 같은 우아하며 깨끗한 정취가 있다"[13]며 조선 여인의 모습에서 일본의 헤이안시대를 연상했다. 이미 살펴본 것처럼 이러한 예는 다수 발견되는데, 멀리 초가집을 배경으로 쓰개치마를 쓴 여인이 머리에 물건을 이고

11 「작년보다 현저 진보」, 『時代日報』, 1926. 5. 13.

12 김현숙은 이러한 감성을 헤이안시대부터 이어져 온 모노노 아와레(物の哀れ)라는 일본적 정서로 해석하고 있다. 김현숙, 앞의 논문, pp.74-75. 또한 최유경은 이상범의 〈雨後〉, 김주경의 〈都의 夕暮〉, 〈山之陰〉 등의 제목이 일본의 전통 시문학에서 따온 제목을 그대로 사용하고 있음을 지적하고 있다. 최유경, 앞의 논문, p.166.

13 坂崎坦, 『東京朝日新聞』 1928. 10. 30.

오는 모습을 그린 미나미의 〈野道〉(1925년, 제6회 제전 출품)(그림 2)는 조선 향토색의 전형적인 소재임에도 불구하고 당시 "조선을 알지 못하는 나로서는 조선다운 느낌이 없는"[14] 마치 일본의 풍속으로 언급되기도 했다. 이는 쓰개치마를 쓰고 머리에 물건을 인 모습이 헤이안시대 에마키 등에 등장하는 인물상과 크게 다르지 않았기 때문으로 추측된다.

그림 2
南薰造, 〈野道〉, 1922년, 第6回帝展 출품

이처럼 조선미전의 향토색은 종래 언급되어왔던 것과 달리, 대만미술전람회가 웅장한 대자연, 원주민 등을 통해 그들만의 열대적, 남국적 지방색을 확립했던 것에 비해 양국의 차이가 확연히 드러난다고 말하기 힘들다. 여기에는 다양한 지리, 사회, 문화적인 이유가 있겠지만, 적어도 조선 향토색을 요구한 내지 화가들에게 조선은 이국적이며 동시에 문명화에서 남겨진 '자신의 과거'이기도 했기 때문이다. 1937년의 중일전쟁, 41년의 태평양전쟁을 앞두고 대동아공영권과 같은 민족적 동질성이 강조되던 1930년대 중반부터 조선 향토색 요구가 더욱 강조되는 것은 이러한 사실과 무관하지 않았던 것으로 보인다. 제국 일본의 '식민지'이자, 내지와 연결된 '외지(=지방)' 조선의 모습이야말로 조선 향토색의 실체이기 때문이다.

그런데 한편으로, 이러한 향토색에 대한 논의는 조선인 미술가들의 정체성 모색으로 이어졌다. 1920년대 녹향회, 30년대 동미회 등을 중심으로 "진정한 향토적 예술"을 찾기 위한 논의가 지속된 것이었다. 결과적으로는 구체적인 대안이 부재한 채 추상적 논쟁이나 일본의 관점을 답습하는 한계를

14 「帝展の洋畵を觀る」, 『美の國』제1권 7호, 1925. 11.

보여주기도 했으나,[15] 향토색이 조선인으로서의 자기 정체성에 대한 문제로 이어졌다는 점에서 의의가 적지 않다. 그러한 대표적인 작가가 이인성(1912~1950)이다. 〈경주의 산곡에서〉(1935)는 그의 대표작 가운데 한 점으로, 적토와 푸른 하늘을 배경으로 어린 아기를 업고 있는 소년, 첨성대, 깨어진 기왓장, 피리를 든 소년 등 조선적인 모티브가 산재한다. 당시 일본인 심사위원들이 요구했던 향토색의 실체가 무엇인지를 여실히 보여주는 작품으로, 제14회 조선미전에서 최고상인 창덕궁상을 수상했다.

당시 이러한 소재와 색채는 "심사원의 호기적인 선택한 바 되어서 일시적인 우대를 받는" "병적인 향토취미"[16]로 언급되던 것이었으며, 비평 가운데는 "미개인의 모습이 여실히 드러났으니 혹 그것을 조선의 '로컬'이라 할까요?"[17] 라는 혹평역시 다수 확인된다. 게다가 이인성이 즐겨 그린 적토는 다음과 같이 언급되기도 했다.

> "조선색을 낸다고 과거의 빨간 진흙산을 그리려 한다는 것은 인식 부족을 지나쳐서 일종의 '넌센스'이다. 신조선의 산림은 어느 정도까지 녹색화하여 삼천리강산에 그러한 골동산은 볼 수가 없다."[18]

당시 비평이 지적했던 것처럼 이인성의 작품에 보이는 목가적 소재나 강렬한 원시적 색채와 같은 요소가 오리엔탈리즘에 근거한 일본의 식민주의와 닿아 있는 것이 사실이다. 그러나 그가 1934년 서울의 북한산 주변을 걸으며 썼던 「향토를 찾아서」라는 글 가운데는 다음과 같은 구절이 있다.

> "나는 제전출품 제작 때문에 향토의 문듯한 흙의 향기와 친하면서 걷게

---

15 박계리, 「이화여자대학교 박사학위청구논문」, 2005, pp.134-136.
16 윤희순, 「19회 鮮展概評」, 『매일신보』 1940. 6. 13.
17 「朝鮮美展寸評(3)」, 『조선일보』 1935. 5. 29.
18 「미술가의 생활의식 생활의 '레알리테' (下)」, 『조선일보』 1935. 7. 10.

> 되었다. 역시 나에게는 적토를 밟는 것이 청순한 안정을 준다. 참으로 고마운 적토의 향기다."[19]

즉, 그에게 적토는 일본인들이 요구한 조선의 지방색을 넘어 마음의 안정을 주는 '향토의 색'이었다고 할 수 있다. 관전을 통해 이름을 알리고 성장한 이인성의 조선 향토색이 식민지 권력의 이국 취미에 영합한 자기 오리엔탈리즘이라는 점은 부정하기 힘드나 동시에 이는 민족적인 자기 정체성의 탐구이기도 했던 것이다.[20]

그리고 이러한 문제의식은 해방 이후, 한국적 감수성의 발현으로 이어졌다. 박수근이 주로 제작한 여성상과 목가적인 시골 풍경은 조선 향토색의 대표적인 주제임에도, 극도로 절제된 구성과 화강암을 연상케하는 촉각적인 화면 처리를 통해 새로운 타입의 미술, 즉 한국을 대표하는 국민 회화로 평가받았다.

이처럼 일본 근대회화의 조선 표상에서 한국 국민미술의 탐구에 도달하는 일련의 과정에는 오리엔탈리즘의 언설을 넘어 '미술'이라는 서양의 개념을 자국의 것으로 만들고자 했던 화가들의 노력과 각각의 교섭-예를 들어 일본 국내와 식민지에서 진행된 관전, 일본 미술학교에서 배운 유학생, 朝日 화가들로 구성된 미술 단체 등의 흔적이 가로 놓여 있다. 한일 근대미술 생성의 복잡한 양상에 대한 이해는 이러한 교섭의 실체에 대한 다각적인 접근을 통해 가능할 것으로 생각한다. 동학들의 활발한 연구가 이루어지길 기대한다.

---

19 이인성, 「향토를 찾아서(1)」, 『동아일보』 1934. 9. 7.

20 이러한 이인성의 이중성에 대해서는 다음 논문들에서 자세히 다루었다. 신수경, 「이인성의 1930년대 회화 연구」, 『한국근현대미술사학』6, 1998; 김영나, 「이인성의 향토색」, 『미술사논단』9, 1999.

부록

1. 조선방문 일본인 화가 목록

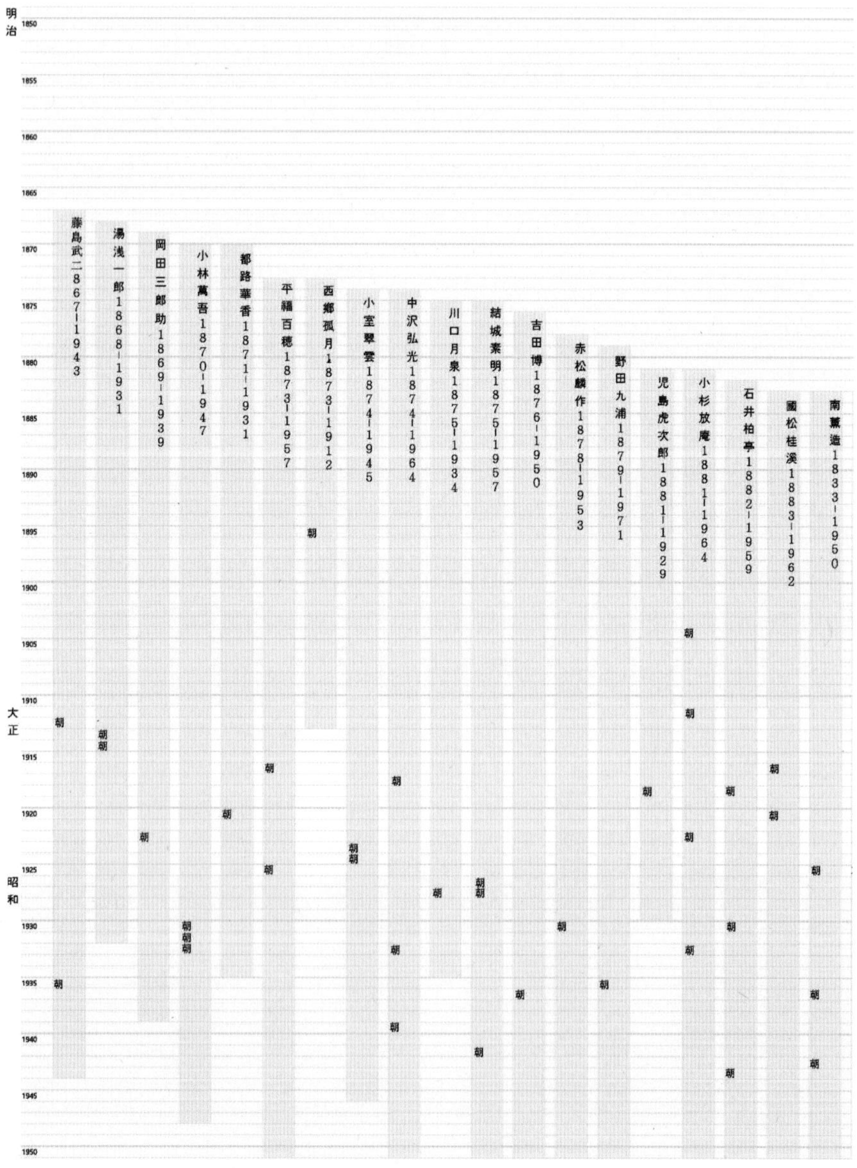

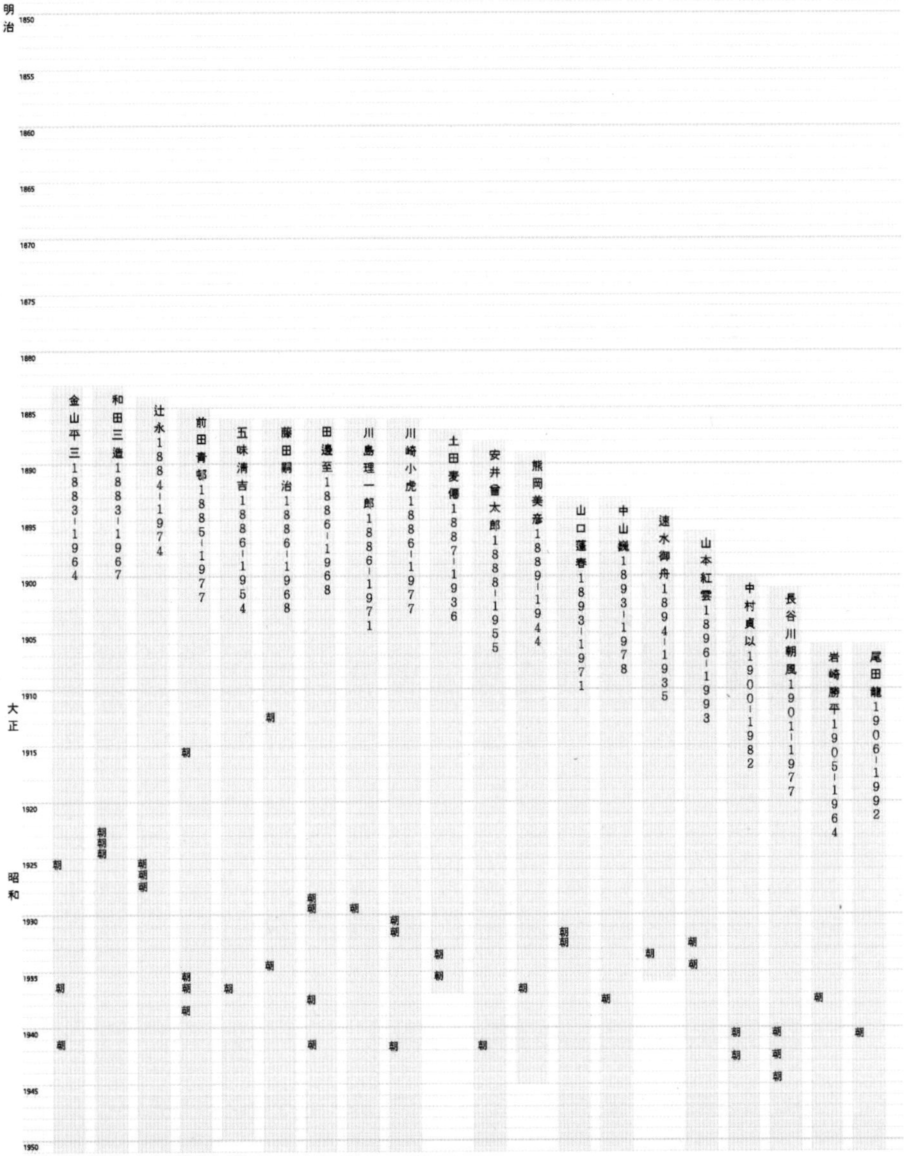

明治 1850 1855 1860 1865 1870 1875 1880 1885 1890 1895 1900 1905 1910 大正 1915 1920 1925 昭和 1930 1935 1940 1945 1950

- 金山平三 1883-1964
- 和田三造 1883-1967
- 辻永 1884-1974
- 前田青邨 1885-1977
- 五味清吉 1886-1954
- 藤田嗣治 1886-1968
- 田邊至 1886-1968
- 川島理一郎 1886-1971
- 川崎小虎 1886-1977
- 土田麦僊 1887-1936
- 安井曾太郎 1888-1955
- 熊岡美彦 1889-1944
- 山口蓬春 1893-1971
- 中山巍 1893-1978
- 速水御舟 1894-1935
- 山本紅雲 1896-1993
- 中村貞以 1900-1982
- 長谷川朝風 1901-1977
- 岩崎勝平 1905-1964
- 尾田龍 1906-1992

2. 조선방문 일본인 화가 약력

1. 후지시마 다케지 | 藤島武二 1867~1943

가고시마(鹿兒島)에서 태어났다. 처음 일본화에 뜻을 두었으나 서양화로 전향. 1896년 도쿄미술학교 서양화과 조교수로 임용되었으며, 白馬會 창설에도 관여했다. 1905년에 문부성 파견으로 프랑스, 이탈리아에 유학하여 10년에 귀국. 1912년에는 오가다 사부로스케(岡田三郎助)와 本鄕洋畵硏究所를 설립했다. '동양'적 여성상을 다수 남기고 있으며 말년에는 일본적 풍경화를 추구했다. 조선에는 1913년 11월부터 약 한달 간 체류하였으며 조선을 주제로 한 작품을 다수 남겼다. 1935년에 조선미술전람회 심사를 위해 재차 조선을 방문했다.

2. 유아사 이치로 | 湯浅一郎 1868~1931

군마현(群馬縣) 안나가시(安中市)출생으로, 야마모토 호스이(山本芳翠)의 生巧館화숙과 天眞道場에서 그림을 배웠다. 1896년 白馬會 결성에 참가했다. 1898년 도쿄미술학교 서양화과를 졸업하고, 1905년부터 4년간 유럽 유학을 떠났다. 귀국 후에는 二科會 결성에 가담했으며, 외광파 표현을 기반으로 한 견실한 사실풍의 작품을 다수 제작했다. 1913년과 14년 야마시타 신타로(山下新太郞)와 함께 조선호텔의 벽화 제작을 위해 조선을 방문했다. 이 시기 조선을 주제로 제작한 20여 점의 작품이 남아 있다.

3. 오카다 사부로스케 | 岡田三郎助 1869~1939

사가현(佐賀縣) 출생. 어릴 적에 상경하여 법률과 공학을 공부했으나, 오카다 집안의 양자가 되면서 서양화로 전향했다. 메이지미술회를 거쳐 백마회 참여. 1897년 제1회 문부성 장학생으로 프랑스 유학, 1902년 귀국한 해에 도쿄미술학교 교수 취임. 이후 후진 양성 및 관전의 중진으로 활약했다. 견실한 화풍의 여성상을 다수 제작했다. 1922년 제1회 조선미술전람회 심사원으로 조선을 방문했다.

3. 고바야시 만고 | 小林萬吾 1870~1947

가가와현(香川)에서 태어났다. 처음 하라다 나오지로(原田直次郎) 등에게 사사. 1889년 내국권업박람회에 〈芝東照宮圖〉가 첫 입선하며 이름을 알렸다. 1898년 도쿄미술학교 서양화과 수료. 1900년 백마회 참가, 이후 관전을 중심으로 활약했으며, 1911~14년 유럽 유학. 1918년 모교 교수에 임용되었다. 외광파의 화풍을 계승한 일본적 정취의 풍경, 풍속화를 다수 제작했다. 조선에는 1930년부터 연속 3회 조선미술전람회 심사를 위해 방문했다.

4. 츠지 가코 | 都路華香 1871~1931

교토(京都) 출생. 1890년에 제3회 내국권업박람회에서 3회 연속 수상을 비롯해 문전에서도 수상을 거듭했다. 1924년에 교토시립회화전문학교 교수, 교토시립미술공예학교 교장 등을 역임. 문전, 제전에서 활약했으며 1925년에 제국미술원의 회원이 됐다. 1920년에 금강산을 여행하고, 이듬해 금강탐승회화전을 개최했다. 이들 작품은 『금강첩』으로 간행.

5. 히라후쿠 햐쿠스이 | 平福百穗 1873~1957

아키타현(秋田縣) 출생. 1899년 도쿄미술학교 일본화과 졸업, 1900년에 무성회를 경성, 일본미술원의 낭만적 역사화와는 대조적인 자연주의적 사생화를 추구했다. 1916년에는 금령사를 결성하고 고전 회귀적 작품을 발표하는 한편, 관전을 중심으로 활약했다. 1907~29년까지 國民新聞社에 재직했다. 1930년 유럽 방문. 1932년 도쿄미술학교 교수에 취임. 1916년 德富蘇峰(도쿠토미 소호)와 함께 금강산을 여행했으며, 1925년 조선미술전람회 심사를 위해 방문했다.

6. 사이고 고게츠 | 西郷孤月 1873~1912

나가노현(長野縣)에서 태어났다. 1889년 도쿄미술학교 입학. 졸업 이듬해인 1895년 청일전쟁 종군화가로 다롄, 조선 등을 취재하고 귀국했다. 1896년 모교 교수로 취임했으나, 미술학교 소동으로 1898년 사임. 일본미술원 창립에 참가했다. 1903년 북해도, 도후쿠 지역을 전전하며 중앙화단에서는 멀어졌다. 1912년 대만 여행 중 발병. 도쿄에서 사망했다.

7. 고무로 스이운 | 小室翠雲 1874~1945

군마현(群馬縣) 출생. 1889년 남화의 대가 다자키 소운(田崎草雲)에 입문, 지대한 영향을 받았다. 소운 사후에 上京하여 남종화회, 일본미술협회에 출품. 1914년부터 문전 심사원을 역임, 관전을 중심으로 활약했다. 1921년에는 일본남화원을 창설. 근대 일본남화단의 중진으로 활약했다. 한국을 자주 방문했으며, 허백련, 김용주 등이 영향을 받았다. 1923년, 24년 조선미술전람회 심사원을 역임했다.

8. 나카자와 히로미츠 | 中澤弘光 1874~1964

도쿄(東京)에서 태어났다. 1896년에 도쿄미술학교 서양화에 입학해 구로다 세이키에게 사사, 白馬會 창립에 참여했다. 주로 관전을 중심으로 활약했으며, 1912년 광풍회를 설립했다. 1922년부터 23년까지 유럽 체류, 1924년에는 白日會를 설립. 1930년에는 제국미술원회원, 44년에는 황실기예원이 되었다. 조선에는 1917년 방문했으며, 1932년, 39년 조선미전 심사원을 역임했다.

9. 가와구치 겟센 | 川口月泉 1875~1934

이와테현(岩手縣) 출생. 부친 月村은 円山四條派의 어용화가로, 부친에게서 그림을 배웠다. 이후 센다이 육군교도단, 육군승마학교 등에 다니며, 러시아어를 습득. 청일, 러일전쟁 종군, 통역을 담당하기도 했다. 퇴역 후 화업에 전념. 1927년 조선 방문을 시작으로 수차례 여행을 했다.

10. 유키 소메이 | 結城素明 1875~1957

도쿄(東京) 출생. 1882년 도쿄미술학교 일본화과 입학. 1897년 졸업 후 서양화과에 재입학 했다가 중퇴. 문전, 제전을 기반으로 활동했으며 1913년 모교 교수로 임용되었다. 1923~25년 유럽 체류. 서양화의 자연묘사를 접목한 새로운 일본화 창작에 노력했다. 조선에는 1926년, 27년, 41년 조선미술전람회 심사를 위해 방문했다.

11. 요시다 히로시 | 吉田博 1876~1950

후쿠오카현(福岡縣) 구루메(久留米市)에서 태어났다. 1894년 미야케 곳키(三宅克己)의 영향을 받아 수채화를 시작, 같은 해 不同舍에 입문. 1899년부터 구미 각지를 여행. 이후 여러 번 미국으로 건너갔으며, 주로 미국을 거점으로 전람회 활동을 하는 한편, 세계 각지를 방문했다. 1920년부터 목판화 출판을 개시, 이후 사실적이며 시정 넘치는 세계 각지의 풍경을 판화와 수

채화를 다수 제작했다. 1936년 조선과 만주에 사생 여행을 떠났으며 다음 해 목판화 5점을 발표했다.

12. 아카마츠 린사쿠 | 赤松麟作 1878~1953

오카야마현(岡山縣) 츠야마시(津山市)에서 태어났다. 1897년 도쿄미술학교 서양화과 선과에 편입. 백마회에도 참여했다. 프랑스 인상파를 연상시키는 활기찬 필치와 명랑한 색채의 작품을 다수 제작했다. 중학교 교원과 신문사 근무를 거쳐 1926년 아카마츠(赤松)양화연구소 개설. 1930년 조선을 방문했으며, 경성에서 개인전을 개최하기도 했다.

13. 노다 규호 | 野田九浦 1879~1971

도쿄(東京)에서 태어났다. 유년기에 하코다테(函館)로 이주. 데라사키 고교(寺崎廣業)를 사사. 1896년 도쿄미술학교 일본 화과(選科)에 입학 하나, 1898년 미술학교 소동 때 퇴학, 일본미술원 연구생이 된다. 1907년 제1회 문전에서 최고상인 2등 상을 수상하고 이후 官展을 무대로 화가로서, 심사원으로서 활약, 주로 역사상의 인물을 제재로 온화하며 견실한 표현의 작품을 제작했다. 1935년 조선미술전람회 심사원으로 조선을 방문, 다수의 여성상을 남기고 있다.

14. 고지마 도라지로 | 兒島虎次郎 1881~1929

오카야마현(岡山縣) 출생. 1902년 도쿄미술학교에서 입학, 오하라(大原) 집안의 장학생이 되는 한편, 오하라 마고사부로(大原孫三郞)와는 일생에 걸쳐 인연을 맺게 된다. 1907년 도쿄권업박람회에서 1등상을 수상하고 이듬해 유럽으로 건너갔다. 1912년에 귀국하여 오하라집안의 별장에 거처를 마련하고, 프랑스의 살롱에도 작품을 출품했다. 1918년, 조선, 중국을 여행했다. 이후, 1919~21년, 22년에 잇따라 유럽으로 건너가, 오하라의 서양명화 수집을 주도했다. 1923년 귀국. 1929년 병으로 타계. 인상파풍의 밝은 색채의 인물, 풍경화를 주로 제작했다.

15. 고스기 호안 | 小杉放庵 1881~1964

도치기현(栃木縣)에서 태어났다. 別號로 未醒, 放菴. 이오키 분사이(五百城文哉)에게서 서양화 사사. 1899년 상경하여 부동사에 입문. 1904년에 태평양화회 첫 출품. 1903년부터는 近時畵報社에 적을 두고 삽화를 그렸다. 이듬해 조선, 중국에 파견되었으며 러일전쟁 종군. 1908년 문전 첫 입선. 1913년 프랑스 유학 이후 재흥일본미원에도 참가. 일본화, 수묵화도 다수 제작했으며, 독특한 경지의 장식적인 화풍을 구축했다. 1910년대~30년대 사이 수회(1911, 1922, 1932 등) 조선을 방문했으며, 1935년 조선미술전람회 심사원을 역임했다.

16. 이시이 하쿠테이 | 石井柏亭 1882~1959

도쿄(東京)에서 태어났다. 아버지는 일본화가 이시이 데이코(石井鼎湖), 동생은 조각가 이시이 츠루조(石井鶴三). 인쇄 조판 견습생으로 일하며 수채화를 독학했다. 1898년에 아사이 츄(淺井忠)의 문하생이 되어 본격적으로 서양화를 배웠다. 1904년에 도쿄미술학교 서양화과 選科에 입학. 문전에 출품하는 한편, 1907년 근대창작판화운동을 이끌었다. 1910~12년에 유럽 유학 이후, 1914년에 재야단체 二科會를 결성했다. 18년 이후 종종 조선을 방문했으며, 1930년, 1943년 조선미술전람회 심사원을 역임했다. 관전풍의 사실적인 풍경화와 인물화를 다수 제작했다.

17. 구니마츠 게이케이 | 國松桂溪 1883~1962

시가현(滋賀縣) 출생. 1904년 교토(京都)의 聖護院양화연구소, 관서미술원에서 아사이 추(淺井忠), 가노코기 다케시로(鹿子木孟郎)에게 사사. 초기에는 문전, 제전을 중심으로 활동했다. 1921년부터 23년까지 프랑스 유학, 귀국 후에는 이과전에 출품했다. 1916년, 1920년 중국과 조선을 여행하고 현지에서 개인전을 개최하기도 했다.

18. 미나미 군조 | 南薰造 1883~1950

히로시마현(廣島縣)에서 태어났다. 1902년에 도쿄미술학교 서양화과에 입학, 오가다 사부로스케(岡田三郎助)에게서 그림을 배웠다. 1907~09년에 영국 유학, 유럽 각지를 여행한 후 10년에 귀국, 백마회 회원이 되었다. 주로 문전, 제전 등에서 활약했으며 1932~43년 도쿄미술학교 교수를 역임. 조선미술전람회 심사원을 4회(1925, 1926, 1936, 1942) 역임했다. 생기 있는 필치와 색채로 습윤한 풍경과 정경을 사실적으로 그린 작품을 남기고 있다.

19. 가나야마 헤이조 | 金山平三 1883~1964

효고현(兵庫縣) 고베(神戶)에서 태어났다. 1905년에 도쿄미술학교에 입학, 구로다 세이키(黑田淸輝)를 사사. 1912~15년 유럽 유학, 이후 문전, 제전에서 활약했으나 1935년 제전 개조를 계기로 중앙 화단에서 거리를 두게 된다. 안정감 있는 구도와 차분한 색채, 사실적인 표현으로 세계 각지의 풍경화를 다수 제작했다. '조선'에는 1925년 明治神宮 성덕기념회화관 벽화 〈日淸役平壤戰〉의 취재를 위해 방문했으며, 36년과 41년에도 사생 여행을 위해 방문했다.

20. 와다 산조 | 和田三造 1883~1967

효고현(兵庫縣)에서 태어났다. 白馬會洋畵硏究所에서 구로다 세이키(黑田淸輝)에게 사사, 1901년에 도쿄미술학교 서양화과에 입학 제1회 문전에 출품한 〈南風〉이 최고상을 수상하여 주목받았다. 1909년부터 문부성 유학생으로 유럽에 건너가서 1914년에 귀국, 이후 장식 예술과 색채 연구에 주력하게 된다. 특히 유럽 귀국 도중인 1914년과 이후 1915년 2차례 인도, 자바, 미얀마 등지를 여행하고 현지 공예를 연구했다. 1922~26년까지 조선총독부 청사의 대벽화를 제작했다.

21. 츠지 히사시 | 辻永 1884~1974

히로시마(廣島)에서 태어났다. 1906년 도쿄미술학교 서양화과 졸업. 오카다 사부로스케(岡田三郎助)에게 사사. 1908년 제2회 문전에서 첫 입선. 제3회 출품작 〈牧場의 山羊(放牧)〉이 이왕가에 매입되었다. 그 이후에도 산양을 주제로 관전에서 수상을 거듭했다. 1920년~21년 유럽 체류 이후에는 밝은 색채의 풍경화를 주로 제작했다. 戰後에는 제국예술원 회원, 日展의 초대 이사장에 취임하며 쇼와(昭和)시기 서양화계의 중진으로 활약했다. 明治神宮 성덕기념회화관 벽화 〈일한합방〉의 제작 및 조선미술전람회 심사를 위해 1925년 조선을 방문하였으며, 이후 1926, 1927년에도 심사원으로 위촉되었다.

22. 마에다 세손 | 前田靑邨 1885~1977

기후현(岐阜縣)에서 태어났다. 가지타 한코(梶田半古)를 사사, 1914년에 재흥한 일본미술원의 동인이 되었다. 1915년에 조선을 여행한 후 《조선의 권》을 재흥 제2회 원전에 출품했다. 1919년에는 중국을 여행했으며, 1922

~23년에 일본 미술원의 유학생 자격으로 유럽에 건너갔다. 1935년에는 제국미술원의 회원이 되었다. 1935년, 36년 조선미술전람회 심사를 위해 조선에 갔으며 1938년에도 조선을 여행했다.

23. 고미 세이키치 | 五味清吉 1886~1954

이와테현(岩手縣) 출생. 중학교 졸업 후 오가다 사부로스케(岡田三朗助)에게 사사. 1908년 도쿄미술학교 서양화과 입학. 이후 문전, 제전을 중심으로 활약했다. 이와테현 첫 서양화단체인 北虹會 결성. 1917년 남태평양, 1920년에 유럽 여행을 떠났으며, 이후에도 중국 등을 漫遊. 조선에는 1936년 4월말부터 2개월 간 체류했다.

24. 후지타 츠구하루 | 藤田嗣治 1886~1968

도쿄(東京) 출생. 도쿄미술학교 서양화과에서 배우고 1913년에 프랑스로 건너가 1940년 일본으로 귀국했다. 파리에서는 에콜 드 파리(Ecole de paris)의 대표작가로 명성을 얻었다. 1940년, 나치의 파리 침공을 피해 귀국. 육군미술협회 부회장으로서 전쟁 기록화 제작을 인솔. 戰後 이러한 행적이 비판받자 일본을 떠나 프랑스로 귀화하여 그곳에서 타계했다. 후지타는 1913년 도불하기 직전, 적어도 두 차례 이상 조선을 방문한 것으로 보인다. 최초의 방문은 1912년 7월로, 신혼여행을 겸해 부인과 함께 당시 조선총독부 병원장을 역임하던 부친을 만나기 위해서였으며, 경성, 평양 등을 여행했다. 그리고 이듬해 재차 조선에 건너와 2개월 간 체류했다. 그리고 후지타는 1929년 가을, 일본에 일시 귀국하게 되는데, 이때 프랑스인 아내 유키를 비롯해 가족들과 함께 조선 각지를 여행했다. 이 세 번째 방문을 끝으로 이후 조선 관련 기록은 보이지 않는다.

25. 다나베 이타루 | 田邊至 1886~1968

도쿄(東京)에서 태어났다. 동쿄미술학교 서양화과에 입학, 구로다 세이키(黑田清輝)에게 사사. 1919년 모교 교수에 임명. 1922~24년 문무성 재외 연구원으로 유럽 체류. 귀국 후 관전을 중심으로 활동했으며, 1918년 일본창작판화협회 결성. 전후에는 무소속으로 동판화 등을 제작했다. 조선에는 조선미술전람회 심사원으로 1928년, 29년, 37년 41년 방문했다.

26. 가와시마 리이치로 | 川島理一郎 1886~1971

도치기현(栃木縣)에서 태어났다. 1905년 아버지가 있는 미국에 건너가 코코란(Corcoran)미술학교 입학, 10년에 졸업. 이듬해 파리의 아카데미 줄리안(Académie Julian)과 아카데미 콜라로시(Académie Colarossi)에서 그림을 배웠다. 1919년 귀국, 이후에도 유럽을 왕래했으며, 1936년 여자미술학교 교수 취임, 이듬해 문전 심사원으로 위촉되었다. 1938년 이후에는 종군화가로 중국, 태국, 베트남 등 파견, 아시아와 관련된 작품을 다수 남겼다. 전후에는 日展을 중심으로 활동했다. 조선에는 1929년 사생여행을 왔다.

27. 가와사키 쇼코 | 川崎小虎 1886~1977

기후시(岐阜市)에서 태어났다. 1910년에 도쿄미술학교 일본화과를 졸업하고, 1914년에 제8회 문전에 첫 입선. 이후 관전을 중심으로 활동하며 제국미술학교와 모교에서 가르쳤다. 야마토에(大和繪)를 기초로 한 서정적인 작품을 다수 제작했으며, 만년에는 가까이 있는 자연이나 동물 등 소박한 주제를 즐겨 그렸다. 1940년에는 종군 화가로서 화북, 만주 등에 파견, 전후에는 日展에서 활약했다. 1931년, 32년, 42년 조선미술전람회 심사원으로 조선을 방문했으며, 1935년에는 대만미술전람회 심사원으로 위촉되기도 했다.

28. 츠치다 바쿠센 | 土田麥僊 1887~1936

니가타현(新潟縣)에서 태어났다. 1904년 교토(京都) 화단을 대표하는 다케우치 세이호(竹內栖鳳) 문하에 들어가 그림을 배웠다. 1911년에 교토시립 회화전문학교를 졸업, 일찍부터 문전에서 두각을 드러냈으나, 심사에 불만을 품고 1918년 국화창작협회를 결성했다. 1921~23년 유럽 체류, 1934년에 제국 미술원의 회원이 되었다. 1933년 처음 조선을 여행하고 〈평상〉을 제작했으며, 1935년 재차 조선에서 취재한 〈기생의 집〉을 제작하던 중 교토에서 사망했다.

29. 야스이 소타로 | 安井曾太郎 1888~1955

교토시(京都市) 출생. 1903년 聖護院洋畵研究所에서 아사이 츄(淺井忠)에게 사사. 우메하라 류사부로(梅原龍三郎)와 동문. 1907년 프랑스 파리에서 장 폴 로랑스(Jean-Paul Laurens)에 사사. 특히 세잔의 영향을 받고 1914년 귀국. 이과회 합류. 다양한 화풍을 추구하는 과도기를 거쳐 1920년대 후반, 독창적인 자기 화풍을 확립했으며 특히 초상화에 뛰어났다. 1944년 도쿄미술학교 교수 취임. 1952년 문화훈장을 수상했다. 조선에는 1936년 조선미술전람회 심사를 위해 방문했다.

30. 구마오카 요시히코 | 熊岡美彦 1889~1944

이바라키현(茨城縣)에서 태어났다. 1913년 도쿄미술학교 서양화과를 졸업. 1919년 제1회 제전에 〈朝鮮服을 입은 여성〉을 출품, 특선을 받는다. 1926년부터 4년 간 프랑스 유학. 1931년에 熊岡洋畵研究所를 개설하여 후진 양성에도 힘썼다. 1936년에는 중국, 대만, 조선을 여행했으며, 경성 미츠코시에서 개인전을 개최하기도 했다. 1939년에는 종군화가로 참여했다.

31. 야마구치 호슌 | 山口蓬春 1893~1971

홋카이도(北海道) 출생. 도쿄미술학교 서양화과에 입학했으나 1918년 일본화과로 전과하고 마츠오카 에이큐(松岡映丘)에게 사사. 신흥 야마토에회(大和繪會)의 동인이 되어 특선을 거듭했다. 1930년, 양화, 일본화, 미술평론가로 이루어진 六潮會에 참가. 새로운 일본화를 추구했던 호슌은 1935년에 제전(帝展) 고문을 사임하지만 동회의 활동은 계속했다. 戰後에는 日展을 무대로 활약했다. 1931년, 32년에 경성, 평양, 경주 등을 방문하여 대표작 중 한 점인 〈시장〉을 탄생시켰다.

32. 나가야마 다카시 | 中山巍 1893~1978

오카야마(岡山) 출신. 1914년 도쿄미술학교 서양화과에 입학, 후지시마 다케지(藤島武二)에게 사사. 1922년 프랑스 유학. 1928년 귀국 이후에는 재야단체 독립미술협회 창설(1930)에 참가. 이후 중심적 인물로 활동했다. 1937년부터 중국, 조선, 대만 등을 여행했다. 41년에는 종군 화가로서 싱가포르, 자바, 발리 등에 파견. 전후 1951년에는 일본 예술원상을 수상하는 등 미술계 중진의 한 사람으로 활약했다.

33. 하야미 교슈 | 速水御舟 1894~1935

도쿄(東京) 출생. 1908년 마츠모토 후코(松本楓湖)에 입문해 일본화를 배웠다. 1911년 이마무라 자흥(今村紫紅)을 만나 紅兒會에 입회, 지대한 영향을 받았다. 1913년부터 재흥일본원전을 중심으로 활약했으며, 이듬해 호를 「御舟」로 바꾸었다. 기존 일본화에서 벗어난 철저한 사실과 세밀 묘사를 특징으로 하며, 대표작으로는 사실주의를 기저에 두면서 환상적인 세계를 나타낸 〈炎舞〉(1925), 장식성을 도입한 〈名樹散椿〉(1929) 등이 있다. 1933년 조선미술전람회 심사를 위해 조선에 건너 왔다. 약 한달 간 평양, 부여, 경주 등 각지를 답사하며 유적, 문물, 풍속을 사생했으며, 조선 여성을 주제로 한 연작 《青丘婦女抄》가 남아 있다.

34. 야마모토 고운 | 山本紅雲 1896~1993

효고현(兵庫縣) 출생. 다케우치 세이호(竹內栖鳳)에게서 일본화를 배웠다. 1917년 문전 첫 입선을 시작으로 이후에도 관전에 주로 출품해 입선했다. 1927년 교토시립회화전문학교 졸업. 전후에는 日展을 중심으로 활동했다. 1932년 대구, 경주 지역으로 사생 여행을 왔으며 1934년에는 금강산을 방문하고 경성에서 개인전을 열었다. 1936년에는 야마모토 가나에(山本鼎)와 함께 조선관광 선전엽서를 완성하기도 했다.

35. 나카무라 데이 | 中村貞以 1900~1982

오사카(大阪)에서 태어났다. 처음 우키요에시(浮世繪師) 하세가와 사다노부(長谷川貞信)에 사사, 19세에 미인화의 거장 키타노 히토미(北野恒富)에 사사한다. 1923년 재흥일본미술원전에 첫 입선. 이후 원전을 중심으로 활약했다. 미인화가 뛰어난 화가로서 높이 평가되어 1966년 일본 예술원상을 수상. 어릴 때 화상으로 손가락을 사용하지 않고 양손을 맞대어 그리는 독특한 방식을 사용했다. 1940년, 42년에 조선을 여행하며 작품을 제작했다.

36. 하세가와 조후 | 長谷川朝風 1901~1977

기후현(岐阜縣) 출생. 1927년 교토시립회화전문학교를 졸업, 야스다 유키히코(安田靫彥)에게 사사. 초기 제전에서 활약했으나, 1939년 재흥일본미술원전 입선 이후 원전을 중심으로 출품했다. 화가 이외에 하이쿠(俳句)작가로도 활동했다. 1940년 조선으로 건너가 경성, 수원 등의 명소를 사생. 1942, 44년에도 조선, 만주를 여행했다.

37. 이와사키 가츠히라 | 岩崎勝平 1905~1964

사이타마현(埼玉縣) 출생. 도쿄미술학교 서양화과 입학, 후지시마 다케지(藤島武二)에게 사사. 光風會展, 春臺展 등에 출품했으며 1936년 문전 첫 입선. 1939년에는 종군화가로 중국 파견. 1941년 부친 사망으로 경제적 기반을 잃고 전후에는 고향으로 돌아와 개인화숙과 개인전을 주로 개최했다. 1937년 말부터 이듬해에 걸쳐 조선에 체류하며 다수의 스케치, 유화를 남겼다.

38. 오다 류 | 尾田龍 1906~1992

효고현(兵庫縣)에서 태어났다. 1926년 도쿄미술학교를 입학. 재학 중인 1929년 이과전 첫 입선, 1940년 이후에는 國畵會를 중심으로 활동했다. 같은 해 여름 도쿄부에서 파견한 滿蒙시찰단의 일원으로 약 1개월간 조선 만주를 여행. 이 여행의 인상은 오다의 작품에 지대한 영향을 미쳤다. 1945년 도쿄 공습을 계기로, 히메지(姬路)로 귀향. 전후에는 간사이(關西)지역을 중심으로 활동을 전개했다.

* 부록 1, 2는 『近代の東アジアイメージ』(豊田市美術館, 2009), 『日韓近代美術家のまなざし-『朝鮮』で描く』(福岡アジア美術館 외, 2015), 『개화기 일제강점기(1876~1945) 재조일본인 정보사전』(보고사, 2018), 도쿄문화재연구소 아카이브 데이터베이스(https://www.tobunken.go.jp) 등을 참조하여 작성했으며, 조선 거주 일본인 화가 및 공예, 조각 분야는 제외했다.

3. 일본인 화가의 조선 기행문

藤島武二、「朝鮮観光所感」、『美術新報』第13巻5号、1914年3月、pp.11~13

私は歐洲から歸朝して以來、少しばかり、あちこちと內地を旅行して見ましたが、以前は非常に美しいと感じた奈良や京都でさへも、思の外平凡に見えて、割合につまらぬと思ふたばかりでなく、其土地自然の美觀を日に破壞して行く、新しい俗惡な趣味の建築や橋梁などを見ては、何時でも不 愉快な印象が殘るばかりでした。處が、此度朝鮮に渡航して見ると、見聞するものが、總て新しい點もあるでせうが、何でも面白いと感じました。それに日本內地の風景は、何處でも大抵盆景的ですが、朝鮮は、半島ながら、大陸的の處がある様です。大陸の地勢を受けて突き出た地形が、既に伊太利を連想させますが、其地の風物が又頗る伊太利に似た點が多い様です。地面の色が明快で、禿山が多くつて、ところどころに、小松が點綴せられて居るなど、一層風景を美しく見せます。それに、いつもうららかな日の光や、晴やかな空の青い色が、禿山や地面の明るい土の色と、相對照して、一層深碧に見えます。尙ほ又、朝暮の陽光の突兀たる岩山や、層重として連なれる禿山に映じた折なぞは、五彩炯爛とでも申しませうか、殆んど形容の出來ない程の美しい色を呈します。

それに、朝鮮人の服裝が又面白い摚です、男の着物は大抵白の様ですが、婦人は皆單純な色を用ひて居て、上衣が赤で、裳の色が白とか、其外、綠、紫、黃色と云つた様に、大きな色の塊まりに見える處が、遠見には甚だよい様です。朝鮮は、總ての點に於て、古來著しい變化や進步がなかつた爲に、その服裝には、今も尙ほ、古代の面影が殘つて居る様に思はれます。婦人のかついで居る綠色の被皮(かつぎ)や、薄色の裳の、風に飜へる様が、何とも云へぬ美しい趣があります。恰も日本の王朝時代の繪卷物を眼の前に見る様な氣持がします。それに、狹い街の辻に、偶然落ち合つた人々の、いろへの、單純な色の着物が、自らコントラストをなし、調和をなす様は、恰もオペラでも見て居るやうな、感じがする事がある。

日本の風景は淸らかで、美しいが、餘りまとまり過ぎた處が多い様です。山の色も、綠滴たると云つたやうに、見る目には美くしくとも、繪としては、變化に乏しくて面白くない様です。それに人間の着物が、くすんだ色の方が多くつて、風景に配しては引き立たぬ様です。總べてピトレスクの感じのする風景は、朝鮮の方が勝つて居る様です。

日本の風景は、優美で、快活の感じはある様ですが、壯大とか、深遠とか云ふ様な感じは乏しいやうです。若し日本の風景を、瑞西に比べることが出來たら、朝鮮の風景は、伊太利に匹敵すべきものであらうと思ひます。それに、到る處、古代の遺蹟や、廢頽したる王宮殿堂と云つた様なものが、一種悲痛の感慨を惹き起させます、いつも、朝鮮の風景には、何物かの意味が附隨している様な感じがします。

內地の景色も、秋は山の色にも變化があつて、面白い様ですが、特に朝鮮の秋は氣候もよく、最も美しい季節であるさうです。夏は餘り暑く、冬は寒さが嚴びしい、私の往つて居た時分でさへも、攝氏の零度以下十七度を下つた事があります、併し彼地（むかう）では、三寒四溫とか云つて、寒さが三日續けば、後の四日は暖かいので、防寒の設備さへ付いて居たら、思の外淩ぎいゝ様です。併し冬季は野外のスケッチなどは、到底叶はぬ様です。

私の斯く豫想以上に面白いと感じた朝鮮の風景の美を、是まで餘りやかましく云はなかつたのは、內地からさほど遠くもないに拘らず、交通が餘り便利でなかつたのと、そして朝鮮內地の旅行は比較的多くの費用を要するので、隨て美術家の渡鮮するものも少なかつた爲でせう。朝鮮內地の旅行は、餘りひどく贅澤をしないでも、一日平均五六圓の費用を要する様ですが、若し陽氣の好い時に往つて、下宿屋暮しをする覺悟なら、日本內地と格別異りはなくて、大抵一日平均六七十錢もあれば足りる様です。 汽車汽船賃は、 新橋から平壤まで、中等で往復五六十圓位と積つて置いたら充分でせう。書生流にやれば、一月百圓もあれば居られるでせう。

朝鮮の面白い固有の風俗は、日々に破壞されつゝあるのですから、此方面の研究に出懸けるなら、今の内に往く方が好いでせう。

佛蘭西が嘗てアルゼリーを征服した時に、その頃の畵家が、盛んに彼の地に渡航して、アルゼリーの風景や風俗を畵くのが、その頃の流行のやうになつて居て、彼地の風景、風俗、戰爭等を題材としたる有名なる畵家が續々として、輩出して居ます。卽ちドラクロワDelacoix、ドガンDecamps、マリラMarilhat、フロマンタンFromantin、ギィヨメGuillaumet等、盛んに東洋趣味を鼓吹して、當時の佛國の畵壇に、大なる刺戟を與へた事がみられます。

朝鮮は、我國と併合したので、勿論アルゼリーの例とは異つて居ますが、兎に角、我領土に歸したのでありますから、種々の方面から、研究したり、開拓したりすることの必要なのと同じ樣に、藝術の方面からも、此際大に注目すべきものであらうと思ひます。

朝鮮の藝術も今は殆んど見るべきものはない樣です、古來國家の滅亡の原因を、藝術の罪に歸した論者もある樣ですが、其反證として朝鮮は實例を示して居ます。古代の朝鮮の藝術と云ふものは、非常に立派なものであつて、最も優秀なる藝術として、世界に誇つてる日本藝術の母とも云ふことが出來た位である。例へば、彼の有名なる法隆寺の金堂の壁畵や、阿佐太子の筆と稱する聖德太子の御像や、其他正倉院の御物や古社寺の遺寶の中にも、當時日本に渡來した朝鮮人の手になつたもの、又は其感化を受けた日本人の手になつたものも多いであらうと思ふ、又た直接に朝鮮から傳來したものも多からうと思ひます。之で以て見ても、日本藝術が、朝鮮の藝術の感化を受けたことが想察せられます、又如何に朝鮮の藝術と云ふものが進步して居たかゞ、之に依つても窺ふことが出來ます。

又、朝鮮藝術の最も高潮に達した時代は、朝鮮歷史の中で、最も活氣を呈した三國時代であつて、其後新羅統一以來、高麗、李朝を經て、次第に國家が衰運に傾くに隨つて、藝術も漸次凋落して、遂に今日の狀態に陷つたものであります。高麗朝の遺物としては、世界に向つて誇るに足るべき、最も立派なる陶磁器に於て、朝鮮人の藝術的才能を示して居ます。又李朝に入つては、儒教を尙んで、宗教や藝術を卑んで壓迫を加へた爲に、宗教や藝術は大打擊を受けたに拘らず、李朝以來の建築にも、立派な朝鮮人獨特の藝術的樣式が殘つて居て、此點にも、朝鮮人の藝術的才能が現はれて居ます。

朝鮮は古代の歷史に徵しても、いつも印度、支那の文化の影響を受けつゝ、朝鮮人獨特の技能を發揮して居ます。人種の上から見ても、決して劣等人種ではない、若し誘導啓發の道さへ宜しきを得たならば、朝鮮藝術の復興と云ふことも、決して架空の望ではあるまいと思ふ。斯の如く朝鮮人は藝術的才能を有つた人種であるから、政策としても、法律思想などを鼓吹する代りに、藝術的趣味を奬勵することは、最其當を得たものであらうと思ひます。(談)

前田青邨、「朝鮮の感興」、『中央美術』第1巻3号、1915年12月、pp.32~39

始政五年と銘打つた朝鮮總督府の共進會が、京城景福宮に開かれて盛況を呈したと云ふ事だ。雞林八道が我國の領土となつてから、どれ程日本の文化が及んで居るやら、それは私には判らないが、此方から流れ注ぐ文明の波動が、我々の喜ぶ朝鮮的氣分を破壞して行く事は爭へない。廢頽の中に搖曳する美的の感じは、文明の促進に比例して消滅するに定つて居るが、景福宮の中で領得される朝鮮の氣分は、今は全く失せたであらう。そんな事から聯想して曾遊の回顧に耽つて見る。即ち朝鮮で得た感興の回想である。

私の朝鮮に遊んだのは本年の五月であつた。釜山に上つて一泊した私の第一印象は、失望と云ふ二字であつた。朝鮮の玄關と云ふべき其地は、破壞だか建設だか譯の分らぬ混雜を示して居た。本州人、鮮人の混淆になつた土工の群が、赤土の山を切崩して、トロで土砂の運搬をする。雜然、騷然として只目まぐるしいばかりである。朝鮮らしい氣分は少しも起こらない、私は頗る失望した。

併しそれは一夜だけで、翌朝になると前の失望と相雜殺して尙あまりある感興があつた。それは魚市場の光景である、魚市場は面白い、一覽お値が十分にあると勸められて、早速見物に出掛けた。白衣を着した鮮人が無數に集つて居る。路傍の家屋から音樂が聞える、太鼓と拍子木のかけ合で、ドンヽ、カチヽと單調な奏樂だ、本國で聞覺えある天理教の奏樂である、路上の鮮人はその拍子に伴れるやうに總體ゆらゆらと動いてゐる。それが一樣の白衣に黑い帽冠つた群集だから、黑い斑迄ある一條の白蛇が、病體でのたくると云つた風だ。中には賣野菜を積んだ車を前に控え、長い煙管を啣えて悠然と彳む農夫もある、活動とか敏捷とか云ふは朝鮮人に不用の文字と思はれる。見たところ如何にも落着拂つて、泰山崩るヽも動せずと云ふ風だが、大かた血のめぐりの鈍いのであらう。これでは國も亡びる道理だと、飛んだ處で感心して見る。

大邱の大觀

大邱は釜山から京城へ出る途中の町だ。町は平原の中に在つて、附近に小さい丘陵が起伏して居る。草葺と瓦と入交つた、屋根の低いその町はあ道幅も甚だ狹い、その狹い町の兩側は、赤土の土塀が連なつて居る。黑い山羊や黑い豚がのそゝと歩いて居る、その間を被衣を冠つた女が通る。私は初めて朝鮮らいし氣分になつた。

朝の感じは特によかつた。大抵の家に鷄を飼養してあつて、その鳥部屋を軒下に据ゑて置くのだが、朝になると町中の無數の鷄が、バタゝと羽を鳴らして屋根に舞ひ上る。而して一齊に聲を揃へて東天紅を啼きつれる、小高い處に上つて見ると、目の届く限り、何處屋根にも鷄が居て、コケコツコーとやつて居る。如何にも長閑な現代離れしたやうな氣分で、朝鮮ならでは見られぬ圖である。

丘陵に上つて見渡す大觀は、大陸的の面白い感じであつた。大邱の郊外は一面果しない麥畑で、其間を通じる幾十本の道路が大邱の町に集つて居る。丁度、車輪の軸木が輻湊するやうな形である。未明に丘陵に立つて見て居ると、太陽が地平線からのつと出る。空氣が透明で空が美しく晴れて居ろから、眼界の物象がはつきりと見える。青いものは町を圍む麥畑のみで、赤い山には一本の樹木も見えない。諸方の村々から大邱の町に入込む人間が、例の幾十本かの道を辿つて來る。所謂寸馬豆人の小さな影も、白衣の人物だからよく判る、中には眞紅や綠の着物も交つて居る、それは悉く子供なのだ。朝鮮の子供は赤か若しくば青の上衣を着けて居る、色合は何れも强烈な原色で、混合色は殆んどない。それだから遠い處からも見えるのだ。

日本的の風景

水原には三日逗留した。此處は松など多く繁つて日本的の風景の頗る佳なる處であつた。東西南北の四大門もあつて、山水畫の材として執るべきものが多いやうだ。今の李王殿下が未だ皇帝であられた時代に、此の地の離宮に屢々來遊されたさうだ、その離宮が今も殘つて居る。

此處には大きな沼がある。その岸に川楊が繁つて、一方の岸に朝鮮流の建物がある。靜かな水に青々とした楊、廢頽しかけた古い建築、水に浮かぶ多くの水禽と斯う合せて見ると匆々捨て難い趣がある、それに水中に臺を設らへて、朝鮮人が釣して居る。臺は簀の子作りの涼み台と云つたやうなもので、釣する人は白衣に黑い朝鮮帽子、日本のやうに釣竿は持たず、糸に餌をつけて投げ込むのだ。一度投げたが最後、釣れるまでは何年でも持つと云つた體で、例の長煙管を啣えて居る。白い煙が玉をなしてポカ々上る、之も畫いて見たいものゝ一つであつた。

郊外を逍遙した時、畑の耕作で面白いものを見た。朝鮮の鋤は上部に繩がついて居て、一人がそれを土中に差し込むと、他の一人が繩を引いて土をかへすやうになつて居る。 然うして鋤きかへす畑の上に、 無數の鵲が集まつて來る。それは鋤きかへされた地の面に、蟲を啄みに來るのである。之も畫材の一つであつた。

京城の妓生町

京城は繁昌だ、朝鮮は何處でも同じだが、京城の町に行くと紳士(ヤンバン)の濶步が際立つて目につく。紳士の階級では幼い時から步きやうの練習をさせるさうだ。彼等は胸を張出し、足は膝の關節を屈伸させぬやうに大跨に運び、双の肩で風を切つて步くのだ。チョコ々走りする日本の紳士の見すばらし姿勢に引かへて、彼等の堂々濶步する姿が如何にも立派だ、但し頭の中の空洞な事を遺憾とする。

朝鮮人はおしやれである。紳士連中は路上で鏡を取出して、平然と身繕ひする。着衣は純白と定つて居るが、中には水色や鼠色の絽の上着を着るのがある。其服裝はなか々面白いが、例の文明風が此點にも吹込んで、一風變つた風俗が見られるのだ。この紳士のハイカラ連には、洋服のチヨツキを朝鮮服の上に着し、深ゴムの靴を穿くのがある。また朝鮮服の襟の下に洋服のカラをつけるものもある。文明國たる日本の眞中にも、洋服に下駄穿きや、和服にシルクハット靴穿きの輩もあるから、紳士ばかりは笑はれないが、チヨツキに靴は不愉快だった。進步とは破壞なりと誰やらに聞いたが、之が進步なら進步も不愉快なものである。

景福宮も進步と云ふ敵に破壞されて居た。私の拜觀した時は共進會工事の最中だつたが、古い柱の下部を削つてニス塗するやら、天井にペンキをつけるやら生新しい形と色とが、朝鮮の古色を侵略して居た。あゝ云ふ建物は成るべく其儘にして欲しいが、便利を旨とする文明の方で承知しない、殘念なものだと私は思つた。

京城で面白いものは妓生(官妓)であつた。私はその妓生の踊を一見すべく、明月館と云ふ料理屋に行つた。妓生を呼ぶお客さんは、廣い座敷の正面に坐を構へるが、大きな敷物を布いて左右に曲彔代りの括り枕を据ゑる、それが非常に大きな枕だ、後には屛風を立廻す、左右の枕に肱を凭せ、悠々然と坐つて居ると眞に大盡になつた氣がする。そんな氣分が面白いだけで踊に大した興味はなかつた。

ある夜私は妓生町をふらついて見た。妓生町と云つた處で、日本の藝者屋町のやうに、建築や裝飾の特種の裝置は見られない。一様の低い草葺又は瓦屋根で、 我々の眼には何處が妓生の家か判らない。 辛との事でそれと知り得るは、低い窓から漏れる鞨鼓の音と、微吟する朗咏の聲とである。それが妓生の藝者が爪彈きで端唄を謳ふと云ふ體であらう、淋しい鞨鼓の響きと、所謂怨むが如く、また愬ふるが如き朗咏の薄暗い巷を流れるのに耳を假して、私はこれが亡國の歌かとも思つて見た。然うしてその町々には、陰鬱な人家の軒下に白衣の鮮人がごろゝゝ寢轉んで居る。無宿のものが夜を明すに、切めては朗詠の音など聞いて、 無聊を忘れようとするものらしい。 風流と解せば詩趣もあらうが、私は物の愁れの極みと感じた。

京城の町は總じて不愉快であつた。妓生町の感興を唯一の獲物として、私は平壤方面に發足した。京城附近では漢江の河口近くに□浦と云う處がある。船船常に輻湊して、風景もなかなか佳い、朝鮮の中では恐らく有數の佳景と見た。

その川の上流で鮮人の投網が面白かつた折しも雨後の濁水が慆々として、川は矢を射るやうに流れてゐた。長い橋が架つて居る。

橋の上には投網を持つた白衣の鮮人がずらりと並んで居る。彼等は代るへに網を投ずる、鯉を捕るとか言つて居た。傍に置いた魚籠には、二三尺の大鯉の入つて居たのもあつた。朝から夜まで網の投げ通しだが、何時入るか知れないのに、然うして一日を送るさうだ、根氣がいゝと云へばそれまでだが、氣の早い日本人には出來ない藝だ。投網の太公望、一尾を獲ればその日暮しが出來ると聞く、太公望も朝鮮に來ては安價になつた。

朝鮮らしい都會

開城を經て平壤に入るに及んで、私は如何にも朝鮮の都會らしい感じをした。建築でも市街の光景でも、生新らしい文明的の色見える京城に比べて、我々を喜ばすものが多かつた。取分けて大同江の暮色を私は嬉しく感じた。

白いもの着た女達が川の兩岸に列なつて居る、 彼等は棒を振上げて白いものを叩いて居る。板屋根を打つ霰のやうとも形容しようか、斷續不調の音響が靜かな空氣を波動させる。やがて暮色が薄つて來る、と遙々とした川面を渡る渡し船に、白衣の男女が簇つて乘る。薄黑で暈したやうな夕暗の底に、その白いものが次第に消えて行く。沈靜と幽寂との淋しい感が體を縛るやうに薄つて來る。

闇が川面を鎖す頃になると、仄かに燈光の射す家々の窓から、砧の音が漏れ始める。洗濯物の皺を伸すのだ、と解說すれば興味索然とするが、宵暗の靜な空に芝居でするやうな砧の音の響くのは、歌それ自身の咏ずる聲だ。廢頽の美感を主とするものには、平壤の右に出づる處はない。

風俗及び藝術品

朝鮮の風俗は南と北と中部との三つに分れる。文化の程度にも依る事勿論だが、氣候の差に伴ふ異色がよく見える。屋根一つに就いて見ても、釜山あたりは葺き草も薄く、壁なども大して厚くないが、北に進むに隨つて草の重ねが厚く、壁でも塀でも厚くなつて行く防寒の設備のそれに伴ふ差異は言ふまでもない。女の頭は最も異れるものゝ一つで、釜山は後頭部に白布を垂れた帽を冠るが、京城に行くとピツタリと髮を撫でつけ、一本の縺れ毛もなく木の油で固めて居る。平壤に行けば此方で用ひる花嫁の角かくしと云つた形の、もつと幅廣の帛で頭を包んで居る。總てが然う云ふ風に異つて居る。

名高い佛國寺の石佛は、 旅程の都合で見なかつた。 一通り見た藝術品では、六朝や新羅の佛像に少しばかりの優品があつた、李朝のものになつては話にもならぬものばかりだ。私は高麗燒の模樣に非常によいものを見た、繪高麗の中に、乾山式の筆の見えたもので垂涎すべきものがあつた。釉藥や窯の工合など素人の私には判らないが、所謂雅味掬すべきものが可なり多くあつた。繪と云ふものは殆んどない、只貴人に用ひた石棺又は木棺の裝飾に、薄く彫つた天女の模樣に忘れ難いものがあつた。

中澤弘光、「朝鮮の夏」、『美術旬報』第140号、1917年10月、p.4

今度の朝鮮旅行は立太子奉祝紀念の獻上額製作の爲であつたから、多くの時を一つ場所で送つたので、これと云ふ變つた事もなかつた。私の描きました畫は、京城から七里許り手前の「水原」と云ふ土地の或清淺な河の畔から見た所で、七間水と云ふ橋と其上の華虹門を中心にした風景である。寂しい河原、橋の下の眼鏡、水は其下を靜かに流れてゐる。橋際の楊柳の樹立と右の丘の上の隨柳亭と云ふ建物、遠い山、其等が如何にも朝鮮特有な美しい光景を見せてゐた。自分が今度滞在してゐたのは此水原である。

此前行つたのは春だつたので、白、赤淺黃、桃色、靑などの朝鮮服の鮮やかな姿を多く見たが、今度は色々の色の服裝は餘り見られなかつた。夏の間は婦人の姿も多くは白服で、さつぱりとしたものであつた。其代り春と違つてポプラの高い黑ずんだ綠色は並々ならず人を惹きつけた。朝鮮のポプラの樹立は、潮來邊のものよりも一層氣持よく、大きい柳の樹と民家の低い屋根の上に風に靡いてゐるのが美しい。地は一帶に白つぽく乾いて、妙に寂びしい感じのする往來を、頭へ物を乘せた女や被衣をかぶつて步く女達や白い髯の老翁などを多く見かける。こんな風で、自然も人々の姿も、其色彩は單調であるが、其格好は何とも云へないよい形だ。其姿勢のよい事は、內地人よりも描きよくつて、伸びへとした襞の線なども自然で美しい。

夏、市街では大抵の町角に眞桑瓜を山の様に盛つて賣つてゐるのと其周圍を取卷いてゐる勞働者の群が目につく。又勞働者が路傍にごろへ眠つてゐるが、朝早く出て見たりすると、風通しのよい往來の四辻の眞中などに眠つてゐるのが、人の足音に方々でむつくり起き上るのをよく見掛ける。そして又水原には風呂屋が一二軒しか無いので、多くは川の橋の下などで夕暮裸體になつて水浴してゐるのを見る。又女達が河原に集つて洗濯をしてゐるのと市場の壯んな光景とは我々を惹きつける。が、何處へ行つても糞便の匂の漂つてゐるのにはほとへ胸が惡くなる。丘の上から遠く見える城壁の建物や禿山を望む事の出來る河原やは實際好いが、馴れない間は糞便の惡臭で迚も其處に長居は出來ない。

それから我々に取つての困難は言葉の通じない爲にモデルを取扱ふのに六か敷い事だ。朝鮮では女が肌を現はすのは殊に耻辱となつてゐるから女の裸體などを見る事は思ひもよらない。歌妓(キーサン)でもなかへモデルになつて吳れない。自分は此春モデルになるやうな歌妓を連れて來て貰ふやうに人に賴んだ所が、よく言葉が通じなかつた爲に、間違つて「畫の描ける」歌妓を連れて來られた事があつた。自分は仕方なしに其歌妓に畫(四君子などを描くのだ)を描いて貰つて、その後でモデルなつてくれと賴んだら、斷つてどんへ歸つて行つて了つた。まあ斯樣な風でモデルを使ふのは中々危介である。

だが、朝鮮も一日增しに開けて行くから、賃錢の安い彼地ではモデルや何かは今に却つて自由になるだらう。と同時に朝鮮特有の美くしい風俗や、禿山や、建物を見るのは今の中で、洋服のハイカラが殖えるし、建物も日本化して行くし、頭の毛は苅つて了ふが、山には殖林盛んだから、數年ならずして朝鮮らしい氣分も尠くなるかも知れない。(談)

石井柏亭、「朝鮮雑観」、『美術旬報』第168号、1918年8月、p.2

▲朝鮮へ來て誰でも氣の附くのは到る所ポプラーとアカシヤとの多いことである。勿論これは近く繁殖したものであるが、その繁殖の程度の烈しさはこれを新朝鮮の特色たらしめずは止まない。京城の工業試驗所へ行つて見たらポプラーを木工の材料使つて居た。說明によると萬更使へないものでもなさゝうである。アカシヤも軌道の枕木にするつもりで奬勵して植ゑさせたと云ふ様に聞いた。さう云ふ實用的意味もあるかも知れない。

▲釜山に着いて京釜線に乘る人は誰でも山の禿げだらけであることに氣が附く。併し古い朝鮮を知つて居る人は併合以來著るしく其靑味の增したことを說く。靑味が淡くかゝつた位の程度が我々には最よい。植林や開墾があまり盛んにならないうちが畫には好都合である。所々で眼につく赤土の色が少し變つて居る様に思ふ。其赤味たるや黃ばみの少いものである。さう云ふ赭土の崖とアカシヤとの鮮やか對照を到る處に見た。

▲金剛山は山岳會連中の高山趣味から見たら大したものでないかも知れない。それは大體に於て奇岩趣味と溪泉趣味とに盡されて居るからである。さうして奇岩と溪泉との何れもは洋風畫よりも日本畫の表現に適して居る。洋風畫には寧ろ山の入口の方がいゝ。例へば溫井里から見る寒霞溪の入口に兩山が襟を合せたやうになつて居る所とか、內山は長安寺あたりの眺めとか云ふのは洋畫に適したものであらう。併し溪泉奇岩、又其外に高峯の眺望、山寺の點綴等があるから、畫になるならぬは別問題として單なる遊覽には相當變化のある面白い場所と云う事が出來よう。金剛山をDiamond Mountainなどゝ稱して居るのは甚だ滑稽である。

▲總督府に金が無いと云ふことで、朝鮮の由緒ある建造物の破壞に任せてあるのは惜む可きことである。美術的見地から見て充分保存の價値あるものも多いのであるが、之れを放擲して置くのは單に金が無い爲ばかりであらうか、當路

者が之等建築の美を知らない爲めもあるのではなからうか、水原へ行つて見たら西門と其傍の櫓の屋根とが散々に壞れて居た景福宮の奧庭の如きも草ぼうへで少しも構つてない。神武門內の王樣の書齋であつたと云ふ多角の堂の如きは傾いて居るばかりでなく、外れた戶障子は風の度にがたへ音を立てゝ一刻々々に壞れて行くのであつた。廢園の趣味は充分であつて、其爲めに我々を悅ばせたが、それも程度のあることである。拙い修復は寧ろしない方がいゝが、壞れるのを防ぐ丈のことはして欲しいと思つた。

▲景福宮の前は將に建てられんとする新總督府の工事の爲めに散々に荒されて居る。現に總督府の在る南山の位置も甚偏して居るが、景福宮の前でなくとも他に適當な他所を選ぶことは出來たであらう。洋風の建物と其前に在る光化門とを一緖に見た場合それは必ず可笑しなものにならなければならぬ。最初此門を除くと云ふ設計になつて居たが、それは惜しいと思はれたか、其儘に保存することになつたと聞く。第一總督府の建物が出來た曉には景福宮の殿閣を正面から一望することは出來なくなる譯である。右手に建つ共進會の時の建物を壞してあの位置へ建てた方がよかつたのではないかと考へる。

▲昌慶苑內の李王家の博物館の建物は一種異樣なものであるが、列品には仲々いいものがある。高麗燒には上野の博物館に無い樣な類が可なりに在る。それから金銅の如意輪觀音坐像のすばらしいのがある。三國時代のものと稱して居るが、或人は支那の製作かも知れぬと曰つて居る。腕の肉附の柔か味など敬服するに足るものである。

▲朝鮮畫は李王家と總督府と兩方の博物館にあるが、仲々面白いものもある。前者では二三の肖像畫と、壇園の作にかゝる臥狗の圖などを注意した。此犬は確に洋犬で其毛皮の描寫や鐵鎖の取扱ひ其他に大分洋畫の影響を認むることが出來る。それからこれは總督府の博物館の方だが、李巖の描いた黑斑の犬も面白かつた。謙齋と云ふ人の山水も可なり巧い方に屬する。尤も支那寫しには違ひないが、此人は明暗の調子が旨く、濕潤の氣を出すことに妙を得て居る。併し全體

から曰へば朝鮮畫は支那寫し以外に特色は少いことになる。先づ稚拙を特色とする位なものである。

▲朝鮮の風俗は豫想以上に私の意に適した。特に女の風俗は優雅で、畫にするによい。單純な線1形と色彩とは寧ろ洋裝に均しく、近代の單純された畫風に適して居る。衣服にいゝ皺が出る。麻や絽などのチョグリ(上着)を通して肌のほの見えるもよく、パツと開いて座つたチマ(裳)も落着きがよい。

▲朝鮮女の股の開き方は一種特別なもののやうに見える。其思ひ切つて兩方へひろべた足の爲めに蛙のやうな形をなす。これは服裝上到底日本の女には出來ない體勢である。洗濯場へ行けば何時でも斯う云ふ格好をした女の群に逢着する。水瓶や漬物の瓶などを頭上に載せて行く彼等の姿勢は頗るよい。一體朝鮮人は日本人よりも姿勢がよく、假令老人でも腰の屈んだのは無いと曰つていゝ位である。

私は田舍の男女や都會に居る妓生などを幾人かモデルに賴で見たが、悠揚迫らざる共モデル振は仲々によく、あまり世話を燒かすことが無かつた。

▲高麗の舊都たる開城は足を停むるに足る所であるが、私は其處に二日を費したに過ぎなかつた。高麗宮殿の廢趾の如きは考古學的興味のものであり、善竹橋は歷史的興味のものであるが、市を貫流する小川のほとりや其れに近い男子山と呼ばれる丘陸などに畫趣は豊かである。私は特に其處の女其の被衣姿を悅んだ。再遊の機を得たらば是非それを物にしたいと思ふ。京城にて華麗な綠の被衣と白の被衣とが倂せ行はれて居るが、開城の白被衣は京城のとも一寸趣が違ふ。それは被衣の下に手拭を以て頭部を卷いて居るからであらう。

▲平壤には牡丹臺乙密臺の名高い名所もあるが、 其邊は名勝保存會と云ふ樣なものゝ手にかゝつて却つて惡くなつて居る。大同門あたりから牡丹臺へ行く迄の大同江畔の家屋、水に臨む樹木、荷揚場、帆舟の集ひなどに却つて畫趣は見出される。

中西伊之助、「朝鮮及び朝鮮婦人の美」、『中央美術』第9巻第5号、1923年5月、pp.138~146

一　私達の美感

美感は愛によつて生れる―と私は考えてゐる。愛のないところに、美感は生れない。と同時にまた、愛によつて美感は生ずるとも云ひ得る。私は、美感は實感の伴ふものだと考へてゐる。

私はしかしこゝでそんなことを說かうとするのではないだが私が朝鮮に對する美感が、私の朝鮮に對する愛を通して生れて來たものだと云ふことがわかればいゝのである。

古い美學者の云ふ、美感は意慾の伴はないものだなどとは、私は斷じて信じられない。

美感は實感の觀念的反象、もしくは映像と見ると謂ふハルトマンに、私達はうなづかれる。

私達はブルジヨア文化に、決して美感を與えられない。また征服者の作りあげた古代の美術に、決して美術の快感を受け入れない、それは、私達のそれに對する反抗の實感が、强く私達の胸を搏つからである。

朝鮮には、この古美術がかなり多い。私達はそのいろいろなものを見たことがあるが、いかなる建築も、いかなる繪畫も、いかなる彫刻も、少しも私達には美感を與へられない。しかし私は、決して私の觀照力を疑ってはゐない。日本の知識階級の中には、朝鮮を愛すると云ふ理由の下に盛んにその古美術を讚美してそれを日本へ紹介してゐる人がある。

不幸にして私達はそれらに美的快感を與えられない點でその人達と全く感情の異つてゐることを發見した。

不可思議なことである。同じく朝鮮の山河を愛し、民族を愛してゐる二人の人間が、一つはそれに對して熱烈なる美感を與えられ、一つはそれに對して反感を與えられる。彼の美感は是の美感ではない。是の美感は、彼の美感ではない。私達といへども、決して美感の無能力者ではない限り私達には、私達の實感から生ずる美感がある。

二 自然の美感

朝鮮へ渡つて二三年もしてから、突然日本內地へ歸って見ると、內地の自然ですぐ目につくものは綠の濃やかな山の姿である。優雅なその曲線である。水のせせらぎである。日本は、樹の多い國だと思ふ。山や水の美しいところだと思ふ。しかし、それと共にまた氣のつくのは、いかにもせせこましいと云ふ感じである。息のつまるやうな狹くるしさを與えられる。箱庭式と云ふのか、全くその通りである。私はある秋に、朝鮮から歸つて、秩父長瀞の山水を見たが、友人はしきりにその美感に陶醉してゐた、しかし朝鮮から歸つた私は、どうもそれを盆景でも眺めてゐるやうな心持がして、なまなましい美的快感をも受けられなかつた。

飜つて、朝鮮の山水を眺めると、全くその趣きが異つてゐる。この山水には、山が美しいと云ふやうな心持はない水がきれいだと云ふ心持もしない。しかし、いかにも自然がゆつたりと剝き出しになつてゐる。男性美が、いたるところにさらけ出されてゐる。

大陸的な、水分のない空が、遙々とつゞいていて、透明な、秋に見るやうな大氣は、遠い北極の地平線までも眼を屆かせるやうに思はれる。他の一方を眺めると、雄大な山の起伏が、霞のやうにたなびいてゐるばかりで、どこを見渡しても陰影の深い森もなければ、音を立てて流れる水もない…………

これは、私の創作の「不逞鮮人」の中の、ほんの一節でかなりまづいスチツチであるが、少しぐらゐは、その印象を描き出したつもりでゐる。かうした自然は、どちらかと云へば悲凉な感じである。それをスチツチするにしても、作者の意志は一つの廣漠たる自然の悲凉さを描き出さうとしてゐるのである。この自然には到底日本內地で感じるやうな、優雅、典麗と云つた趣きでは決してない。そして、なにかその中から、所謂美的假象を持ち出して來るのであるが、その美的假象も、常にここに住んでゐる民族の生活の上に特殊な實感を懷いた後のものであるから、その感じは決して樂天的なものではない。壯美ではあるが、優美ではない。有葛藤美であつて、無葛藤美ではない。

かうした自然に、私達が美感を求める場合には、いつも右の中の一方に立脚してゐる。朝鮮の山水が、もし右と反對の見方から描き出されたとしたならば、もうそれは私達には何等の美感を與へてくれない作品である。絢爛たる朝鮮の古代美術がいかにあらうとも、光化門がいかにそれについて價値があらうとも、私達に何等の美的感情を與へないのはそのためである。

朝鮮の自然美は、金剛山に蒐つてゐるやうに、人々は云つてゐるやうである。私もその點に決して異存はないが、しかし、金剛山が、眞實に朝鮮半島の自然美そのものを代表的に表現したものだと云ふならば、私に大ひに異存がある。あの、むしろ眼まぐるしい決して朝鮮の自然美そのもののシンボライズされたものではない。朝鮮の自然美は私の感じでは、むしろあの曠茫たる原野の悲涼の中に見出される。あの虛無的な、沈鬱な、赭土の禿山と、際涯のない無木の荒野から、そこに點在してゐるあの亡國的背景をもつてゐる民族の住家を眺めた時こそ、眞に私達の悲哀-DASTRAURIGE-の美を感受することができる。そこに朝鮮の自然の美の、云ひ知れぬ葛藤を包有する美感を味ふことができるのである。

美術家があり、詩人があり、文學者があつて、美しい朝鮮の自然美を表現しようとする時に、この見方をその思索の中に入れなかつたならば、必ず失敗に終ると思ふ。藝術は個性的表現であると云ふ意味が容されるとすればその人の自由な表現は、望ましいことである。しかし、朝鮮の自然美に對する感受性が、この點に缺けてゐたならば、それは朝鮮の完全なる表現ではない。高濱虛子氏は、以前よく朝鮮を描いた文學者であつた。氏は詩人であつたが、朝鮮は極めて俳味に富んでゐると云ふたのは、私の首肯される所である。そしてその、俳味、寂味を氏の朝鮮を描いた作品の中から發見されるのは其ためであるが、私はその點で、氏が朝鮮を描くことに、左程の失敗はしてゐなかつたと思ふ。

俳句と云ふものには、今まで多くの研究をしてゐない私も、朝鮮は極めてこの俳味に富んでゐることを感じてゐるそこに、朝鮮の美感を表現されてゐることも、決して拒まれない。そして私は、この俳味は一種の虛無的美感を表現したものであると思ふ。

私が今でも忘れることのできないのは、ある冬の一夜、鴨綠江の氷を踏破して、朝鮮內地に這入つた時、そこにひろげられた大雪原の壯大な美觀であつた。地上の生物は全く影をひそめて、ただ純白の天地が凝然として動かないのであつた。私はその時、はじめて虛無の莊嚴さに拜跽したくなつた。あの時の嚴肅な美感は、今でも到底忘れることのできない印象である。しかしここへ來れば、もう決して俳味ではない。

私は、朝鮮の自然美をもつて、一つは葛藤美であると云ひ、また一方には虛無の美であると云つた。ここに見方の甚しい矛盾が生ずるやうであるが、しかし、この矛盾が、今の朝鮮の自然美を、私達の實感に融合歸着しなければ、到底云ひ盡すことができない美的假象の感情である。

たとへば、國亡びて山河在りと云ふ一つの實感をもつてその山河を眺めた時に、私達のそこに受ける自然の美感はどうであらうか? 月が澄んでゐる。しかし、その月は、曾て自分が故鄕である三笠の山に出た月であると思つて眺めた時の美觀はどうであらう?自然美と雖も、 私達の人生と交渉がなくては決して私達の美感を受入れることはできないのである。自然そのものに、絕對の美感はあり得ないのである。私は朝鮮の自然の美感を論ずる時にも、これとひとしい見方をしてゐるのである。

三　女の美感

私が男性であるかぎり、私の美感は朝鮮人の男性に對する美感の分量よりも、その異性である女に懷く美感の分量が、遙かに多いことは云ふまでもない。

私の朝鮮の女に對する美感は、やはりその自然と同じ意味のものを與へられる。朝鮮の女は、寂びしい。もし彼女等に、美感を求めるならば、その寂美にある。

しかし、體軀のシンメトリが正しい。そこになんとも云へぬ閑雅な趣きがある。

容貌から云つても、朝鮮の女は決して豊麗ではない。下ぶくれの頬をもつた圓らな大きい眼を瞠る女は、割合に少いさうした女を朝鮮婦人の美人の典型とすることはできない多くは面長の、所謂瓜實と云ふ方である。眼は皆が長く切れて、鼻梁の發達したものを、朝鮮美人の典型と云ふことが出來る。垂髪にしてゐるので、 日本の女よりも、 小さく見えるのであらうが、 大たい脊が高い。そしてその體軀が極めて美しいシンメトリーを保つてゐるのであるから、體質上の申分はない。

從來、 女の美を標準的に見るのは、 たれでもその花柳界の女を取つてゐる。私も以上のことは、朝鮮の妓生さんから受けた印象である。

この妓生に、 も一つ感じられることは表情の單純なことである。 この點が、ここの女性にさびしみを與へられる原因かもしれない。これは朝鮮の女ばかりではなく、交際の頻繁でない國の女性は、みんな表情が單純であるやうに思はれる。たとへば、朝鮮の女よりも、日本の女の方が表情が巧みであるが、日本の女よりも、フランスあたりの女の方が、更らに一層巧みであるやうに考へられる。この點に於て、朝鮮の女の、表情美の著しく缺けてゐることは、私達にもまざまざと氣づかされる。

朝鮮の女の社交的でないのは、永い傳統によつて、全く男性の目的とされてゐたがためである。だから、妓生のやうな社交的でなくてはならないものまでが、極めて日社交的である。彼女等は、宴席に出る度數よりも、自分の課程に遊客を招いて、極めて家族的に遊興させるほうが餘程多い從つて社交的でない。女の美的生命である表情の如きものが發達してゐないのは、このためである。

しかし、一方に、その體軀の發育の完全なのは、日本の女の及ぶところではない。四肢は遺憾なく伸びて、脊髓は眞直である。そして常に相手の人を正視しない。この正視しないところに女らしい羞恥の美と云つたやうなものは感じられるがしかし、かうした美は、新らしい女の表情美でないことだけはたしかである。

朝鮮の女は、京都近在の大原女のやうに、頭にものを載せて歩く、これが、この女達の體軀の、正しく發達してゐる原因であらうと思はれる。そしてまた彼女等は、住居はたとひ日本の屋根のやうであつても、日本の女のやうに膝で坐らない。いつも立て膝をしてゐるか、兩足をなげ出して、壁にもたれてゐる。だから兩足の發達は、日本の女よりも立派である。—どの點から見ても、朝鮮の婦人は、日本の婦人よりその體格は發達して、男性の美感をそそるに十分である。

日本の婦人の服裝を眺めてゐると、どうもそこから私達の美感を受けるやうなところはない。なにかしらごたゝゝとした、陰鬱な印象を與へられる。ちよつと名前は忘れたが、アイルランド詩人で、文學の講師になつてやつて來た人と、私は新聞記者時代に會つて話したことがある。その時、その人が日本の婦人の第一印象に、丁度そんなことを云つたのを今でも私は記憶してゐるが。どうも私もそんな感じがされる。恐らく外國人がはじめて日本の婦人の服裝を見たら、そんなに思ふのは無理もないと私は思つた。その人は、日本の學生の服裝は、お巡査さんみたいだと云つて笑つてゐた。尤も、日本の學生は、お巡査さんと同じやうな訓練を受けてゐるのだから、しかたがないけれど。

そこで朝鮮婦人の服裝だが、その形狀は、やや西洋婦人に類似してゐる。朝鮮婦人の服裝は、上衣、袴、裳の三種からできあがつてゐるが、その色彩は、一切の間色を避けて、緋、黃、白、黑、綠と云つた極めてはつきりしたものである。そして、どう步いても、どう云ふ風に運動しても決して露はれるやうなことはない。

この外に、長衣と云ふものがある。これは、日本の往昔の女の、かつぎと同じものであつて、外出する時に、長くその端を地に嘗めさせて歩いて行く。多くは、白か、水色であるが、所謂深窓の佳人が、楊柳の蔭を、この長衣をかぶつて、楚々として行くところは、また一種の美感を與へる。

しかしこの頃では、こんな長衣をかぶつて歩く女は見なくなつた。そして緋色の上衣に、鬱紺の裳をつけて、その上に白沙の袴を長く穿き、髮を丁度辯財天のやうな風にしてゐる姿は、繪に描いた天女のやうな美しさである。朝鮮婦人は、髮が黑くて艶々してゐる。ちぢれ毛や、赤毛はない。そしてその體軀が、前に云つたやうなシンメトリーを保つてゐるから、たとひその婦人を、世界の社交界に突き出しても、決して朝鮮民族は輕蔑されないであらうとさへ思はれる。

も一つ、朝鮮婦人の肉體美について述べて置かう。

元來、朝鮮は大陸性の氣候であるから、寒暑の度合ひが非常に強い。だから人間の皮膚の感觸は、その人の體質の如何によつて、甚しく懸隔がある。もし精力の絶倫な人間の皮膚の感觸に至つては、熱帶地方の民族の皮膚と同じくらゐな濃密さがある。それに朝鮮人は、軀中の毛髮が至つて少ないから、婦人の皮膚は、體質の立派なものであればまるで大理石を溫めたやうな感觸を與えられる。軀幹の發達に伴つて、筋肉はすばらしく緊張してゐる。そこに曲線美の水々しいのが見られる。これは、一方朝鮮婦人の性的方面からの觀察も甚だ重要である。

朝鮮民族は、早婚であると云ふが、これは男性の方から見たことで、婦人の方は、左程に早婚ではない。—尤もこの早婚は目下は漸次廢れてはゐるが—で、男が未だ性的興味を解しない齡であるのに、婦人の方は、既に十分な體質が備わつてゐるから、そこに極めて不自然な家庭生活が從來は行はれて來た。そこでどの家庭を見ても、多くは婦人が、その家長であるかの如き觀があるが、それに伴ふ婦人の性的慾望が常に充たされない。姦通の多いのもその点である。しかし、すべての婦人が、さうした行動をするのでは決してないのだから、自然と婦人の體質は、男子よりも優等なものとなつて來る。朝鮮の婦人は、形式でこそ男性の隷屬的位置にゐるが、實質に於ては—卽ち彼女の識量、體質の如きは、遙かに男性を凌駕してゐる。そしてそれに伴ふ奔放な肉體美を發揮してゐる。

私が在鮮當時には、よく街上などで、そこの夫と思はれる男が、細君から兩腕でぐゐゝゝと壓へつけられて、悲鳴をあげてゐるのを睹たことがある。また、偉大な女丈夫が多數の男を相手にして大喧嘩をしてゐたのを睹たことがある。その婦1人は、昂然と肩を靡かして、男達を睥睨してゐた。その婦人が、丁度、ヴイクトル女皇のやうな容貌をしてゐたことも、私のこの國の婦人に受けた、美感の一つであつた。

私は前に朝鮮婦人の美人として擧げた婦人のタイプの外に、この女丈夫式な婦人のタイプはかなり多い。 是等は、 朝鮮民族の男性の早婚から生じて來た、婦人の體質に及ぼした顯著な現象の一つであらうと思ふ。そして前は、所謂美人であつて、肉體美のすばらしいのは、後者に見ることが出來ると考へられる。

かうして、朝鮮の自然とその婦人は、同じ寂しい美しさを備へてゐるはゐるが、またそこに面白い混亂が見られる 朝鮮の婦人は決して同一のタイプにのせて見るべきものでないことが、これでわかると思ふ。これは、同民族の民族系統が甚だ複雜である原因もあるが、朝鮮婦人は、一つは纖細な、エキゾチイクなしかし寂しい、美感を與えられるものと、も一つは、肉體の堂々たる所謂肉感的な女丈夫型の婦人と、この大きい二つの分類をして見たらならばたいして誤りがないと思ふ。朝鮮婦人の中からは、將來ロシアの女流革命家のやうな婦人はきつと出るだらうと私には思はれる。

田邊至、「滞鮮日記」、『美術新論』第3巻第7号、1928年7月、pp.74~78

◇ 四月廿六日 晴風強し

午後七時廿五分東京驛發、下ノ關急行でで（ママ）出發、朝鮮は當分寒いだろうと冬服ばかりを用意する。

關釜連絡船も景色は歸りの樂しみにと、又少しでも疲れたくなかつたので殊更夜を選んだ。

◇ 廿七日 晴

汽車中尾道邊から少し空模様惡くなる。此の邊山つゝぢ、籐の盛り。

夜九時半連絡船徳壽丸に乘り込む。一風呂浴びて往航は寢て過すことにする。

◇ 廿八日　晴

目が醒めるともう釜山の港を目の前に晴れた靜かな海を船は急いで居る。

船中で朝飯を濟ます、お茶は兎も角お米の惡いのにへこたれる。

釜山埠頭に着くともう京城行きの汽車はフォームに用意されて居る。初めての鮮。汽車は內地のに比べて廣くゆつたりして居るので工合がよい。

汽車の沿線一帶に廣漠たる水田と遠望の山其所に點々する耕作の人は皆一様に白衣で如何にも現代離れがして居る。

朝鮮の山ははげ山とばかり想像して居た所これは意外にも綠だ、山の松はよいがポプラの大木が非常に多いのは此の土地に餘りふさはしくない氣がする。矢張柳の方が風情があるやうだ。何でもこれは寺內總督時代に早く茂る樹をと云ふので此の種の木を盛んに植えたのだと云ふ無理のない話。

あちこちに見える村落は波狀の草葺屋根と家のせいの極めて低いのが目につく。

途中學務局のKさん。美校出身の諸氏がわざへ迎へに汽車に乘り込まれる。種々此の土地の珍しい話で一向退屈もせず夕刻七時十分京城驛に着く。すぐホテルに送られて京城滞在中此所に落着くことにする。

◇ 廿九日 晴

天長節の祝賀會が總督府苑内で催ほさる。慶會樓で立食。萬歳三唱。

夕刻東洋畫の審査員Y氏着。

◇ 卅日 晴

今日から鮮展の鑑査、洋畫彫刻で七百餘の出品。會場は府の圖書館。

五月九日が招待日なのでそれ迄は此の方の仕事で忙がしい。

◇ 五月五日

もう京城は中々暑い、冬服丈けではとてもやりきれないので合着を送らせる。

展覧會の方が發表の段取りになつたので午後Kさんの案内で清涼里の尼寺を見に行く。

朝鮮の尼寺は料理屋がつき物だそうで此所にも妓生を連れて日曜あたりは遊びに出かける者が多いとのこと。衆生濟度には此の方がいゝのかも知れないが一寸不思議な感じがした。

◇ 六日 雨

Bさんと云ふ人に頼みホテルの溫突の部屋に妓生を連れて來て貰ひ一日スケツチをする。

此所へ來て久し振りに繪具箱を出した。

◇ 九日 晴

招待日で朝會場に行きそれからIさんの案内で仁川に行く、山の上の別莊は實に絶景だ。

汽車に乗り遲れ京城に着いたのが九時過ぎ此の日珍談百出○○○○

夜、美校同窓會に出席する約束の時間に大いに遲れ申譯ないことをする。

◇ 十日 晴

李王家の博物館を見る。總督府の博物館と共に實によい物がある。佛像に陶器に又他の工藝品に。

◇ 十一日 晴

鮮展の用も一先づ濟んだので夜行で平壤に向ふ。同行四人

◇ 十二日 晴

朝六時平壤着一先ホテルに部屋を取り朝飯後樂浪の古墳見物に出かける。

途中乙密臺、牡丹臺、玄武門などの古蹟を見お牧の茶屋に晝餐の馳走になる。此所は大同江を縦に見て景色は中々よい座敷からスケツチ一枚。どうも前景の植込みが切角の眺望をさえぎるのは惜しい氣がした。

此所を出て古墳に向ふ、此の邊の土はまるで岱赭色をして麥の綠と實に不思議な調和をして居る。古墳の側の家の後ろで六七人が犬を殺して料理して居るのを見て一寸變な氣がした。

此所の墳墓は內部の構造を見るだけで別に裝飾らしい物もないが發掘品は極めて貴重な物。大部分は京城博物館あたりに移されて居る。これ等精巧な工藝品からは二千余年前漢の文化が移植された當時の驚くべき發達を知ることが出來る。

◇ 十三日 荒れ模様

朝から江西の古墳を見に出かける。

出がけは晴れて居たが八里の道を風通しのよい自動車で進むので少々寒い。

晝近く古墳に着く。此所の壁畫は實に美しい。花崗岩の面に着彩したものと少し離れて壁の面に描いたものとある。

特に人物は當時の服裝を想ひ起すことが出來て面白い。

平壤に歸つて夜半三時四十分の汽車で同行に分れ開城に出□する。少し畫が描きたくて。

◇ 十四日

朝八時開城着。此所では獨りきり。

驛前の宿に入る。早速寫生に出かける。風が强いので落着けずそれでも三時半頃迄續けて十二號を描く。

◇ 十五日 晴

今日は昨日の風にこりて小さなのを持つて出かける。町を流れる河のへりで洗濯をして居るのは實に愉快だ。白い衣服と明るい光線而して兩岸の家並も面白い。此所へ來た甲斐は充分ある。

朝鮮へ來て此所が今迄で一番畫材が豊富だと感じた。

水汲みの女が壺を頭にのせたのなど中々風情がある。小さな五つ六つの兒迄物を載せる稽古をして居る。

此所では婦人の外出に白いかつぎを被る風がまだ殘つて居る。

奥瀬英三、「雞林の旅(一)」、『美術新論』第3巻第9号、1928年9月、pp.58~63

五月上旬はじめて朝鮮の地を踏んだ。 爾來五十餘日、 七月上旬漸く歸つた。その間の見聞何かと、とりとめもなき駄文、或は日記體ともなり、或は感想ともなるであらう。孰れにしても匆々の旅行者の皮層の記錄である。

釜山から京城へ

八時十分船は棧橋に横づけになる。昨夜はオミキの助けで玄海の荒波も幸ひに夢寐のうち、京城日報市局長のT氏に迎へられて目出度く上陸。先つ第一印象は山の地膚の赤土の色であつた。此土の色は殆んど全土に亘つた朝鮮の特色であると思はれる。北の方平壤までも全て、この土の或は濃く、或は淡く、或は黄色勝ちの赤土色であつた。山上に直々たるポプラの大樹が朝風に神經質な葉を顫はせてゐるのも妙に印象に殘つた。一先づT氏の宅へ。午後、T氏に案內されて街の見物、白衣の鮮人が悠々濶步する、如何にも初夏のよき點景とはじめての旅行者には珍らしかつた。

市中の小高き丘に登る。街から海と一望のうち、豫想外の發展ぶりに一寸驚かされた。人口十萬三千餘、灣內水深く清く三萬噸の大船も苦もなく横づけ、魚類は豊富比なく鮮內各地へ供給すと、先づ釜山常識をT氏から敎へられる。古來三浦の一ツとして日鮮交通の要津で、李朝代々頭痛の種であつた倭寇にも因緣淺からざる土地、今は滿洲方面へ否、歐亞連絡の最捷徑路の門戶として堂々の發展ぶり感慨深いものがあつた。丘を下つて日鮮市場へ案內される。魚類の豊富さはこゝで遺憾なく立證される。日鮮人入り交り所謂肩摩轂擊の狀よき風俗畫の畫因である。嘗つて見たピサロの畫を思ひ浮べた。

大陸的氣候とて夕刻より氣溫低下、冷々となる。九時二十分の列車で京城へ向ふ。列車の窓の二重ガラス戶も、はじめての經驗、嚴冬の烈しさも思はれた。內地の如きかまびすき物賣りの聲もきかず、乘客も寥々、好奇心に滿ちた旅人をのせて闇を北へ々々とひた走る列車の々の響のみ、蠅が一疋、ときに安眠をさまたげに來る。

めざむれば時計は六時をさしてゐる。明け易い夜はすつかりと明けて、窓外田舍の風景次々と開展する。 朝曇りの灰色の空の下、 丘陵性のなだらかな山、押しつぶしたような藁屋、樹あれば、山は小松、野にはポプラ、アカシヤ。少年の赤い上衣の野にポツチリと情趣を添へる。鈍いけれどもさつパリと親しみ易い風景であつた。七時過京城着、偶然京都のＹ君に出迎へられて奇遇をよろこんだ。きけば數日前から滯在、新聞で自分の來城を知つてとの事、久々堅い握手を交す。カンジンの出迎の約あるＴ君とはお互い未見の事とて、漸く改札口を出てゝ逢ふ事が出來た。

京城雜記

○京城は往昔漢陽の地、新羅時代に道詵といふ僧の蜜記に「尋いで王たるものに李氏で漢陽に都する」とあるを見て、 高麗王肅宗が頭痛の種となり様々のオマヂナイなどやつたが遂に豫言通り、李氏のものとなつたといふ挿話がある。密記が本當なら豫言も仲々馬鹿にならないわけだ。

さて今の京城は、人口三十萬うち、內地人十萬、北に白丘、南に南山、西に仁王、東北に駱駝の諸山が蟠据し、連山環擁して天成の城廓を形造つてゐる。城壁は山巓を縫ひ蜿蜒透迤長蛇の如く、漢江の水は城外の東南一帶を繞り山河襟帶の形勢、さすがに李朝五百有餘年の都城だと點頭かれる。と案內記の受うり件の如しであるが、遠きは紫、近きは綠の山々、朝に夕に旅人の心をなぐさめてくれた。

此處も釜山と等しく全く內地化してゐる。東西にのびた商業區、これを本町通りといふ。大廈高樓軒を並べといひたいが、實は何の變てつもない安ツぽい洋館や日本家屋で出來上つてゐる。東京なら銀座、いやむしろ大阪の心齋橋筋に彷彿、朝鮮のモダンボーイ連中、夜な々々徘徊跳梁、稱して本ブラといふ。かくまでに內地化した事は、一種肩身の廣さも覺え、われ等內地から旅人にとつても便利至極、在鮮畫人諸君と時にバーやカフエーで麥酒の滿を引き、大にメートルを擧げ得るのも此內地化のお陰であるが、朝鮮特有のもの、建造物といはず服裝といはず、この勢で加速度に、むざんに、失はれて行くといふ事に畫人としての淋しさと愛惜の情を禁し得ない。總督府も勿論堂々金に飽かした建築として結構には違ひないが、わざ々々景福宮前に、威嚇的に割込まなくともよさゝうなもの、その上光化門まで、多額の入費を使つてまで側面に移轉、勿論政策的な意義があるに違ひあるまいが、この割込みは、われ等畫人にはとんと理解しかねる。現代化歐化もこれ自然の勢であるが、せめて古建造物の保存と同時にその周圍といふ事も充分考慮に入れてからの、各種の施設でありたく思ふ。それにつけても李王家博物館の各館、古建築物をそのまゝ利用してある點いゝ思ひつきであると感謝の念が湧く。も一ツ民藝博物館、未だ公開の運びになつてはゐないが、これも景福宮後園の古建築そのまゝ使用、陳列家の鑑賞にとつて、よき功果と親しみを增す點ありがたく思はれた。

○朝はカツの聲にめざめる。そしてガラス戶越しに澄んだ朝の靑空を見つけて、その日の惠まれた晴れを先づ心から嬉んだ。カツは鵲の一種コマガラスとでもいふのであらう、內地に見る鴉はゐない、いはゞ、その代理である。ギア々々々々、一種の濁音のこの鳥の鳴聲は妙に自分を引きつける。日本食をとり、日本人の宿で日本式に寢てゐても、この鳥の聲をきくと、異國のある(チト大袈裟のいひ方ではあるが)といふ感が染々と起り、或時は、馬鹿に子供のように嬉しく、或時は、旅愁めいた感に捕はれた。或朝、景福宮慶園を逍遙してゐたが、まだ白丘は朝靄の裡、露深い木立にこの鳥の鳴聲をきいて、慶園の情趣を一增强められた。あるとき某氏に案內されて一日仁川に遊び暮したとき、

異國の鳥に鳴かれて靑草踏んでゐる

ふとこんな句を得た。全く駄句ではあるが、初夏の青草を踏むで、遠く朝鮮で遊んでゐる自分が妙に淋しく思はれた時の感じであつた。

○陶器好きの自分は、京城着早々の骨董店めぐり、はじめて豊富な李朝の壺類に接して、久しい渇望を充たした。某骨董やの主人曰く

「全くお値段ぢやありません、李朝もの丶壺類を賣つてゐては、飯の食ひあがりであります」と、全く御値段ではないかもしれぬ、そこが自分達貧的蒐集家のつけ目で有難い點であるが、これ等壺類がその藝術的價値に比して、その價格のあまりにも低廉過ぎる事は、全く同感である。內地の好事家が、ともすれば支那の染付ばかり云々する。成程李朝ものは支那ものに比して、概してその染付の色もにぶく、釉にムラがあり、素地そのもの丶作振も鈍である。卽ち技術としては或は幼稚であるかもしれない、併しながら、鈍なるが故ににぶきが故に、そこに一種の趣を感じる。そして日夕愛撫愛玩したい氣分に强く働かされる。支那もの丶寶石の如き輝きはないだけに、人を反パツするいや味も亦少ない、その點が自分を捕へる。釉の厚薄あるなど、寧ろ墜落した現代日本陶器の　釉の機械的整然さに勝る事萬々である。これはも少し溯つて高麗青磁などに就てもいへる事である。所謂肩身變りといふ片方は茶色に變つたのは自分は餘り好きないが、釉の厚薄によつて、ある所は薄く素地がすくばかり、ある所はトロリと厚くヒスイの如き玉の如き青い釉の溜り具合は、茶人のいふ景色とでもいふべきであらう一種のよき眺めと趣とがある。

京城に十數年住む、愛陶家で研究家でよき陶工で畫も彫塑もやるA氏に逢つて啓發される點が多かつた。同氏の愛藏品も見せてもらつた。蓮花模樣の李朝の大壺は優れたものであつた。前々より寫眞でその優秀さを想像してはゐたが、本物に接して想像以上の優秀に驚いた。蓮花は辰砂、其他は吳須、辰砂は火の具合で、稍々綠に變らうとしてゐるところもあつて、それが又一種特別の複雜の味を出してゐる。其他破損はしてゐるが、同じく李朝辰砂入染附風景模樣の丸

壺もよかつた。前記のよりは幾分小形であるが、民家で手荒らく使用した爲であらう、時代がつき過ぎる程ついて、一種の淋しさ、併し親しさを感じさす別の趣があつた。

民藝博物館所藏の鐵砂入葡萄模樣の大壺も優品である。これも破損はしてゐるが、鐵砂で木鼠、葡萄はゴス、その筆力といひ色といひ、釉の光澤も申分ないいいものであつた。

愛陶家Ｓ氏の所藏品も見せてもらつた。高麗黑地白象眼雲鶴文樣の壺は珍らしかつた。同行のM氏もこれは珍品であると說明してくれた。近頃流行の鷄龍山窯跡から發掘の刷毛目、刷毛目三島、繪三島等々の茶碗德利など可成りの優品に接した。

李王家博物館、總督府博物館も一通り見物したが、樂浪の遺品、新羅の佛像もさる事乍ら陶器好きの自分には、 陶器類のケースの前を永く立さりかねた。李王家博物館の高麗ものの募集は先づ完璧と思はれた。黑地掻落し手の堂々とした壺、葡萄模樣に子供を配した象眼瓢形靑磁の水注、葡萄の實は辰砂で染出され、 その意匠の奇拔ですつきりとした上り、 一寸類のない優品と思はれた。總督府博物館の高麗天目の水注もよきものゝ一ツである。繪三島の蓋付の壺も佳作であると思つた。朝鮮で初めて會寧の茶碗を手にして、その高臺の力强く堂々たるに驚いた。現在名器と持てはやされる朝鮮ものゝ茶碗も、實は下手ものであつたものが多い。下手ものに本質的な美を見出した昔の茶人はエラ者であつた。その識見と慧眼には敬服せざるを得ない。今度の旅は、陶器の見學が出來ただけでも嬉しい事であつた。

○朝早く朝鮮銀行の前を通つて見給へ、街路樹の下、或は棚に凭れて所謂チゲ君が、老若とりまぜウヨヘしてゐるのを見るであらう。敢て此處のみではない。到る處、往來烈しい街頭、停車場等に散見する。卽ち立ん坊の運送やである。

チゲは朝鮮のセオイコである。內地のよりはも少し合理的に便利に出來上つてゐる。荷物の運搬に、これ程安全にして且つ安價なものはあるまい。

ある時、大きな洋簞笥一本を背負つて行くチゲ君に出會はして驚かされた。又ある時、チゲを負つたままゴロリと仰のいで午睡をしてゐるのも見た。荷を乘すべきチゲの叉狀になつた角がツツカイとなつて、適當のコーバイをもつた輕便寢臺となる便利さ、伸氣さ、思わず微笑を禁じ得なかつた。

○鮮人男女のツルマキ(長袍)は內地人の羽織に相當するものだそうだが、自分にはそれ程いい形のものとは思へないかつた。

女子服裝はいいと思つた。良家の婦女が、夏の羅衣を幾重にも重ねて、見た眼も涼しく、朝鮮式外輪の步きぶりで悠々散步してゐるなど、形も惡くなく畫材としても面白く思はれた。殊に近來女 學生の服裝は、上は從來のまま下は洋裝のスカートめいた短袴、靴下を用ひてゐる。それが割合によい調和を得て感じのいいものであつた。 內地の女學校などの制服に用ひても面白いと思つた。好いものはよいのだ、朝鮮は劣等人種ときめてかかる偏見は捨てる事だ。何でもかんでも歐米風といふ時代思想は呪ふべきだ。

女兒が辮髮の先に例外なく赤いリボンを結びつけてあるのも可愛いい。男の子も黃赤、群靑等の原色ものを用ひてゐる。十五六才以上の男子まで赤い上衣などきてゐたのも、さう古い事でないとの事だ。女子が袖のついたカツギをきて步いたのも同じく古い事でないそうだ。風の度にそのカツギがひら々々と優美に飜へつてそれはよかつたと某氏の昔話。今日はその風も殆んどすたれてしまつた。開城では今も古風なカツギを着て步く婦人を見る事が珍しくない。たゞ開城のは着物になつてゐない、いはば大きなキレに過ぎないといふ相違がある。

われへ內地の服裝も追々と純日本式が失はれて行く如く、純朝鮮式服裝も追々見られなくなるであらう。建築なり、習慣なり、服裝なり、眞に朝鮮を見ようと思ふなら今のうちであると思はざるを得なかつた。

○妓生の本場は平壤である、妓生學校もあり有名であるが、京城も何しろ朝鮮の首府とて本場から輸入するので尤物が相當に來てゐるそうな、「ゐる」と斷言出來ないのは誠に殘念だが、自分は不幸にして、その尤物拜見の光榮と機會を逸した。一度畫人諸君の歡迎の宴で餘り尤物でないのを見たのみであつた。

李某といふ妓生は尤物中の尤物とかで、內地某富豪の息子殿に思れたが、振つて振りぬいたあげく、陷落したとの事であるが、その枕轉料、むづかしくいへば愛欲慰藉料、金一千圓也だそうだ。猶東部へ同伴その費用二萬圓と專らのうはさ。半分にきいても一萬圓、妓生も仲々豪勢だ。

さて、妓生の用ふる樂器であるが、琴と長鼓とが主である。琴は自分はしらぬ。普通は長鼓のみで歌の伴奏をする。片側は大太鼓、片側は小鼓の役をつとめる。大の方は手で、小の方は鞭樣のもので、ボンカン々々々々とやる。歌は、これも名手のをきかなかつたから何とも云へぬが、少し單調なように思はれた。

鴨綠江節と共に知られてゐる「國境警備の歌」などやると一種の感じが出る。洋々百四十有餘里の長江、出沒自在の馬賊の爲に「安き夢だに結び得ず、警備の辛苦たれか知る」の歌辭の通り、腰に佩劍、ピストル、肩には銃を、物々しい警備の警官諸君の勞苦が痛切に感じられ、一種悲壯の氣分に捕へられる。京城畫人諸君が、醉へばこの歌を合唱する。

○ある快晴の午後、A洋畫材料店老夫人に案內されて、北門、洗劍齊、パコダ公園、經學院と見物に廻つた。

電車を孝子洞終點で下りて約四五丁、路はゆるやかなのぼり坂となつて北門に達する。あたりは小松山、ふり向けば、京城市街一眸繪の如しである、融通のきかぬ形容であるが全く奇麗である。門は、今は屋根の瓦もずり落ちるがまゝ、草も生え次第といふ荒れ樣であるがコヂンマリとした感じのいゝ建築である。凉風不斷、京城へ用達の歸途、凉を入れつゝ馬鹿話に耽らうといふ郊外鮮人諸君のよきクラブである。門へのぼつて見る。城壁がサビた色をして門兩袖から、高く低く蜿蜿透迤として走つてゐるのが見られる。

城壁に添ふ小經の導くがまゝに、所謂城壁めぐりをすると、思はぬ好風景、奇景にぶつかつて畫人をよろこばしてくれるそうだ。

門を出れば路は下りとなる。一部落がある。よき小流れがある、カタの如く洗濯女がゐる、畑あり、田あり、山あり、柳、楢、アカシヤ、ポプラ、松、樹の種類も比較的多く綠の色もあざやか、清潔で變化多く遠く紫の色もクツキリと岩山が聳えてゐる。畫心しきりに働く。唐黍の葉づれさわやかな畑道、涼しいアカシヤの木蔭、さては形面白い農家の前など約十丁、淸らかな流に出る。その急湍をなすところ、突き出た大岩の上にさびた六角堂がある。卽ち洗劍亭である。往昔、光海君王位簒奪暴戾日に甚しかつたとき、仁祖陵陽君が擬君癈立の事を擧げた場所で、當時義士の血を啜り劍を磨したに因んで洗劍亭と命名したと案內記にある。河床は驚くべき大きな一枚岩、內地ならさしづめ、もつたい振つた名をつけて案內者が旅人を說明殺しにするところであらうが、幸にも石の豊富な朝鮮では平凡な唯の岩に過ぎない。亭は柱といはず欄といわず、李某、金某、〇〇中學某々、大阪伊藤某等々、たまにはなまめかしい名も交へてすき間なき署名展覽會である。

流れに沿ふて數丁下れば、對岸に小堂がある。堂一杯に薄肉彫半身石像がある。多分李朝期のものと思はれる。作ぶりは左程惡いと思はれないが、生々しい胡粉で他ぬりをされ、綠靑、朱、群靑のアクドイ色彩は感じのいゝものでなかつた。

このあたり實に靜かで、時々鵲の鳴聲が靜寂を破るのみ。山上の空の暗い程に靑々と澄みわたつてゐたのが妙にもの深く印象に殘つた。

孝子洞から再び電車でパコダ公園へ。昔の圓覺寺の跡で、寒水石十三塔がある。今は上の三基だけ取り卸ろされて側に置かれてある。文錄の昔加藤淸正が日本へもつて歸らうと、取り卸したが運送の不便を思ひ中止したのだといふ巷話がある。三井寺の釣鐘と辨慶との話の類だらう。

塔は高麗期のものである。周圍一面佛像の彫刻めづらしいものが當期の傑作ではあるが、自分は新羅時代の單純にして優美な佛國寺釋迦塔の如きを好む。

昌慶園前で電車を捨てゝ經學院についた頃はもう暮れ近く涼しい風が出はじめた。院は文廟を中心として儒林の學堂である。朱の門扉堅く閉されてゐる。境內樹木多く涼を入れるによき場所である。大樹の下には、長髯の鮮人長煙管携帶、悠然として涼をむさぼつてゐた。側の空地には鞦韆大會があつた名殘の五色の紙の旗が夕風にひるがへつてゐた。內地では見られぬ光景であつた。

死んだ畫友蟲明君が遺作に、こゝのスケツチがある事をフト思ひ出した。賣れそうになかつた君の畫も、朝鮮で案外賣れて、すつかりいゝ氣持で製作したとT君の話。一種風味のある君の風丯がマザ々々と思ひ出されて感慨深いものがあつた。

附記

自分の感心した陶磁器類の寫眞が入手出來なかつた爲挿畫として揭げる事が出來ないのは遺憾である。切に讀者の宥恕を乞ふ次第である。

大野隆徳、「新緑と白衣の朝鮮を旅して(中)」、『みづゑ』第367号、1935年9月、pp.203~206

京城

大邱、京城間車窓の眺めは平たい耕地と水田と所々小さい樹木と綠草に覆はれた餘り高くない山と、藁葺きの小さい鮮人家屋の密集した風景の連續的な繰返しである、その間に例の白衣の鮮人の存在が僅かに新綠と赫土との單調を破る存在である、沿線所々水田などの土を深く掘つては、その土を水で洗ひ出すやうにして居るは、例の砂金堀りであると聞いた。食事車に出た時、計らずも鮮展の審査の爲めやつて來た美術學校の田邊孝次君に出會つた。京城は流石に都會らしい、停車場も大きなドームを持つた鐵筋コンクリートタイル張りで東京驛の三分の一位の大さはある、私は初めから京城は朝鮮ホテルに泊る豫定であつた。ホテルの帽子を被つた出迎人にどの自動車に乘ればよいかを聞いた、「何誰樣でいらつしやいますか、何日に御申込になりましたか」と聞かれた、私は面喰つたのである、聞けば滿洲國へ往來の人が近來非常に多くその往くさ歸るさに立寄つて泊る人が馬鹿に多いので、大きな旅舘も大抵滿員で、一週間か十日位前から申込んで置かなければとても泊れぬと云ふ、私は來る時ツウリスト、ビユローで汽車、汽船の切符を求めて來たのであるがビユローでも京城のホテルなどは豫め申込まれて置かねばとても泊れぬ等とは敎へて吳れないので、其點此れから京城などに旅行する人は心得て置かねば飛んだ事になる、私は驛の傍の林屋ホテルと云ふのに泊つた。

私は早速町の方に出かけた、驛から程ない所にある、南大門はその名の如く大きく、堂々として居る。巴里のエトワルの凱旋門の如く其處から道路が四方へ通じて居た。私は本町通りと云ふ東京の銀座通りに當る町の淺川號洋畫材料店に立寄つて留守宅と親戚からの手紙を受取つた。其翌夜私は親戚及び梅室博士よりの紹介に由り京城帝大の敎授岩井誠四郎氏、伊藤正義氏、篠崎哲四郎氏、中村兩造氏、中村敬三氏の五教授から料亭喜久家に招待せられた、內地を出發してから始めて內地の料亭に劣らぬ立派な料亭で御馳走になつた。 此日から、私は中村敬三教授の御案內で昌慶苑、徳壽宮等を見物した。

李王家美術舘の陶磁器と昌德宮祕苑

京城は朝鮮第一の首都である丈に見る可きものも亦此地に最も多く集まつて居る、內地の主要都市には何處にでもあるやうに此所にも遊覽バスがあつて約半日の行程で見終る事になつて居る、然しそれではほんの外貌のグリムプスにしか過ぎないから、眞に何物をもはつきり印象づける事は出來ないであらう、現に私の泊つた宿の女中は一日そのバスで遊覽したが何處が何であつたか覺えて居らぬと云つて居た、矢張り少くとも四五日は費さなければならないであらう。私は美術家として最も興味を引くと思はれる所を中村敬三氏の案內で最もよく見て歩いた。

先づ帝大醫學部と向ひ合つて正門のある昌慶苑に出かけた、こゝは李王家が市民の爲めに庭園の大部分を開放してある所で園內に植物園、動物園及李王家の陶磁器を多數陳列してゐる美術舘は吾々、陶磁器に特に深い興味を有つものに取つては中々他に於て見る可からざる、よいコレクシヨンで朝鮮古今の陶磁器のコレクシヨンとしては之れ以上のものは他にないのであらうと思はれる。而かも年代と系統とを別けて陳列してあるので其道に明るい中村教授の案內で私は一層の興趣を覺えた。

特に新羅時代の出土品である高麗磁器の氣品と端麗さ、一抹の澁味を湛えた中に優雅巧緻の手法と、藥の風化に由る落ち付いた味ひを玩味せしめた、三島手のものや雞龍山窯のもの、下つては李朝のものに迄、夫々最高の標準を示して吳れて居るので、吾々は他で李朝その他の名品を示されたとしても此所で見た標準を心に覺えて居るならば、敢て鑑別に際して大きな過誤をせずして濟むと云ふ安心に似た確信を得た。

磁陶器の外に金工品や李朝の螺鈿の勝れたものを見た、金工品に就ては自分の趣味の上から強い魅力を感ずる事が出來なかつたが、螺鈿のものにはその模様にも塗法にも味ひの豊かなものを見た。此美術舘の李朝の螺鈿等を見ると朝鮮現代の美術工藝の如何にも貧弱なる事を痛感するのである。

秘苑の幽寂

朝鮮陶磁器の美を満喫した私は更に秘苑の拜觀に足を向けた。秘苑は木曜日を除けば、李王職の許可を得て毎日午前十一時と午後二時の二回拜觀する事を得るものである、昌慶苑の中の植物園の奥にあつて宮殿の背後にある鷹峰の麓に造營せられたものである。折からの新綠の好季節に老樹と若樹は、濃綠に新綠に鬱蒼として茂つて居る中に丹碧の色鮮かに塗り、家根のカーヴの強い樓閣が或物は石階を上つた高き所に、或者は石階を下つた低き位置に、所々沸亭の池畔に建てられたものがある、建物の半は池の中の花崗岩の柱の上に建てられて居る、柱や障子の丹碧の色彩と障子の紙の色の白との對照も美しく、細條の精緻さは優雅可憐の趣に溢れて居る。王様などがその屋内から釣など試みられたのであらう。その樓閣は支那西湖八景の中の樓閣等に比ぶればスケールは如何にも小さいが建物は繊細に美しい、高い所にある最も大きな建物は宙合樓と云ふ、王様や貴族達の宴會に用ゐた所らしい、其處から見下ろした形の様々な門や臨泉の小亭は誠に美しい、 池の水は涸れて少い中に鵲(朝鮮烏)青鷺などが飛び下りて水を浴びぞして遊んで居る、幽遠靜寂と退廢的な美とが混合して釀し出した林泉の美で、一朝一夕にして造り得ぬ境地である、宙合樓より更に進めば藥泉と名づくる大理石の井戸より流れ出づる小流、名づけて玉流川と云ふのがある、其邊の林泉と亭との布置よろしく、亭の形にも四角のもの、六角のもの、扇面形の平面圖を持つたもの等いろゝゝあつて、木蔭の綠の風が吹入つて如何にも涼し氣である、歸途林の中の途を過ぎれば雉子、鶯など頻りに鳴き、高き松園の上には鷺の巣など多く營み居るを見られ、鶴さへ飛べるを見た、雉子は足もと間近く鳴き過ぎるが姿は中々見えぬのである。誠に幽遠な山にあるが如き思ひである、此の優れた造園は私は名高い金剛山の自然にも增して美しいと思つた、如何にも王樣の散步にふさはしい庭である、其庭を步く私も何か高貴な心持になつた、撮影と寫生とは禁じられてあるのであるが、中村敎授より特に願出でて李王職の許可を得、寫生し得る事になつたのは光榮であつた。

景福宮と德壽宮

總督府の建物は十ヶ年の歲月と六百三十萬圓の巨費を投じて全部花崗岩を以て造られたもので其雄大結構なる建築美は內地の官廳にも其比を見ない、此は花崗岩が附近至る所豊富で材料として安價に入手出來る關係にも由ると思はれる。此建物の背後に博物舘と景福宮がある、景福宮は李朝の太祖が開場から京城に都を遷し、白岳の南麓に初めて宮殿を建て景福宮と稱したのである。豪壯なる當時を偲ぶ光化門は舊位置から東側に移轉せられて今も尙嚴然としてある、現存の勤政殿、思政殿、慶會樓等は李朝末期の再建に成る代表的建築物である、慶會樓は四角な池に臨んで朱塗(但し材質、塗料共にお粗末なもの)の華麗宏大な建物である、高さ四米半の花崗岩の四角な柱四十八本が並列して二階を支えて居る、階上、階下共に君臣の宴會場に充てられた處、よく朝鮮案內記の口繪寫眞に代表的な朝鮮建築物として慶會樓とその池とを主題としそれに配するに妓生を以てした寫眞が出て居る。直ぐ近くにある總督府の建築と比べるならばいとも貧弱に見えるのは致し方ない、それ程總督府は威風堂々として邊りを拂つて居るのである。

總督府のいかめしい鐵門を出て眞つ直ぐな道を進めば右手に大漢門と題した額を掲げた大赤門を入ればそれが德壽宮である。その內の德弘殿は李朝の王樣が威儀を整へて謁見された所であると云ふ、さすがにきらびやかに感慨深く又珍らしく映つた、一段高くしつらはれた御座所はアンピール式とも云ふ可きスタイルで、李王家の紋所の入つた宮廷の調度らしい卓と椅子が並べてあつた。

李王殿下の御誕生になつたと云ふ御舘の室々は純朝鮮式の溫突の室で、そこにあつた朱塗に螺鈿の模樣の入つた簞笥等の調度品はさすがに宮廷らしい何とも云へぬ豪華な美しいものであつた。

『あゝ云ふ簞笥を一つ欲しいですなあ、あの簞笥一つで室が生きゝゝと引立つて來ますよ』と中村さんは云はれる、御舘の前には大輪の牡丹が今を盛りと咲き誇つて居た。

此の宮殿の中に英國人の設計になる石造洋舘がある。皇族御來城の砌りその御旅舘などに充てられたものであるそうだが、今は日本現代作家の手になる美術品を陳列してある、此の舘の前には噴水を持つた洋風の池があつて、その二階から鞍山の方向を背景として近景に大理石の圓柱を取り入れた圖は中々よろしいと思つた。

平壤と大同江

平壤は北鮮隨一の觀光都市である。或いは寧ろ大同江の美しき水を有するが故に全鮮唯一の觀光都市と云ひ得るであらう。商業都市として土壤肥沃な大同平野の豊かな農産物資の集散地として、又附近に石炭鐵等近代工業に欠く可からざるものを無盡藏に有する點に於て、活潑なる近代都市である。その上朝鮮建國の神話の舞臺として三千年の昔、檀君が都したと傳へられる。檀君に次いで箕子四十一世九百餘年間に渡る。其間の遺跡も多く殘る古都である。朝鮮が風光地帶として隨一に推す金剛山よりも寧ろより多く平壤の風光美に心を打たれたのである。

牡丹臺と乙密臺

私が平壤に着いて三根旅舘に到着したのは午後三時半頃であつた。初夏の陽光はまだ高い。私は平壤の地圖をガイドとしてスケツチ箱を肩にして町の北の方向にある牡丹臺から、乙密臺の方へ出かけた。平壤神社の近くから道はだらゞゝ上りになる。新緑に覆はれた丘陵がある。やがて平壌六門の一つ七星門に出た、下部は石で砦んだアーチ形であるがその上に小さい樓閣を載せて居る。大同門、普通門などに比べると形は極めて小さいが雅趣に富んで居る。十數丁ばかり行くと同位の大さと形をした玄武門がある。玄武門の名を聞く時、私は幼年時代脳裡に深く刻まれた、日清戰役の際、元山支隊の勇士原田一等卒が敵彈雨と降る中を此の門をよぢ登つて中に入り門扉を開き味方の軍を一度に突入せしめ大勝を博した古蹟である。飛行機其他の武器の隔世的に發達した今日から當時を考へる時、思はずその悲壯勇敢なる決死の行動に眼頭の熱くなるのであつた。

私は其處から牡丹臺に上つた。五月の陽光は日本の七月の如く暑く既に夏である。鮮人の顔色が朝鮮の土の色の如く超健康色の赫色を帶びて居るのも故ある哉と思つた。扨牡丹臺の丘頂に二三十坪の平地がある。其處に形のよい最勝亭がある。此處も日清の役に清軍が砲列を敷き我軍を苦めた處で今も當時の砲砦の廢址がある。最勝亭に立つて俯瞰すれば乙密臺かの天險、その丘頂の四虛亭など呼はば應へんとする。先きに見た玄武門も脚下に小さく見え、反對側に大同江は延々として長く、丘麓には浮碧樓最勝樓なぞを望み得る 私は最勝亭を下り浮碧樓、お牧の茶屋なぞを下に見て四虛亭に立つた。四虛亭からの眺も亦よい。清涼の水溶々として流れる大同江の水は琥珀の布のやうになめらかに靜に流れて居る。河の中に小さな綠草の生えた半月島と大きな綾羅島がある。彼方の岸には飛行場の綠の芝生が遠くひろがり、飛び出さんとする飛行機や著陸した飛行機の滑走はトンボが走つて居るやうに小さく見える。對岸にも綾羅島にも大きなポプラーが生え、柔かに烟るやうな楊柳がある。楊柳こそは誠に清楚な美人やうな姿の木だ。汀から生えて翡翠色の寶石のやうを思はせるなごやかな影を水に映じて居る。大同江に莅んだ懸崖の上に建てられた古雅な浮碧樓、漱碧亭、清流亭等の建物はその鮮かな桂や庇の丹碧に塗られた色と大同江畔の風景とのよい調和を持つて居る。私は漱碧亭を油の小品に描いた。

참고문헌

1. 사료

『京城日報』, 『每日新聞』, 『每日申報』, 『東亞日報』, 『東京朝日新聞』, 『大阪每日新聞』, 『帝國大學新聞』, 『日本新聞』, 『時事新報』, 『朝日新聞』, 『朝鮮日報』, 『讀賣新聞』, 『週刊朝日』, 『みづゑ』, 『アトリエ』, 『セルパン』, 『中央美術』, 『國華』, 『塔影』, 『多都美』, 『朝鮮』, 『朝鮮と建築』, 『美之國』, 『美術』, 『美術新報』, 『美術新論』, 『美術旬報』, 『モダン日本-朝鮮版』

2. 단행본 및 도록

국립중앙박물관, 『구 조선총독부 건물 실측 및 보고서(上)』, 1997.

______________, 『국립중앙박물관 소장 일제강점기 공공건물 벽화』, 2018.

국제관광공사 조선호텔 처리위원회, 『조선호텔처리지』, 1967.

도미타 쇼지, 유재연 역, 『근대 문명의 상징 호텔』, 논형, 2008.

발레리 조레조, 양지윤 역, 『도시의 창, 고급호텔』, 후마니타스, 2007.

수원박물관, 『수원팔경』, 2014.

안현정, 『근대의 시선, 조선미술전람회』, 이학사, 2012.

이순우, 『통감관저, 잊혀진 경술국치의 현장』, 하늘재, 2010.

이하정, 미즈노 다쓰로 편역, 『일본 작가들이 본 근대조선』, 소명출판, 2009.

정형민, 『근현대 한국미술과 동양 개념』, 서울대학교출판문화원, 2011.

中根隆行, 건국대학교 대학원 일본문화언어학과 역, 『'조선'표상의 문화지』, 소명출판, 2011.

철도청, 『한국철도 100년사』, 1999.

加古川總合文化センター, 『白瀧幾之助·和田三造·青山熊治展』, 1985.

ブリヂストン美術館·石橋美術館, 『藤島武二展－ブリヂストン美術館開館五十周年記念』, 2002

高階秀爾, 『日本近代美術史論』, 講談社學術文庫, 1990.

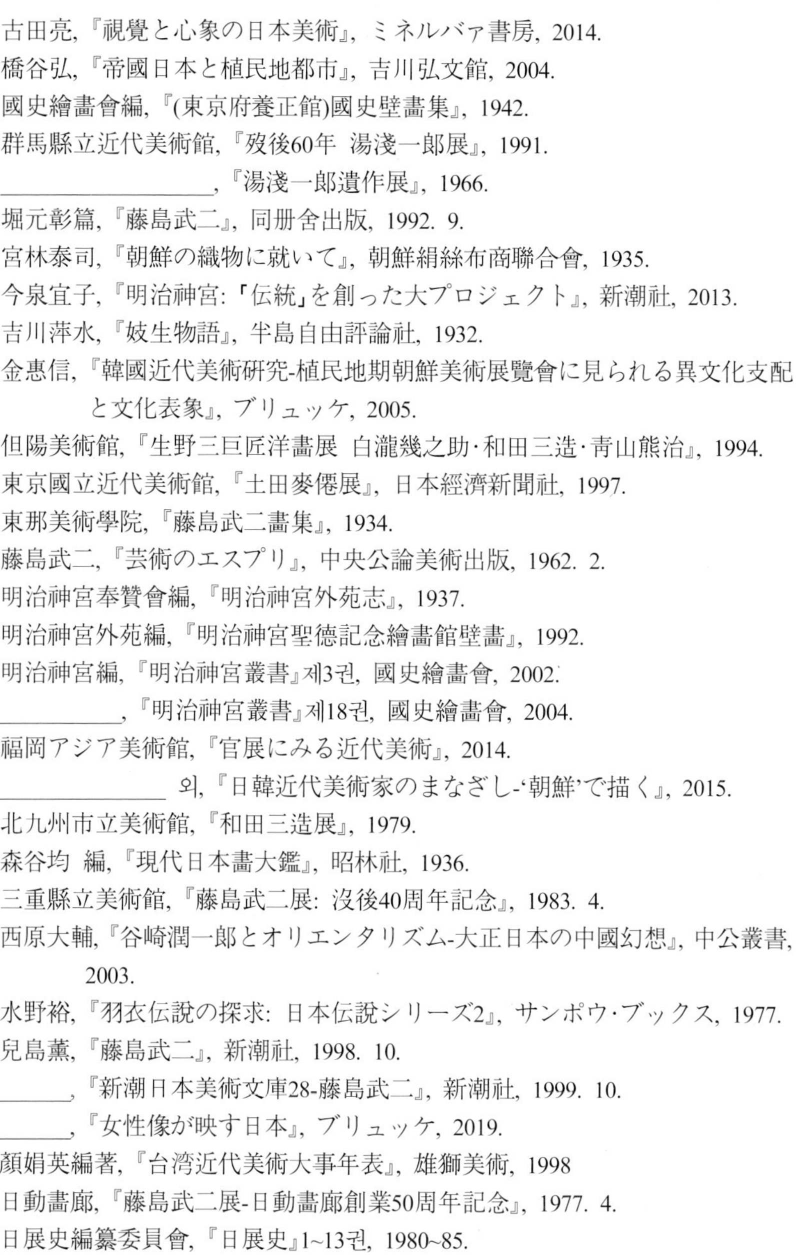

古田亮, 『視覺と心象の日本美術』, ミネルバァ書房, 2014.

橋谷弘, 『帝國日本と植民地都市』, 吉川弘文館, 2004.

國史繪畵會編, 『(東京府養正館)國史壁畵集』, 1942.

群馬縣立近代美術館, 『歿後60年 湯淺一郎展』, 1991.

__________________, 『湯淺一郎遺作展』, 1966.

堀元彰篇, 『藤島武二』, 同册舍出版, 1992. 9.

宮林泰司, 『朝鮮の織物に就いて』, 朝鮮絹絲布商聯合會, 1935.

今泉宜子, 『明治神宮: 「伝統」を創った大プロジェクト』, 新潮社, 2013.

吉川萍水, 『妓生物語』, 半島自由評論社, 1932.

金惠信, 『韓國近代美術研究-植民地期朝鮮美術展覽會に見られる異文化支配と文化表象』, ブリュッケ, 2005.

但陽美術館, 『生野三巨匠洋畵展 白瀧幾之助·和田三造·青山熊治』, 1994.

東京國立近代美術館, 『土田麥僊展』, 日本經濟新聞社, 1997.

東那美術學院, 『藤島武二畵集』, 1934.

藤島武二, 『芸術のエスプリ』, 中央公論美術出版, 1962. 2.

明治神宮奉贊會編, 『明治神宮外苑志』, 1937.

明治神宮外苑編, 『明治神宮聖徳記念繪畵館壁畵』, 1992.

明治神宮編, 『明治神宮叢書』제3권, 國史繪畵會, 2002.

__________, 『明治神宮叢書』제18권, 國史繪畵會, 2004.

福岡アジア美術館, 『官展にみる近代美術』, 2014.

______________ 외, 『日韓近代美術家のまなざし-'朝鮮'で描く』, 2015.

北九州市立美術館, 『和田三造展』, 1979.

森谷均 編, 『現代日本畵大鑑』, 昭林社, 1936.

三重縣立美術館, 『藤島武二展: 沒後40周年記念』, 1983. 4.

西原大輔, 『谷崎潤一郎とオリエンタリズム-大正日本の中國幻想』, 中公叢書, 2003.

水野裕, 『羽衣伝説の探求: 日本伝説シリーズ2』, サンポウ·ブックス, 1977.

兒島薰, 『藤島武二』, 新潮社, 1998. 10.

______, 『新潮日本美術文庫28-藤島武二』, 新潮社, 1999. 10.

______, 『女性像が映す日本』, ブリュッケ, 2019.

顏娟英編著, 『台湾近代美術大事年表』, 雄獅美術, 1998

日動畵廊, 『藤島武二展-日動畵廊創業50周年記念』, 1977. 4.

日展史編纂委員會, 『日展史』1~13권, 1980~85.

佐藤道信, 『〈日本美術〉誕生:近代日本の「ことば」と戦略』, 講談社選書メチエ 92, 1996. 12.
朝鮮總督府, 『施政五年記念朝鮮物產共進會報告書』제1권, 1915.
__________, 『朝鮮總督府廳舍新營誌』, 1926.
朝鮮總督府鐵道局, 『朝鮮ホテル新築工事概要』, 1915.
________________, 『朝鮮鐵道史』, 1915.
天野知香, 『裝飾/藝術:1920世紀のフランスにおける「藝術」の位相』, ブリュッケ, 2001. 10.
青木茂 감수, 『近代美術關係新聞記事資料集成』, ゆまに書房, 1991
秋庭史典 외 譯, 『美術史を語る言葉』, ブリュッケ, 2002.
豊田市美術館, 『近代の東アジアイメージ: 日本近代美術はどうアジアを描いてきたか』, 2009.
和田三造生誕百年記念會編, 『和田三造とその偉業: 和田三造·繪畵と色彩とデザインと』, 六藝書房, 1984.
Edward Said, 『Orientalism』, New York: Pantheon Books, 1978.
Jennifer L. Shaw, 『Dream States: Puvis de Chavannes, Modernism, and the Fantasy of France』, London: Yale University Press, 2002.

3. 논문

한국어문헌

강민기, 「근대 전환기 한국화단의 일본화 유입과 수용-1870년대에서 1920년대까지」, 홍익대학교대학원 미술사학과 박사학위논문, 2005.
고지마 가오르(兒島薰), 「근대 일본에서 官展의 역할과 주요 작품분석」, 『미술사논단』13, 한국미술연구소, 2001. 12.
공승연, 「근대 기생 복식에 관한 연구」, 이화여자대학교 석사학위논문, 2005.
권행가, 「일제시대 우편엽서에 나타난 기생 이미지」, 『미술사논단』12, 한국미술연구소, 2001년 상반기.
______, 「근대 시각문화와 기생 이미지」, 『경계의 여성들』, 파주: 한울, 2013.
김민경, 문선옥, 「한국 전통목가구 평상 연구Ⅰ」, 『한국가구학회지』28(2), 2017. 4.
김영나, 「이인성의 향토색-민족주의와 식민주의」, 『미술사논단』9, 한국미술연구소, 1999. 12.

김용철, 「중일·태평양전쟁기 일본의 오카쿠라 덴신(岡倉天心) 재조명」, 『일본비평』(7)2, 서울대학교 일본연구소, 2015.

김정동, 「도래한 서양인 건축가에 관한 연구」, 『대한건축학회 논문집』(5)4, 대한건축학회, 1989.

김정선, 「식민지 관전의 실현: 조선미술전람회 일본인 심사위원을 중심으로」, 『석당논총』58, 석당학술원, 2014.

______, 「근대 羽衣 天女 圖像의 변용: '일본'에서 '아시아'적 천녀로」, 『석당논총』76, 석당학술원, 2020.

______, 「안도 요시시게(安藤義茂)와 부산 근대 화단」, 『인문사회과학연구』23(2), 부경대학교 인문사회과학연구소, 2022.

김현숙, 「일제시대 동아시아 관전에서의 지방색: 조선미술전람회를 중심으로」, 『한국근대미술사학』12, 한국근대미술사학회, 2004.

문정희, 「동아시아 官展의 심사위원과 지방색: 대만미술전람회를 중심으로」, 『한국근대미술사학』11, 한국근대미술사학회, 2003.

박계리, 「일제시대 조선 향토색」, 『한국근대미술사학』4, 한국근대미술사학회, 1996.

박규태, 「메이지신궁과 화혼양재」, 『한국종교』제43집, 원광대학교 종교문제연구소, 2018.

박삼헌, 「'국체' 관념의 시각화-도쿄부 양정관의 국사회화를 중심으로」, 『동아시아 세계의 일본사상』, 동북아역사재단, 2009.

______, 「근대일본 국체 관념의 공간화」, 『인천학연구』11, 인천대학교 인천학연구원, 2009. 8.

박정애, 「조선후기 평양명승도 연구-《평양팔경도》를 중심으로」, 『민족문화』제39집, 한국고전번역원, 2012.

박진경, 「개항 이후 일제강점기 수입 직물의 수용과 의생활 변화」, 이화여대석사학위논문, 2013.

박찬승, 「일제하의 白衣 비판과 色衣 강제」, 『동아시아문화연구』제59집, 한양대학교 동아시아문화연구소, 2014. 11.

야마나시 에미토(山梨繪美子), 「黑田清輝 일본의 나부를 어떻게 그릴 것인가」, 『미술사논단』22, 한국미술연구소, 2006.

서윤정, 「1910~1920년대 식민지 시대의 벽화-전통과 근대, 공공성과 예술의 담론 사이에서」, 『인문과학연구논총』40(4), 명지대학교 인문과학연구소, 2019.

서지영, 「상실과 부재의 시공간: 1930년대 요리점과 기생」, 『정신문화연구』32(3), 한국학중앙연구원, 2009. 9.

신수경, 「이인성의 1930년대 회화 연구」, 『한국근대미술사학』제6집, 한국근대미술사학회, 1998.

오오타 히데하루, 「근대 서울 성곽의 보존과 諸相」, 『서울학연구』47, 서울시립대학교 서울학연구소, 2012. 5.

오인욱, 「근대 호텔 실내공간의 표현 특성과 실내디자인 사적의미에 관한 연구」, 『한국실내디자인학회 논문집』5(4), 한국실내디자인학회, 2006.

이효선, 「일제강점기 고무신에 관한 연구」, 이화여대석사학위논문, 2015.

정미연, 「〈선녀와 나무꾼〉및 〈하고로모(羽衣)〉의 제작과정과 내선융합의 표방」, 『국립중앙박물관 소장 일제강점기 공공건물 벽화』, 국립중앙박물관, 2018.

정연경, 「조선미술전람회 동양화부의 실내 여인상」, 『한국근대미술사학』9, 한국근대미술사학회, 2001.

정영효, 「'조선호텔'-제국의 이상과 식민지 조선의 표상」, 『한국어문학연구』제56집, 동악어문학회, 2010.

정호진, 「조선미전의 심사위원 및 그 영향」, 『미술사학연구』223, 한국미술사학회, 1999.

최유경, 「한국근대미술의 향토론의 유행과 일본의 조선무속연구」, 『종교와 문화』21호, 서울대학교 종교문제연구소, 2011.

탄오 야스노리, 「국사화의 전개-昭和期의 역사화」, 『조형』20, 서울대학교 미술대학, 1997.

후루타 료(古田亮), 「관전의 작품 경향-제전기 일본화를 중심으로」, 『한국근현대미술사학』15, 한국근현대미술사학회, 2005.

일본어문헌

高橋潔, 「關野貞を中心とした朝鮮古跡調査行程: 一九〇九年~一九一五年」, 『考古學史研究』9, 2001. 5.

高柳有紀子, 「アカデミストの二つの選擇-藤島武二と官展改組」, 『洋畫の動亂-昭和10年』, 東京都庭園美術館, 1992.

__________, 「『歷史畫』としての明治神宮聖德記念繪畫舘壁畫」, 『芸術學學報』8, 2001.

橋富博喜, 「岡田三郎助の壁畫制作-《九つのミューズ》を中心に」, 『日本近代洋畫の精華-岡田三郎助』, 佐賀縣立美術館, 1993.

橋爪節也, 「商工都市“大阪”を象徵する神話世界」, 「近代大阪の象徵-特別室天井畵·壁畵」, 1998.

金井德子, 「土田麥僊の滯歐生活とそれ以後」, 『比較文化』5, 1958.

金正善, 「朝鮮美術展覽會の日本人審査員と朝鮮鄕土色:西洋畵部を中心に」, 『官展にみる近代美術』, 福岡アジア美術館, 2014.

島由美子, 「赤坂離宮の室內裝飾の調達·製作實態」, 『日本建築學會計畵係論文集』603, 2006.

島田康寛, 「藤島武二作花籠-所藏作品より」, 『視る』149, 1979.

稻賀繁美, 「〈詩の翻譯は可能か?〉金素雲『朝鮮詩集』の翻譯と土田麥僊の風俗畵を繫ぐもの- 植民地繪畫の解讀のために」, 『あいだ』90, あいだの會, 2003. 6. 20.

________, 「《他者》としての「美術」と「美術」の《他者》としての「日本」-「美術」の定義を巡る文化摩擦」, 『美術史と他者』, 晃洋書房, 2000.

林洋子, 「東京大學·安田講堂內壁畵について―小杉未醒と藤島武二の試み」, 『東京大學史紀要』第9號, 東京大學史史料室, 1991. 3.

______, 「藤島武二の風景畵への展開: 「裝飾畵」を軸にして」, 『美術史』131, 1992.

______, 「藤田嗣治の1930年代(1)―裸婦と戰爭畵をつなぐもの」, 『日本美術史の水脈』, ぺりかん社, 1993.

______, 「明治神宮聖德記念繪畵館について」, 『明治聖德記念學會紀要』11, 1994.

______, 「明治神宮聖德記念繪畵舘の成立経緯をめぐって」, 『近代畵說』8, 1999.

木下直之, 「ソウルに殘る和田三造の壁畵」, 『ピロティ 兵庫縣立美術館ニュース』63, 1987.

朴美貞, 「植民地朝鮮はどのように表象されたか」, 『美學』213, 2003. 6.

福士雄也, 「朝鮮繪畵と近世の日本繪畵」, 『朝鮮王朝の繪畵と日本』, 靜岡縣立美術館 등, 2008.

山梨美術館, 「日本に新古典主義繪畵はあったか」, 『山梨美術館開館30周年記念シンポジウム報告書』, 1999.

山梨繪美子, 「黑田淸輝と公的な場の繪畵」, 『美術史の6つの斷面』, 美術出版社, 1992.

_________, 「明治大正期の洋畵における「海の幸·山の幸」主題の變遷」, 『國華』第1187號, 1994.

_________, 「日本近代洋畵におけるオリエンタリズム」, 東京文化財研究所編『語る現在、語られる過去』, 平凡社, 1999. 5.

_________,「大正後期の洋畵壇における東洋的傾向についての一考察」,『日本における美術史學の成立と展開』, 東京文化財研究所, 2001. 3.

三輪英夫,「黑田清輝と構想畵—「昔語り」を中心に」,『美術研究』350, 1991.

杉田益次郎,「黑田清輝「昔語り」図」,『美術研究』24, 1933. 12.

上薗四郎, 「土田麥僊の戰略-帝展との關係を中心に」, 『美術フォーラム21』10, 醍醐書房, 2004.

上田文,「土田麥僊「平牀」と「妓生家」について- 近代日本美術における朝鮮の美をめぐって」,『美學』59(2), 2008.

徐東帝 외,「京城都市構想圖に關する研究」,『日本建築學會計畵系論文集』78(687), 2013.

_________, 「デ·ラランデの京城都市構想図と景福宮敷地平面図に關する研究」,『日本建築學會計畵系論文集』79(699), 2014. 5.

西原大輔,「近代日本繪畵のアジア表象」,『日本研究』26집, 國際日本研究センター紀要, 2002. 12.

小泉和子,「明治期の洋風室內裝飾にみるナツョサリズム」,『日本の美學』18, ペリカン社, 1992.

手塚惠美子,「和田三造作朝鮮總督府壁畵について: 「平和の繪」の意味を求めて」,『文化學研究』第8號, 日本女子大學文化學會, 1999.

植野健造,「白馬會と歷史主題の繪畵- 藤島武二の《天平の面影》をめぐって」,『美術史』140, 1996. 3.

兒島薰,「中國服の女性像にみる近代日本のアイデンティティ形成」,『實踐女子大學文學部紀要』제44집, 2002. 3.

_______,「藤島武二における〈西洋〉と〈東洋〉」,『美術史家、大いに笑う一河野元昭先生のための日本美術史論集』, ブリュッケ, 2006. 4.

______, 「文展開設の前後における「美人」の表現の変容について」, 『近代畵說』16, 2007.

岩佐新,「藤島武二の作畵過程」,『畵論』22, 1943.

染谷滋,「二科會結成と湯淺一郎」,『美術館ニュース』60, 群馬縣立美術館, 1990.

______,「湯淺一郎資料調査報告」,『群馬縣立近代美術館研究紀要』2, 群馬縣立美術館, 2006.

隈元謙次郎,「藤島武二の人と作品」,『生誕百年記念藤島武二展』, 日本経濟新聞社, 1967. 10.

長嶋圭哉,「「日本壁畵」の古典化をめぐって: 法隆寺金堂壁畵と近代日本畵」,

『クラッシクモダン: 1930年代日本の藝術』, せりか書房, 2004.
藏屋美香, 「裝飾の系譜: 壁畵から壁面へ」, 『交差するまなざし: ヨーロッパと近代日本の美術』, 東京國立近代美術館, 1996.
________, 「壁畵の流れと東京府養正館の國史壁畵」, 『視覺の昭和1930-40年代: 東京高等工藝學校のあゆみ』, 松戶市敎育委員會·松戶市文化振興財團, 1998.
________, 「壁畵とタブロー: 1900~1940年代」, 『講座日本美術史』第6卷, 東京大學出版會, 2005. 4.
________, 「建築と美術のあいだ: 1930年代から50年代の壁畵」, 『近代日本デザイン史』, 美學出版, 2006.
田桐子, 「忘れられたその畵業—中山正實の壁畵制作」, 『ピロティ』109, 1998. 12
鄭ニョン, 「明治聖德記念繪畵舘壁畵考」, 『年報地域文化硏究』18, 2015.
佐藤道信, 「明治神宮聖德記念繪畵舘の日本畵について」, 『近代畵說』8, 1999.
中田裕子, 「藤島武二《天平の面影》《諧音》そして《蝶》に表象された雅樂と西洋音樂(その1)」, 『ブリヂストン美術館·石橋美術館館報』31, 1983.
________, 「藤島武二「俑」と「中央アジア美術」:《唐様三部作》を中心として」, 『ブリヂストン美術館·石橋美術館館報』41, 1993. 11.
中澤弘光, 「朝鮮の旅」, 『新日本見物』, 金尾文淵堂, 1918.
增野惠子, 「和田英作と帝劇天井畵」, 『よみがえる帝國劇場展』, 早稻田大學演劇博物館, 2002.
池田忍, 「「支那服の女」という誘惑: 帝國主義とモダニズム」, 『歷史學硏究』765, 歷史學硏究會, 2002. 8.
川道麟太郎, 橋寺知子, 「明治期における「日本趣味」という用語について明治期の建築界における「日本趣味」の概念1」, 『日本建築學會計畫系論文報告集』432, 1992. 2.
天野一夫, 「日本近代美術の無意識としての東アジア」, 『近代の東アジアイメージ』, 豊田市美術館, 2009.
千葉慶, 「日本美術思想の帝國主義化: 一九一〇-二〇年代の南畵再評価をめぐる一考察」, 『美學』54(1), 2003. 6.
靑井哲人, 「台湾神社の鎭座地域選定および設計の過程について」, 『日本建築學會大會學術講演概要集』, 1998.
淺川伯敎, 「土田麥僊之事」, 『朝鮮の敎育』129, 朝鮮初等敎育硏究會, 1939.

川合知子,「明治神宮聖德記念繪畫館研究」,『哲學會誌』21, 1997.
後小路雅弘,「帝國大學のパブリックアート: 青山熊治「九州大學工學部壁畫」」,『美術研究』第389號, 東京文化財研究所, 2006.
喜多崎親,「明治期洋畫のイコンとナラティヴ」,『交差するまなざし—ヨーロッパと近代日本の美術』, 東京國立近代美術館, 1996.
Norman Bryson,「オリエンタリズム以後」,『近代畫設』2, 明治美術學會, 1993.
______________,「フランスオリエンタリズム繪畫における「他者」」,『美術史と他者』, 晃洋書房, 2000.

도판 출처

그림 번호	작가, 작품명, 연도, 소장처	출처
1부-1장-1	川崎小虎, 〈荒凉〉, 1931년, 도쿄예술대학	Tokyo University of the Arts / DNPartcom
1부-2장-1	湯淺一郎, 〈村娘〉, 1906~07년, 群馬현립근대미술관	群馬縣立近代美術館
1부-2장-2	湯淺一郎, 〈나부〉, 1912년, 群馬현립근대미술관	群馬縣立近代美術館
1부-2장-3	湯淺一郎, 〈朝鮮風景〉, 1914년, 群馬현립근대미술관	群馬縣立近代美術館
1부-2장-4	湯淺一郎, 〈水原華虹門〉, 1914년, 제1회二科展	『湯淺一郎畵集』, 1927
1부-2장-5	湯淺一郎, 〈에스파니아국 풍경〉, 1908년, 제2회문전	『文部省美術展覽會圖錄』
1부-2장-6	수원 화홍문 실경	필자 촬영
1부-3장-1	土田麥僊, 〈평상〉, 1933년, 교토시미술관	『帝展集』
1부-3장-2	김산호주사진엽서	『엽서속의기생읽기』, 국립민속박물관, 2009
1부-3장-3	土田麥僊, 〈평상밑그림〉, 1933년, 교토시미술관	교토시미술관
1부-3장-4	藤島武二, 〈덴표의 추억〉, 1902년, 아티존미술관	Artizon Museum
1부-3장-5	土田麥僊, 〈앵속〉, 1929년, 宮內廳三の丸常藏館	『帝展集』
1부-3장-6	常岡文龜, 〈계두화〉, 1929년, 제10회제전	『帝展集』
1부-3장-7	土田麥僊, 〈명장〉, 1930년, 도쿄국립박물관	ColBase(https://colbase.nich.go.jp/)
1부-4장-1	한복을 입은 후지시마(뒤쪽 남성)	『美術新報』 1914. 3
1부-4장-2	藤島武二, 《畫稿集》, 〈一遍聖繪〉, 아티존미술관	『藤島武二展』
1부-4장-3	藤島武二, 〈조선부인〉, 1914년경, 石橋미술관	Artizon Museum
1부-4장-4	藤島武二, 〈조선부인〉, 1914년경, 石橋미술관	Artizon Museum
1부-4장-5	藤島武二, 〈조선옷의 여인〉, 1914년경, 愛知縣미술관	『藤島武二展』, 2002
1부-4장-6	藤島武二, 〈덴표의 추억〉, 1902년, 아티존미술관	Artizon Museum
1부-4장-7	藤島武二, 〈화관〉, 1914년, 東京大正博覽會출품	『東京大正博覽會出品圖錄』, 1914
1부-4장-8	藤島武二, 〈꿈결〉, 1913년, 도쿄국립근대미술관	MOMAT/DNPartcom
1부-4장-9	藤島武二, 〈玉手箱〉	『大阪每日新聞』 1914.3.15
1부-4장-10	藤島武二, 〈조선풍경〉, 1913년, 岩崎美術館	『藤島武二展』, 2002
1부-4장-11	中澤弘光, 〈귀로〉, 1917년, 제11회문전	『文部省美術展覽會圖錄』
1부-4장-12	藤島武二, 〈조선부인〉, 1924년경, 岩崎美術館	『藤島武二展』, 2002

그림 번호	작가, 작품명, 연도, 소장처	출처
1부-4장-13	藤島武二, 〈唐様三部作〉, 1924년경, 岩崎美術館	『藤島武二展』, 1977
1부-5장-1	藤島武二, 〈花籠〉, 1913년경, 교토국립근대미술관	The National Museum of Modern Art, Kyoto
1부-5장-2	『조선풍속집』 표지	사진엽서
1부-5장-3	사진엽서, 1920년대	사진엽서
1부-5장-4	田中良, 〈조선의 소녀〉, 1915년, 제9회문전	『文部省美術展覽會圖錄』
1부-5장-5	Carolus-Duran, 〈장미꽃 팔이〉	『美術』 1917년 5월호
1부-5장-6	이탈리아 처녀(초찰리아)	『美術新報』 1910년 8·9월호
1부-5장-7	山本芳翠, 〈머리에 항아리를 얹은 서양부인〉, 明智町役場	『山本芳翠の世界展』, 1993
1부-5장-8	藤島武二, 〈靜〉, 1916년, 도쿄국립박물관	TNM Image Archives
1부-5장-9	藤島武二, 〈헌화(금강환상)〉	『조선시집-전기』, 1943. 8
2부-1장-1	〈近江八景〉, 일본은행본점 본관 귀빈실, 1896년, 東京	『美術史』140, 1996년
2부-1장-2	山本芳翠, 〈목동과 벚꽃〉, 제국호텔 담화실, 1891년, 東京	『山本芳翠の世界展』, 1993
2부-1장-3	공작의방, 赤坂離宮, 1909년, 東京	『明治工業史—建築編第五編』, 1928
2부-1장-4	岡田三郎助, 〈9명의 뮤즈〉	『趣味』1910년 3월호
2부-1장-5	和田英作, 〈羽衣〉, 1911년, 제국극장 천정화, 소실	『よみがえる帝國劇場展』, 2002
2부-1장-6	제국극장 2층 식당 전경	『美術新報』1911년 3월호
2부-1장-7	〈二月足利시대의 接木〉, 제국극장 2층 식당벽화	『美術新報』1911년 3월호
2부-1장-8	중앙공회당 3층 귀빈실, 1918년, 大阪	ⓒ大阪市中央公會堂
2부-1장-9	松岡壽, 〈商神 素盞嗚尊〉, 1918년, 중앙공회당 귀빈실 북측 벽면	ⓒ大阪市中央公會堂
2부-1장-10	松岡壽, 〈工神 太玉命〉, 1918년, 중앙공회당 귀빈실 남측벽면	ⓒ大阪市中央公會堂
2부-1장-11	岡田三郎助, 〈台湾神社〉, 〈北白川宮殿下之澳底登陸〉, 1920년경	『岡田三郎助遺作展覽會』, 1940
2부-1장-12	중앙정차장 제실용 현관, 1914년	『美術新報』1914년 9월
2부-1장-13	〈운수 및 조선〉, 중앙정차장 제실용 현관 벽화, 소실	『美術新報』1914년 9월
2부-1장-14	黒田清輝, 〈옛이야기〉, 1898년, 消失	『黒田清輝遺作展覽會』, 1924
2부-1장-15	샤반느, 〈휴게〉, 1863년, 아미안미술관	『Arcadia by the Shore』, 2014
2부-1장-16	小杉未醒, 〈용천〉. 〈채과〉, 1925년, 도쿄대학 야스다강당	『東京大學百年史』, 1985

그림 번호	작가, 작품명, 연도, 소장처	출처
2부-1장-17	샤반느, 〈諸과학의 寓意〉, 1889년, 소르본느대학강당	『Dream States』
2부-1장-18	靑山熊治, 〈규슈대학 공학부벽화〉, 1933년, 福岡	『九大百年』, 2016
2부-1장-19	中山正實, 〈청춘〉, 1934년, 고베대학도서관, 神戶	고베대학 사회과학계 도서관 홈페이지
2부-2장-1	환구단과 황궁우 전경사진, 1899년경	『한국풍속풍경사진첩』, 1911년
2부-2장-2	조선호텔과 황궁우 사진	『京城: 仁川, 水原, 開城』, 1939년
2부-2장-3	조선호텔연회실북쪽벽면	『朝鮮ホテル新築工事概要』, 1915년
2부-2장-4	조선호텔 연회실 벽화 준공도	『朝鮮ホテル新築工事概要』, 1915년
2부-2장-5	조선호텔 중앙홀 동벽 벽화 준공도	『朝鮮ホテル新築工事概要』, 1915년
2부-2장-6	수원 화홍문 사진 엽서	일제강점기 사진엽서
2부-2장-7	조선호텔 중앙홀 서벽 사진	『朝鮮ホテル新築工事概要』, 1915년
2부-2장-8	조선호텔 중앙홀 북벽 벽화 준공도	『朝鮮ホテル新築工事概要』, 1915년
2부-2장-9	금산사 미륵전과 다층탑 사진	『金山寺觀跡圖譜』, 1928년
2부-2장-10	불국사 범영루와 자하문 사진	『佛國寺と石窟庵』, 1938년
2부-2장-11	조선호텔 중앙홀 북쪽 벽면 사진	대한뉴스_KC 제631호 영상 일부, 1967년
2부-2장-12	조선호텔 중앙홀 벽화배치 예상도	필자작성
2부-2장-13	조선호텔 중앙홀 남벽 벽화 준공도	『朝鮮ホテル新築工事概要』, 1915년
2부-2장-14	湯淺一郞, 〈조선호텔벽화밑그림〉, 群馬현립근대미술관	群馬縣立近代美術館
2부-2장-15	『西鮮地方』	조선철도국, 1939년
2부-2장-16	1910년대 철도노선과 조선호텔 벽화 주제	필자작성
2부-2장-17	조선물산공진회 철도관 내부 안내도, 1915년	『조신물산공진회보고서』, 1916
2부-2장-18	조선물산공진회 철도관 내부 모습, 1915년	『조선물산공진회보고서』, 1916
2부-2장-19	조선호텔 집회실	『朝鮮ホテル新築工事概要』, 1915년

그림 번호	작가, 작품명, 연도, 소장처	출처
2부-2장-20	집회실 스테인드글라스 준공도 〈羽衣〉	『朝鮮ホテル新築工事概要』, 1915년
2부-3장-1	辻永, 〈일한합방〉, 1927년, 성덕기념회화관	서울역사아카이브
2부-3장-2	二世五姓田芳柳, 〈일한합방〉 고증도, 1921년	『明治神宮叢書』, 2000
2부-3장-3	『동아일보』1920년 8월 29일	『동아일보』
2부-3장-4	시정기념관	『조선』1940년 1월호
2부-3장-5	숭례문, 1904~06년	『숭례문:기억, 아쉬움, 그리고 내일』, 2009년
2부-3장-6	숭례문	『日本之朝鮮』, 1911년
2부-3장-7	〈일한병합〉 안내도, 성덕기념회화관	『聖德記念繪畫館壁畫』, 1991
2부-3장-8	숭례문 정면에서 남산(남산타워)을 바라본 모습	필자촬영
2부-3장-9	永地秀太, 〈한국병합〉, 1942년, 도쿄 양정관 국사회화관	『國史壁畵集: 及解說』, 1942
2부-4장-1	조선총독부 중앙홀 북벽	『朝鮮總督府新廳舍寫眞圖集』, 1926
2부-4장-2	조선총독부 중앙홀 남벽	『朝鮮總督府新廳舍寫眞圖集』, 1926
2부-4장-3	和田三造, 〈금강산 선녀전설〉, 1926년, 국립중앙박물관	국립중앙박물관
2부-4장-4	和田三造, 〈미호 우의전설〉, 1926년, 국립중앙박물관	국립중앙박물관
2부-4장-5	和田三造, 〈벽화화고 羽衣〉, 1926년, 제7회제전	『帝展集』
2부-4장-6	和田三造, 〈바다의 산물〉, 1918년, 서일본공업클럽	『和田三造展』, 1979
2부-4장-7	和田三造, 〈육지의 산물〉, 1918년, 서일본공업클럽	『和田三造展』, 1979
2부-4장-8	和田三造, 〈鎌倉시대의 풍속〉	『週刊朝日』1926.10.24
결론-1	黑田淸輝, 〈舞妓〉, 1893년, 도쿄국립박물관	ColBase(https://colbase.nich.go.jp/)
결론-2	南薰造, 〈野道〉, 1922년, 제6회제전	『帝展集』

* 출간 당시 미처 확인 받지 못한 도판은 추후라도 성심을 다해 조치하도록 하겠습니다.

찾아보기